パスワーク

自己のすべてを受け入れ
統合された意識で生きる

エヴァ・ピエラコス 著
中山翔慈 訳

ナチュラルスピリット

THE PATHWORK OF SELE-TRANSFORMATION
by Eva Pierrakos

謝辞

パスワーク協会は、この本の出版の準備に協力してくれた情熱的なチーム、ジュディス・サリー、ドノヴァン・テセンガ、ジャン・ブレスニック、ジョン・サリー、スーザン・テセンガ、アイリス・コナーズ、レベッカ・ダニエルズ、ヘッダ・ケーラー各氏に感謝を捧げたい。

ドノヴァン・テセンガはパスワーク・シリーズの編集ディレクターである。

はじめに

あなたが人生でどの段階にいたとしても、何の職業につき、どんな問題を抱えていたとしても、若くても年をとっていても、この本は、新たな光の中で自分自身と人生を知る助けとなるでしょう。この新しい光は理性と愛を結びつけ、あなたの最も深い自己へ導く道を照らし出します。

この本はチャネリングによる情報です。本当の著者は肉体のない存在で名前もありませんが、「ガイド」として知られるようになりました。彼はエヴァ・ピエラコスを通じ、心理的現実と霊的現実が持つ本質について、また個人の霊的発達のプロセスについて、二五八回の講義を行ないました。このプロセスは「パスワーク（道のワーク）」として知られ、伝えられたものは「パスワーク・レクチャー」、あるいは「ガイド・レクチャー」と呼ばれました。

今日では、多くのチャネリング情報が出版されています。この本を読もうとしている方には、それら数多《あまた》ある他書との違いをできるだけ説明しておくほうがよいでしょう。パスワークの教えの重要な特徴は二つあり、次のようなものです。

1　チャネリングで伝えられたパスワーク・ガイドの教えは、人格の変容と霊的な自己理解を目指す、「完全な道」の概要を述べている。
2　この道は、人格のネガティビィティ（否定性）について、その出どころや影響、それに直面しネガティビィティを変容させるプロセスについての深い知識を含む。ガイドが教えるように、そのプロセスは他に類を見ない。

「人格の心理学的ワーク」の目標は自己実現、つまり世の中で意義ある仕事をしたり、他者との愛に満ちた関係をもったりする上での各自の潜在能力に目覚めることです。

「霊的訓練」の目標は悟ること。言い換えれば統合された意識（宇宙のすべてのものとの一体感）を体験することです。霊的なワークのめざすもの、それは愛と光に満ちた神の霊感を受けた存在として、奥深いアイデンティティーを知ることです。

「完全な道」は、プライベートな生活がうまくゆかない苛立ちと、霊的な目覚めを妨げる限界との両方に取り組む上での助けになる必要があります。けれども、人格的成長や霊的成長へのアプローチの大半は、この旅の一部分でしか役立ちません。そして私たちは、相変わらず「どうしたら今いるところから行きたいところにたどりつけるのか」と思うのです。

ほとんどの宗教の秘教的伝統や現代のチャネリング情報は、わたしたちが自らの体験を創り出していると教えています。**しかし、それが正しくて自分が本当に人生の創造者だとしたら、ひどく不愉快な出来事を創**

り出しているのは自分のどこなのでしょう。自分がそうありたいと信じる人生を、どうしてもっとうまく創り出せないのでしょう。自己のある側面は、なぜそれほどまでに変わりたがらないのでしょう。

ガイドが現代の心理学的‐霊的探求にもたらした最も価値ある貢献は、「今いるところから行きたいところ」にたどりつくための、実践的で合理的な、信用できる方法を教えてくれたことです。霊的な教師はみな、愛と調和の悟りの状態について述べています。それは、すべての人と一体であると感じ、喜々として神に身をゆだねる体験です。人間性心理学やトランスパーソナル心理学も、自己実現した健全な人間が送る、満足のいく人生について説明しています。

でも私たちは、「自分を欺かないと、そうした目標には届かない」とわかっています。そして、今の自分をありのままに受け入れ、内面で人格の発達や霊的発達を妨げているあらゆるものに取り組む方法を必要としています。人間的すぎる欠点を美化してしまったり、ごまかしたりしない魂の案内図を必要としているのです。パスワークは、人間の意識の案内図の全般を説明するもので、天使や悪魔、傷つきやすい子供やりっぱな大人、ちっぽけなエゴの心配事やすばらしい先見の明ある願望などを含みます。

わたしたちはもっと度量の広い、満足した、目覚めた人間になれますが、今いるところからそこに歩んでゆくには導きが必要です。パスワークは、私たちが理想的な自己のイメージ（「こうあるべき」と考えている人物）のふりをしようとするのをやめなさい、と励まします。またガイドは、一瞬一瞬ごとに、ありのままの自己や感じ方を受け入れてリラックスできるように私たちを助けます。正直な人なら誰でも、内面に、怒りっぽく自己中心的な感情や態度があるのに気づくでしょう。

とはいえ私たちは、自分を悪い人間だとは思いたくありません。「黄金律」〔マタイ7の12。山上の垂訓中の1節〕に従いたいのです。さらには、「もし自分を愛せたら、そして隣人を自分のごとく愛せるなら、もっと気分がよくなるのに」、というのが衆目の一致するところです。**でも、それを実行するのは、どうしてこれほど難しいのでしょう。なぜ、いつまでも自己中心的だったり、反対に自己をさげすんだりしているのでしょう。**

一般的に、こうした問題について本当の助けを与えられることはめったにありません。ほとんどの宗教は道徳上の戒めを与えてくれます。でもそれは、「私たちが自己のネガティビィティを行動に表さないように」するために、罪悪感や恐怖感、脅迫やおだてによって強調されたものです。さらに、戒律を犯してしまうことは避けられないわけで、そのときには「もっと努力を」と忠告されることになります。そして、欠点を誰かに、たとえばキリストや教会、グルなどに託するよう教えられます。あるいは、もっと現代的な手引きでは、自分の限界を「超越」し、「ネガティビィティとは、自己の神性をつかの間見失った状態にすぎない」と見なすように求められます。**でも、ごまかしたり打ちのめされたりしないで自分のネガティビィティを認めるには、どうしたらよいのでしょう。**

ほとんどの心理学も、こうした問題に答えていません。それどころか知らないうちに、「自分のネガティビィティの責任をすべて引き受けよう」という気持ちをくじかれてしまったりします。罪悪感はあまりにも人を衰弱させる感情なので、「自分は罪深い」、あるいは「欠点がある」と考えないようにし向ける心理学的なアプローチに影響されてしまうからです。やり方はともかく、自分のネガティビィティの責任を両親や過去生や抑圧的な社会規範などになすりつけて、相手を非難するにまかせます。つまり、自分を犠牲者と考えるわけです。自分を傷つけたと思う相手に嫌な気分をぶつければ、不愉快な考えや気持ちは消え失せるだろうと私たちは期待します。でも、消え去りはしないのです。

では、**自分の不完全さとともに生きるしかないのでしょうか。不完全さを克服できなければ、罰せられるのでしょうか。**私たちは、自分が本質的に悪であり、それを変えることはできないのでは、というひそかな恐怖を抱いたままでいます。これが非常に多くの絶望と落胆の源です。

パスワーク・レクチャーは、人格的成長をめざす現代的・伝統的アプローチの両方に欠けている要素を埋めてくれます。ガイドは私たちが、根本的に神聖である（心の底で「すべてなるもの」と一つである）という霊的な認識を与え、また一方で、それぞれの内面にはガイドが「ローワーセルフ（低次の自己）」と呼ぶ、ネガティビティの層があるとも教えています。ローワーセルフとは、ネガティビティ、分離、利己主義、恐怖、不信を（たいていは無意識に）選ぶ、私たちの一部分です。しかし結局のところ、ローワーセルフは、宇宙に生命を吹き込む唯一の聖なるエネルギーが歪んだものにすぎません。よって本来の、命を支える生命力に戻すことができるのです。ガイドは、パスワーク・レクチャーで、その「方法」を教えてくれます。

ローワーセルフに向きあうのは骨の折れるワークなので、ほとんどの人が避けようとします。これが、理想的な自己像にしがみついてしまう理由で、これはまた、ネガティブな感情が表面化するような「深い感情のワーク」を避ける理由でもあります。しかし自分の本質が神聖なものであるという霊的な視点や体験を得れば、ネガティブな感情を見分けて認めるのはそれほど難しくありません。逃げずに、ネガティブな感情を本来の神性に戻す方法を知れば、不快な感情を変えることができます。ガイドは、次のように説いています。

弱さを悟る道では、強さを得られます。
痛みを悟る道では、楽しみや喜びを得られます。
恐怖を悟る道では、安心や安全を得られます。
孤独を悟る道では、満足や愛や仲間を得られます。
絶望を悟る道では、本当の正しい希望が得られます。
子供時代の不足を受け入れる道では、今の満足を得られます。

ガイドは悪の問題について霊的アプローチを示すだけでなく、心のひずみの裏に隠れた光を解き放つ、体系的で完全な道も示しています。ガイドは暗闇の中を、優しく愛情を込めて案内してくれます。自己をハイアーセルフ（高次の自己）にもっともっとしっかりつなぎとめ、正直に、思いやりを持ってローワーセルフと向かいあう練習をすれば、最大限に人格の解放をもたらすことができます。これは自己責任によって能力を開発する道なのです。

最終的に、（ポジティブなものであれネガティブなものであれ）人生での出来事を、それを創り出した「内なる力」とつなげて考えられるようになることが、最も自分を啓発する体験です。その体験によって、自己の統合された核、すなわち真の創造的なアイデンティティーに立ちかえることができるのです。

＊＊＊

本書の講義は、ガイドの基本的な教えを提示しつつ、あらましを示すため、入念に選ばれたものです。だんだんと発展的に概念が紹介されていきますので、最初から順を追って読み進めることをおすすめします。けれども、興味を引かれる章から始めても理解はできるでしょう。

どれでも、講義の中でガイドが提案している自己認識のエクササイズに従えば、一人でも講義の内容を理解できます。また、小さなグループを作って講義について話しあったり、セルフ・ワークの体験を分かちあったりすることも役に立ちます。パスワーク・センターでは、入門用のワークショップだけでなく、講義の内容を人格的発達に役立てられるように継続的な教育・訓練のプログラムも受講できます。また、センターには訓練を受けた助手がいますので、一人あるいはグループでワークを行なえます。霊感のあるセラピストと組んで、パスワーク・レクチャーも受けられます。多くの心理療法士や精神科医も、ネガティヴィティを変容させるための他にはない情報が、ガイドの講義で得られると認めています。さらには、聖職者や霊的な奉仕にたずさわる人の多くも、この講義が仕事を全うする役に立つ有用なものであることに気づいています。重要なのは、自己の真実、内なる道にコミットすることなのです。

ガイドは、わたしたちがこの世で成すべきことをなし、自己実現した人間になり、愛を、その言葉の真の意味において実践することができるよう、自らを清める方法を教えてくれています。わたしたちは社会の一員として、新しい意識を広め、新しい対話や交流や問題解決の方法を見出し、地球を変容させ、地球全体に同胞愛を生み出さなければなりません。人格の発達が地球という星としての発達の一部であると理解し、拡大された新しい現実の意識的な共同創造者となることが、この道の最も楽しく明確な目的です。

この講義の内容を吸収することが、パスワーク実践の第一歩です。頭だけでなく心から深く理解してください。この講義が、あなたに霊感を与えることを願っています。

ジュディス・サリー、ドノヴァン・テセンガ

・パスワーク　目次・

パスワーク——自分を変えたいと思うすべての人へ

Chapter 1 道とは何か

魂の既知の領域から未知の領域への旅は、おとぎ話で語られる探求に似ています。何も知らないないヒーローやヒロインは、「限定された存在の平凡な仕事をこなすよりも価値ある人生を見つけたい」と熱望し、慣れ親しんだ日常の世界から旅立ちます。恐ろしい出会いや、あらゆる試練が次々と待ち受けていますが、試練に打ち勝てば幸せを見つけられます。報酬は富と人生のパートナーです。彼らは王や女王、つまり願いをかなえた大人になるのです。

内的な探求も、本気で取り組むなら勇気も要りますし、暗黒の領域を通ることもあれば成熟に通じてもいます。そして、宝物もいつも待っています。おとぎ話の中のヒーローは、ドラゴンのまわりをうろつかずに戦い、年老いた魔女から逃げずに味方につけます。あなたもまた、内面の破壊的な力と向きあい、折りあいをつけなければならないのです。

ガイドはこのレクチャーで、そうした熱望に従って内面に眠っている力を解き放つ方法を説いています。そのとき、賢くて愛に満ちた、内なる神の自己という宝物に出会えるのです。

§

ようこそみなさん、こんばんは。みなさんに祝福がありますように。この講義では、内奥にある熱望をかなえる方法について論じたいと思います。

より拡大され、満たされた意識状態への熱望

感情も創造性も満足させる達成感への熱望は、当然、深くて本質的な欲求のうちに含まれるものですが、人は誰でも、さらに深い熱望が内面にあるのを感じています。その熱望は、**別の、より充実した意識状態や、人生を体験するためのもっと大きな潜在能力があるはずだと感じる**ために生じています。

この「熱望」という言葉を意識についての言い方に直すと、混乱や矛盾に陥ってしまうかもしれません。混乱や一見した矛盾は、人間のマインドの二元的な意識から生まれるからです。二元性は常に存在します。なぜなら人間は、現実というものを、「あれかこれか、善か悪か、正か誤か、黒か白か」に置き換えて見るからです。人生に対するこのような見方は、せいぜい半分ぐらいしか正しくありません。というのも、みなさんが現実の断片しか捉えられず、完全な真実を見出せないためです。現実に対する二元的な見方が捉えることのできる以上のものを、真実は常に包含しているのです。

混乱と言えばこんなものかもしれません。「私は現実にはないものを熱望しているのだろうか。このような熱望はあきらめて、人生とはまったく退屈で、陰気で味気ない場所だと受け入れたほうが、おそらくずっと現実的で分別のある態度ではないだろうか。自分自身や人生とうまくつきあうには、〝ありのままを受け入れなければ〟と何度もくり返し聞かされてきたじゃないか。だったら、この熱望はまったく捨て去るべきだろう」

混乱から抜け出す方法は、このジレンマに示された二元性を超える一歩を踏み出してはじめて見つかります。現状を受け入れなければならないのは間違いありません。あらわれているままの人生が完全なはずはないのも本当です。けれども、実際にはこの事実によって不幸になるわけではありません。「人生は完璧でなければならず、完全な状態で与えられなければならない」という要求が問題を生んでいるのです。十分に深く内面を探れば、苦痛や不満を拒絶している自己の部分を否応なく発見するでしょう。そこの部分であなたは、「望まない体験を取り除いてくれる、愛に満ちた権威者がいない」と言って、怒ったり、恨んだりしています。こういうユートピアのような幸福な状況を熱望するのは非現実的なのですから、捨て去るべきであるというのは真実です。

間違った欲望

しかしこれは、本当に熱望自体が未熟で貪欲で、神経症的な態度から生じるという意味なのでしょうか。

いいえ、そうではありません。そこには**「今体験できることよりもはるかに多くのことが、あなたと人生にはある」**と告げる、内なる声があるのです。

では、深い熱望について何が現実的で何が誤っているのかをはっきりと認識するには、どうすればよいのでしょうか。人格が、自己に厳しく直面する代償を払わずに、愛や充実、完全や幸福、喜びや創造的拡大などを望んでいるならば、その欲望は間違っています。現在の状況や、望む状況の責任を引き受けようとしないならば、その欲望は間違っているのです。たとえば、満たされない人生を送っているために自分を憐れんでいるならば、あるいは、どんな形であれ現在の状況について、両親や同僚、仲間、人生全般のせいにしているなら、相手がどれほど悪かろうと、あなたはそれを自分の責任と考えていません。もしそうなら、あなたはある面で、新しい、よりよい状況を苦労せずに手に入れたいとも望んでいます。ですから報酬を得るために、強い権威者に素直に従うちっぽけな追随者になろうとするかもしれません。しかしながら、何をしようとも実際には報酬は外部からはやってこないので、必ずや落胆し、恨み、だまされたと感じて、怒りをおぼえることになります。すると、本当のところは満たされない熱望を生み出す状況の原因でしかない、古くて破壊的なパターンに、何度も何度も頼ろうとしてしまうのです。

現実的な熱望

「成功の糸口は自分のうちにある」という前提から始めるなら、その熱望は現実的です。また、充実した、意義ある形で人生を経験するのを妨げている態度を、自分の内面に見つけ出そうとしているときは現実的です。熱望を、真の自己を見出す方向を示してくれる、内的存在の核からのメッセージと解釈するときは現実的です。

ところが、内なる熱望のメッセージが、ネガティブで、貪欲で、けちで、要求の多い人格によって誤解されていると、混乱が生じます。そのとき熱望は、実現できない魔法のファンタジーの分野に入ってしまいます。熱望の達成は、今のありのままの自分自身を、目を背けたいと思う領域にいたるまで直視する勇気や誠実さによって獲得されるのではなく、単に〝与えられるもの〟と信じているからです。もし、人生の状況が苦痛に満ちており、その苦痛を曇りなく経験することに怒りや不満や防御的な態度で反応しているなら、あなたは現状を正直に受けとめていません。しかし、もしその苦痛に逆らわず、苦痛を感じても「これによって私は死ぬだろう」とか「これは永遠につづくだろう」などといったゲームをしなければ、人生で次第に役立つようになる力強い創造的なエネルギーが解き放たれ、霊的な自己とのチャネルが開かれるでしょう。苦痛を感じたとき、原因と結果の関係について、より深く、完全で、賢明に理解できるようになります。たとえば、自分がどのようにこの苦痛を引きつけたのかがわかるようになるのです。このような洞察は、無理に手に入れようとするとかえって逃げていくため、すぐには得られないかもしれません。けれども、内的な格闘や抵抗をやめたとき、洞察は得られます。

熱望そのものは捨ててはいけません。それに真摯に取り組んでください。現実に、熱望を培い、理解できるようになり、そのメッセージに従いながら、自己の核に通じる内なる道をたどってください。避けたいと思っている部分をよく調べてください。その部分こそが、充実した、喜びに満ちた状況に届かない〝真の元凶〟なのですから。

「人生はもっとよくなるはずだし、痛みや苦しみを伴う混乱なしに生きられる状況があるはずだ。そこでは、心の回復力や満足、安全に基づいて役割を果たせるし、深い感情や至福の喜びを感じたり、表現できるはずだ。自分自身を恐れないのだから、恐れのまったくない人生に出会えるはずだ」。以上のように感じるところから熱望が生じているなら、その熱望は捨ててはいけません。そうすれば、問題も含め、人生を喜びに満ちたチャレンジと捉えることができるでしょう。もし、内的な問題が人生にスパイスを与えるチャレンジになれば、結果として得られた平安はずっと甘美なものになるでしょう。こうした問題に取り組めば、自分自身の力や能力、創造性を感じることができます。霊的な自己が血管や思考、ヴィジョンや認識に流れているのが感じられ、自己の存在の中心から決断を下せるようになります。このように生きるとき、ときどき起こる外的な問題は人生の塩であって、ほとんど楽しいものにさえなります。そして一方では、外的な問題の生じる回数がだんだん減ってゆき、平和で、喜びに満ちた、創造的な生活がふつうになってゆくでしょう。

至福の状態に耐えられるようになる

現状での、熱望の最も悲しむべき側面は、自分の深い部分で、肉体や魂が強い喜びを受け入れたり、保ったりできないのを知っていることです。「喜び」というものは、霊的、肉体的、感情的、精神的レベルなど、あらゆるレベルに存在します。けれども、毎日の活動のレベルから切り離された霊的な喜びは幻想にすぎません。なぜなら、真の霊的な至福は、人格を丸ごと包み込むものだからです。ですから人格は、至福の状態に耐えられるようにならなければなりません。苦痛や卑劣さ、悪意、憎悪、傷、罪悪感、心配、恐怖など、今のところ心の内側に閉じ込められているあらゆるものに耐えられるようになってはじめて、至福に耐えられるようになるのです。心の中に閉じ込められているものすべてが超越されたときにのみ、人格は至福の状態を味わえるのです。もっと多くの喜びを体験したいという熱望は、「至福のうちに生きる可能性を与えてくれる道に踏み出しなさい」というメッセージです。

今述べたような状態を、非現実的であるとか、希望的観測であるとか考えて、あきらめる必要はありません。妨げとなっている内なるものを自分の力で調べあげて自分のものにしなければならないからといって、あきらめる必要はないのです。この状態は眠れる可能性として、すでに内面に存在しています。人から与えられたり、学んだり努力したりして得られるものではありません。光栄にも、私が教えるのを許されたような道をたどった場合の副産物として、自然に開花するものなのです。

このことは、「この道とは何か」という包括的な問いへと、私たちを差し向けます。この道は新しいものではなく、人類が地球に暮らし始めてからずっと、さまざまな形で存在してきました。人類が進化するにつれ、形やあり方は当然のことながら変化しますが、根本的な道はずっと変わりません。私が案内する特別な道、つまり「パスワーク」は、太古にして長久の知恵にのっとったものですが、新しいものでもあります。人間の進化にとって重要な段階である現代において、あなたがたが心理的に、また霊的に成長するのを手助けするものなのです。

パスワークと精神療法

パスワークは一面では、必然的に精神療法の扱う領域を扱いますが、精神療法とは別のものです。パスワークの枠組みでは、心理学的なアプローチは周辺的なものにすぎず、障害を切りぬける方法としてしか使われません。混乱や内的な誤解、勘違い、破壊的態度、疎外的防御、ネガティブな感情、麻痺した感覚などを扱うことはきわめて重要です。精神療法もこのすべてを扱い、究極の目的にさえしているほどです。ですがこれとは対照的に、パスワークでは最初の段階としてこれを終えてようやく、最も重要な段階に入ります。そして第二の、最も重要な段階で、すべての人間の魂に宿る、より大きな意識を活性化する方法を学ぶのです。

第二段階は、障害を克服する第一段階とオーバーラップすることが多々あります。なぜなら、パスワークの第二の霊的な段階は、第一段階を真に達成する上で欠かせないからです。霊的自己に定期的に触れあい、霊的自己が使われてはじめて、ワークの第一の部分は本当にうまくゆくようになります。しかし、これがいつ、どのように成しとげられるかは実にさまざまで、人格や、この道に踏み出す個人の傾向、偏見、障害などによって左右されます。涸れることのない内的な力や霊感の泉を早く使い、探求し、活性化するほど、障害に取り組むことが簡単ですばやくなります。ですから、いくつかの強調点や、ときには方法論さえ似ていたとしても、この道が精神療法とどのように違っているかはきわめて明らかです。

パスワークと霊的訓練

パスワークはまた、「単に高次の霊的意識にいたることを目指す霊的訓練」とも違います。霊的自己を実現するための方法論や訓練法はたくさんあります。多くの霊的修行は、この目標を効果的に達成しようとして正しい方法論を用いてはいますが、ネガティィビティや破壊性に染まってしまっているエゴの自己の領域には十分な注意を払っていません。こうしたやりかたで成功したとしても、ある程度の体験は本物と言ってよいかもしれませんが、例外なく長続きせず、幻のようなものです。全人格がかかわらないかぎり、このような一面的にのみ到達した霊的状態は、しっかりしたものではなく、維持することもできません。人間は、自己のある部分を受け入れたり、扱ったりすることを避けようとするので、こうした問題のある内的領域に直面しないですむ避難場所を、道の途上に求めてしまいます。瞑想そのものを目的にしたり、至福の宇宙体験や意識に到達するのを目的にしたりして、瞑想をすることが霊的な道だと考えているなら、パスワークの道は体得できません。

幸福や充実感をつかむために、あるいは、すでに存在しているネガティィビティや、混乱、苦痛を避けるために霊的な訓練を利用しようとする誘惑は強力です。しかし、このような態度は目的を挫折させてしまうものであって、幻想から生じ、いっそうの幻想へといたってしまいます。幻想の一つは、自己の内面に存在するものを避けられると考えることです。また別の幻想は、自己の内側にあるものは、怖れたり否定したりする必要があると信じていることです。でも、どれほど破壊的なものであろうと、自己の内なる側面は変容できます。内面にあるものを〝避ける〟とき、はじめて幻想は自分と人にとって真に有害なものとなるのです。

これまで述べてきたことを要約すれば、この道は精神療法でもないし、通常使われる意味での霊的な道でもありません。しかし同時に、その両方でもあります。この旅を始めようとするとき、次に述べることを覚えておけば役に立つでしょう。

本当の自己を見出す方法

パスワークを行なえば、内なる宇宙の、新たな領域に旅立つことになります。あなたがセラピー（満足のいく、効果のあるものかどうかはさておき）を受けていようとも、深刻な問題を抱えていて、充実した人生を歩むための助けを必要としていようとも、しばらくは主に、内面のネガティブで破壊的で、間違っている部分に注意をはらう必要があります。気乗りしないかもしれませんが、あらゆる善きものの源泉であるあなたの核としての、本当の自己を真摯に見出したいと思うなら、このような注視は必要です。

「どれくらいの時間がかかるんだ」と言うかもしれませんが、それはあなたの精神や感情のあり方、また顕在化している外的な人生によります。内的なネガティビティが克服されると、人生にこの新しい状況があらわれるのは間違いありません。道は、別の強調点や関心事へと自然にあなたを導くでしょう。この道の目的は、心身の病の治療ではありません。確かにこの道は、そうした病の治療に非常に効果があり、ワークを行なえば必ず病は癒えるのですが、そのような目的で始めるべきものではありません。

もしあなたが、悲しみや痛みを忘れさせようとか、ほとんど好きではない、あるいはまったく嫌いだとさえ思っている自分の人格的特徴を覆い隠せるかもしれないなどと期待しているなら、この道に入ってはいけません。そうした嫌悪感は、「神経症的」なものではないかもしれません。その特徴を嫌うのは、まったくもって正しいのかもしれません。でも、その特徴のせいで自分の「悪さ」は直らないと信じているという点では、間違っています。ですから必ず、この道は、「自分のうちにあるものがどのようなものであれ、それと直面しなさい」と教えるのです。直面できてはじめて、本当に自分を愛せるからです。自分の本質は見出したいけれども、内面にあるものを直視するのを拒んでいるなら、この道はあなたのものではありません。

限定されたマインドの意識を拡大するのが非常に難しい作業であることは、否めません。なぜなら旅の始まりでは、人はみな、限定されたマインドしか持ちあわせていないからです。限定されたマインドは、自らの無限の力や視野を悟るために自己を超越しなければなりません。だからこの道は、絶えずマインドに新たな可能性を考えたり、自己や人生のために、また人生で自己を表現するために、他の選択肢を受け入れる余地を作ったりするよう求めるのです。そうすることで、マインドの限界が生み出す溝を埋めてもらいたいからです。

勘違いしないでもらいたいのですが、これは簡単な道ではありません。しかし、困難が動かしがたいものというわけではありません。人格が自己の側面を避けることにこだわっているほど、困難は多いのです。自己に正直に向きあうことにコミットするほど、困難は消え去ります。そうすると、はじめは困難に見えていたものが、こんどはチャレンジであり、わくわくする旅になります。また、人生をしごく現実的で完全なものにし、また安全で充実したものにするプロセスとするため、何があっても投げ出したくないと思うようになります。言い換えれば、ある種のネガティブな態度を持っているなら自分は完全な悪者だなどといった誤った信念があるときにのみ、困難は存在するのです。このような信念があると、自己に直面することが難しくなるばかりか、不可能にさえなります。ですから、自己の暗黒の領域を直視することに強い抵抗があるなら、その背後にある根底的な思い込みを見つけ出す必要があるわけです。

この道は、ほとんどの人が「与えたがらないもの」を要求します。つまり、**自己に正直であること、今存在しているものをさらけ出すこと、仮面やてらいを取り除くこと、そして、自分の裸の傷つきやすさを体験することです**。難しい注文ですが、これだけが真の平安と完全性にいたる現実的な方法です。でも、ひとたびコミットすれば、もはや難しい注文ではなくなり、自然なプロセスとなります。

ポジティビティとネガティビティは一つのエネルギーの流れである

この道は、最も難しいものでありながら、同時に最もやさしいものです。難しいかやさしいかは単に、道を見たり体験したりする際にどの視点を選ぶかによって決まるのです。どれくらい難しいかは、自己にどれだけ正直かによって測られます。あなたが正直になりたいと思うほどに、道は難しすぎるものには見えなくなるでしょう。また、この道に対して何人かの批判者が言っているように、「あまりにも人生や自己のネガティブな側面を扱っている」ようにも見えなくなるでしょう。というのはネガティブなものは、本質的にはポジティブなものだからです。ネガティブなものとポジティブなものは、エネルギーや意識の二つの要素ではありません。二つは一つであり、同じものなのです。自己のエネルギーや意識の粒子が、ネガティブになったとしても、必ずや本来のポジティブなあり方に変換しなおすことができます。しかし、内面のネガティビティの責任を完全に引き受けようとしなければ、その変換はできません。

自分自身に正直になりたがらないのは、最も誠実な人々にもあてはまります。ある人が、あるレベルでその誠実さや統一性を注目されていたとしても、もっと深いレベルではまったくそうではないということもあり得ます。この道は、いまだ隠されている、ずっと微妙なレベルに通じています。それは、正確に説明するのは難しいのですが、必ず突き止められるレベルです。

「イメージ」あるいは間違った結論

子供時代の初期に、隠された無意識のレベルで、誤解というものが形作られます。この、現実についての歪んだ認識は、大人の行動にも影響しつづけ、人生についての確固とした結論へと発展します。私はそれを「イメージ」と呼んでいます。なぜなら、魂の本質に刻み込まれているかのように、柔軟性のないパターンを形成するからです。

イメージは、誤解や歪んだ感情、身体的な障害によって作られます。歪んだ認識から引き出された結論は間違った結論ですから、そのイメージはまさに、現実の性質についての間違った結論です。しかし、イメージは人の魂にしっかり埋め込まれているので、さまざまな人生の状況で行動を支配するシグナルとなります。一人の人が複数のイメージを持っている場合もありますが、その背後には一つの主要なイメージがあり、それが人生に対するネガティブな態度の根本を解明する鍵となります。

たとえば子供のとき、家族生活での特定の状況で作られたイメージが、「感情（とくに暖かい感情）を表現することは弱さのあらわれであって、そんなことをすれば傷つくことになる」というものであったとします。これは個人的なイメージですが、社会集団的なイメージによって強められる可能性があります。というのは、特に男性にとって、暖かい感情はコントロールの喪失を意味しますので、それをあらわしたり、身体で表現したりすることは男らしくなく、弱々しいと思われているからです。このようなイメージを抱えている人は、感情的にオープンになってもかまわない状況でも、イメージのシグナルに従ってしまいます。現状や他人に対して、前向きで生きる勇気を与えるような、自然な対応ができなくなってしまうのです。また、ネガティブな反応を引き起こすようなやり方で人に接してしまうため、間違った信念を強めることにもなります。こうして、内面に緊張を創り出したり、イメージをいっそう膨らませたりして、楽しみを失い、生命力の流れを制限してしまうのです。押さえがたいネガティブなパターン、あるいは居座りつづける悪しき循環は、このようにして作られます。

またたとえば、赤ん坊がお腹を空かせているのに母親は反応せず、泣いていないときにやってきてお乳を飲ませてあげるとします。するとこの赤ん坊は、あからさまに要求すると聞いてもらえないけれど、要求しなければ注意を引くことができると判断します。そして結局のところ、次のような結論を引き出すことになります。

「必要を満たすには、ほしがっていることを知らせてはいけない」

この母親にならい、要求を明らかにしなくてもしばらくはうまくいくかもしれませんが、何年か後には、そのような態度は反対の結果を生み出すでしょう。この人が何を必要としているのか、わかる人がいないのですから、誰もそれを満たしてあげることができません。けれども、その人の「イメージ」である「要求の表明についての間違った結論」は、ずいぶん前に無意識に沈んでしまっているので、当人はまったく気づくことができません。「これほど控えめにしているのだから、そのうちに誰かが報いてくれるだろう」と期待しながら、ますます要求を明らかにしないで生きるようになってしまいます。そして、なぜ自分が満たされないのか理解できないままでいるのです。間違った信念は人生によって強められてゆくのですが、その原因が自分自身の態度にあるということはわかりません。イメージには磁力があるわけです。

イメージを創り出す間違った結論は、無知や中途半端な理解から引き出されるので、意識的なマインドにとどまることはできません。現実には、前世から持ち越されている場合もあります。子供が成長するにつれ、新しく学んだ理詰めの知識と、古い感情に基づく「知識」とが矛盾するようになります。そのため人は、感情に基づく理解を意識的な視野から姿を消すまで押し込めようとします。けれども、**感情に基づく知識は隠されれば隠されるほど、力を持つようになります**。こうして、無意識的なイメージは、人の能力の開花を制限するようになるのです。そのために、イメージを認識し、その働きを抑える方法を学ぶための意識的な努力が必要となるわけです。

そのような無意識的なイメージが内面の深いレベルにあるかどうかを判断する際には、間違いのない答を教えてくれる確かな鍵を使うことができます。その鍵とは、次のような問いです。自分自身や人生についてどう感じていますか？　自分の人生はどれくらい意義深く、充実していて、豊かでしょうか？　他の人といて安全に感じますか？　人前で、あるいは少なくとも目標を共有している人の前で、心地よく正直な自分自身でいられますか？　どれくらいの喜びを感じたり、与えたり、受け取ったりできますか？　恨みや不安、緊張、また孤独感や疎外感で悩んでいますか？　不安を和らげるために、いつも過度な活動をしていますか？　実際のところ、意識的に不安を感じていないからといって、決して不安がないことの証明にはなりません。多くの人が不安を持っていることに気づかずにこの道をたどり始めますが、実は、死んだように感じていたり、無感覚だったり、鬱々《うつうつ》としていたり、麻痺したように感じています。このことは、人為的な方法で感覚を鈍らせて、不安を克服したという徴候かもしれません。この道では、まず自分の不安を感じ、さらにその不安が隠していたものを感じるというステップを飛ばすことは許されません。そうしてはじめて、人は本当に生き生きできるようになるのです。

陽気さ、熱狂、喜び、そして霊的完全性を示す、興奮と平安の入り混じった独特の感覚が生じるのは、内なる正直さの結果です。そのような状態にないのは、正直でない証拠です。それくらい単純なことなのです。

あなたは、内面にあるあらゆるものを見つけ出し、認め、白日のもとにさらすために、内なる旅に出る準備をしているでしょうか。その旅に対する内なる正直さやコミットメントを完全に呼び起こそうとしているでしょうか。自らの目にとっても、自分以外の者のふりをしない勇気と謙虚さを見出しているでしょうか。そうであるなら、この道を学ぶことで豊かな人生を実現し、考えられるあらゆる方法で熱望をかなえられると期待する権利を十分にそなえています。これは現実的な希望ですし、次第にそれがわかってくるでしょう。

道における進歩

少しずつ、あなたは最も深い自己の中心から活動するようになりますが、それは外的なものに従って活動するのとは大きく異なる体験です。今は外界に影響されて活動することに慣れきっていますので、それがいったいどのような生き方かは想像もできないでしょう。現状では、あなたは常に外側で起きていることに依存しています。人から誉めてもらったり、認めてもらったりすることや、愛されることや、外側の世界で成功することに頼っています。気づいているか否かは別にして、平安や充足を得るために、こうしたあらゆる外的な助けを得ようと心のうちで一生懸命になっているのです。

自己の中心から活動するようになると、安全や喜びは内面の深部にある泉から湧き出るようになります。そうなったからといって、決して承認や賞賛、愛や成功なしに生きなければならないという意味ではありません。これもまた別の、二元的誤解です。あなたは「自己の中心を体験して他者からの愛や賞賛を失うか、あるいはそんな淋しい人生は考えられないから内的自己を犠牲にするか、そのどちらかだ」と思うわけです。

しかし実際には、最も深い自己の、解き放たれた中心から活動するなら、人生のあらゆる豊かさを引きつけながらも、それに依存しない状態になります。このような生き方によって富は増えますし、正当な必要性は満たされます。けれども、それが人生の本質ではありません。人生の本質は、内面にあるのです。

人間の健全な生活には、交流や親密さ、対話、分かちあい、愛しあい、共通の楽しみがなければなりませんし、暖かさや率直さを与えたり受け取ったりすることがなければなりません。また、人は、自分のしたことを認めてもらいたいとも思っています。でも、こうした承認を健全に求めることと、いつもそれなしではいられないほど端からの承認に依存してしまうことには、大きな違いがあります。依存してしまう場合、自己はあまりにも大きな代償が必要になるような悲劇的なやり方で、自らの統一性を犠牲にし始めます。結果として、真の自己は裏切られ、承認が得られることはありません。この道は、自己の中心、すなわち内奥の霊的自己を発見するためのものであって、宗教的な幻想に逃げ込むためのものではありません。それとはまったく反対に、とても実用的なものです。なぜなら、真の霊的生活は、世俗の実際的な生活と少しも矛盾しないものだからです。全体を成す、この二つの側面が調和していなければならないのです。日常生活を捨て去ることは、本当の霊性ではありませんし、ほとんどの場合、別の逃避でしかありません。多くの人にとって、何かを犠牲にして自己を責めさいなむほうが、自らの暗い側面を直視して取り組むよりも楽だからです。自己の暗黒面を直視しないことで生じる罪悪感は、いつも自己剥奪によって贖《あがな》われ、それが天国への門であると考えられています。ところが、人格が心の中の暗黒にじかに取り組まなければ、この罪悪感は拭い去れません。犠牲や剥奪は、真の霊的発達に不必要であるばかりか、かえって対立するものなのです。宇宙は喜びや楽しみ、至福に満ちており、人間はそれを捨て去るのではなく、享受するように求められています。いくらがんばって捨て去ろうとしてみたところで、魂の浄化を避けているために生じている罪悪感は拭えません。

こうしたことを超越できるよう、直面するに違いない内なる障害の別の特徴について述べて見たいと思います。まず、「すべての思考と感情は、創造的エネルギーの強力な媒介者である」という点を理解することが必要です。それは、思考が正しくて賢明なものであろうとも、誤っていて限定されたものであろうとも同じです。感情も同様に、愛にあふれていても、憎しみに満ちていても、憤慨していても、慈悲深くても、怖れていても、平安であろうとも、そのエネルギーはそれぞれの感情の性質に従って創造します。思考や意見は感情を創造し、さらに双方あいまって、態度や行動、雰囲気を創造しますが、今度は、それらが人生の環境を創り出すのです。このような一連の関係性を結びつけて理解し、完全に認識しなければなりません。それがパスワークの本質的な側面です。

自分のネガティブな感情を恐れることには、正当性がありません。その感情自体は、恐ろしいものや耐えられないものではないのに、あなたの信念や態度がその感情を恐ろしいものや耐えられないものにしているだけだからです。この道をたどる人は、このプロセスの正しさを常に確認しています。なぜなら、深い苦しみというのは、自分を生き返らせる体験だとわかるからです。その体験は、縮小したエネルギーや麻痺した創造性を解き放ちます。そして人は、痛みを感じようとする度合いに応じて、喜びを感じられるようになるのです。

これは、恐怖にもあてはまります。恐怖を感じること自体は、人を打ちのめすような経験ではありません。ひとたび体験してしまえば、恐怖はすぐに内面へと旅するトンネルとなります。そして、そのまま避けずに感じつづけていれば、ついには現実の深いレベルに到達できるのです。恐怖とは他の感情の否定にほかなりません。最初に恐怖というものを受け入れて感じてしまえば、結び目はほどけます。ですから、感情自体は決して耐えられないものではありません。恐怖という感情を耐えられないものに変える力を持っているのは、あなたの態度なのです。

感情に対する怖れはあなたを感情から切り離しますが、そうすると、自分自身を人生から切り離してしまうことになります。あらゆる感情を完全に受け入れ、それに身をまかせ、その責任を引き受けることができるようになってはじめて、霊的な中心は進化し、姿をあらわして、エゴの自己と一体になれるのです。自分の感情を人のせいにしていると、苦境に立ってしまいます。なぜなら、感情を否定するか、あるいは相手に対して破壊的な行動に移すかのどちらかになるからです。どちらの選択肢も望ましいものではないし、何ら解決をもたらすものでもありません。

霊的自己を解放する

あらゆる感情を感じられるようになるべきです。現状でどれほど破壊的なものであろうとも、自分の存在のすべての部分を受け入れられるようにならなければならないのです。そうしてはじめて、霊的自己は解放されるからです。自分の人格の、より進化した側面とは対照的に、どれほどネガティブで、卑しくて空虚で、自己中心的な部分が内面にひそんでいるのに気づいたとしても、自分という存在のあらゆる側面を受け入れ、扱えるようになることが絶対に必要です。そのうちに重要ではなくなるだろうとか、何らかの形で消えてくれないだろうかなどと空しい希望を抱いて、自己の側面がほったらかしにされ、覆い隠されてはなりません。これはとても大事なことです。内面にあって無力なものは一つもありません。暗い側面はどれほど隠れていても、悲しむべき人生の状況を創り出します。これが、ネガティブに創造している側面を受け入れることができるようになるべき一つ目の理由です。もう一つの理由は、**どんなに破壊的で**、残酷で、悪くても、エネルギーや意識のあらゆる側面は、本来は美しくてポジティブなものだということです。必ず、歪みは元の本質へと変換できます。けれども、歪んでいる部分に「認識の光」と「ポジティブな意図」とが向けられてはじめて、エネルギーと意識はポジティブな創造性を取り戻せます。それまでは、自己の創造的な中心にいたることはできません。

幻想を手放す

「幻想を手放すこと」、基本的にこれこそがパスワークです。自分がどうであるかとか、どうあるべきかといった幻想にしがみつくこと、あるいは、ある種の問題は抱えてはいけないといった幻想にしがみつくこと、それだけが状況を難しくしています。こうした幻想を手放して内面をきちんと評価しないと、自己の霊的本質から切り離されたままでいなければなりません。霊的本質は、常に自己を再生しており、一見解決不能に見える対立を調停しつづけています。霊的本質は、生活に必要なものや、生まれてきた理由である仕事を完成させるために必要なものを、何でも与えてくれます。それは、自己の聖なる中心です。つまり、あなたは存在するものすべて、あるいは一切としての意識の表現なのです。ちっぽけな虚栄心を手放すことを怖れて霊的本質と切り離されたままでいるかぎり、あなたの熱望は実現しません。なぜなら、自己の暗部へといたり、さらにはその中を通り抜ける道をたどらずに、必要なものや正当に望んでいるものを与えてくれるような万能薬はないからです。いくらじっと座って瞑想をし、集中していたとしても、霊的訓練だけでは熱望を達成することはできません。けれども、自己に直面する作業と並行して行なわれるなら、瞑想や創造的視覚化はとても有効な道具となります。

今述べたような道をたどりたいと思う人は、この惑星上には本当にごくわずかしかいません。でも、厳しく、辛抱強く、この道をやりとげようという勇気のある人には、自己の最深部の中心に輝かしい栄光が待ち構えていることでしょう。

霊に身をまかせる

この道の最初の段階では、どちらも受け入れられない二つの選択肢を常に創り出している間違った観念と格闘することになりますが、その段階を超えると道は輝かしいものになります。自己の内側から道が開かれるとき、おそらく人生で最初に、自らの存在の潜在力、つまり自己の神性を体験し始めます。喜びと安全を手にする潜在力と、自分自身と他者への気づきを実感するでしょう。そのため、怖れることなく人とかかわり、彼らを理解し、彼らとともにすごす無限の力も実感するようになるのです。

このような道に入ろうという最初の決断を成功させるには、その判断を現実的に下さなければなりません。自分自身に対する幻想を進んで捨てられるでしょうか？　自己欺瞞を捨てることに抵抗すると、人が自分のために何かをしてくれるのを期待するようになりますが、そのような期待を進んで捨てることができるでしょうか？　どの感情は体験すべきであるとかすべきでないとか、体験するのを許されているとか許されていないとか、そのような間違った恐れを、進んで捨てられるでしょうか？　現在の自分をありのままに、完全に受け入れようとしながら、今のところはわかっていない自己の部分を知ろうとするプロセスにコミットすれば、この道が自己の深部への、最もわくわくする、重要で意義深い旅であることがわかるでしょう。どうしても必要な助けは必ず得られます。なぜなら、一人でこの道に着手する人などいないからです。助けは与えられます。それはやってきます。霊的な中心が外にあらわれると、エゴの意識と一つになり、人は霊に、いわば「身をまかせる」ようになります。そして生活が自然な、楽な流れになるのです。

さて、質問はありますか？

質問　過去の時代や文化では、この道はどのように異なっていたのですか？

答え　過去においては、人類の発展には異なったアプローチが必要でした。たとえば中世では、残酷な衝動に従って行動しがちでした。衝動を突き止め、それを認め、責任を引き受けるために、自分自身と衝動とを別のものとして考えることができなかったのです。人は押さえきれずに感情を表に出し、感情に包み込まれていました。ですから、低級な性質を抑えるために、外部の厳格な権威を必要としたのです。人格が自己を管理できるようになってようやく、次の進化の段階に進むことができました。そのため、今では過剰な管理は緩めるべきです。

かつて一般の人々は、内側で霊的な人生を探求するにはあまりに自己の核から隔たっていたので、それを外側に投影しなければなりませんでした。そのため、自己に責任を持てず、人に取り憑く外的な悪魔と、救いの手を差し伸べる外的な神を創造することになったのです。

しかし、今ではまったく変わっています。たとえば、現代の人類にとって、最も大きな邪魔になっているのは、自己中心的なプライドです。人々は、多くのことをエゴの力によって成しとげてきました。無責任で無力な子供でなくなるために、エゴの力を発達させる必要があったのです。けれども今は、こうした力をエゴに帰するのではなく、霊的な中心によって内的に行使するようになるべきです。エゴのプライドは、このことを難しくします。「他の人が何と言うだろう。自分のことを、世間知らずで、馬鹿で、科学的な知識がないと思うのではないだろうか」という問いが生じてしまうからです。こうしたプライドや人の意見への依存を克服するのは、今日の人類の課題です。これまで、人が聖なる自己から霊感を受け取ろうともせず、知的とはどういうことかについてぶつぶつ言って、自己の霊的真実に背いたことがいったい何度あったでしょう。以上のことは、今日の道の規準です。

霊的意識の進化におけるそれぞれの段階で、異なるアプローチが必要です。ところが、一つだけ例外があります。いつの時代にも、一般の人々の領域をはるかに超えて発達した、ごく少数の人たちがいるのです。彼らにとって、道は常に同じです。このような少数者は、まったく知られていないか、少なくとも有名ではない秘密結社を作りました。同じく、みなさんのグループなども、大衆的な運動にはなり得ません。なぜなら、現代でもごく一握りの人たち以外はこの道をたどれないし、たどろうという意志も持てないからです。今日では、確かに過去に比べれば多くの人がこの道をたどれるようにはなっています。しかし、たどれても、たどろうとする人はほとんどいないのです。

それでは、みなさんの前にあらわれるために利用していた器から、引き上げることにします。霊的な大きな力が、みなさんを守っています。理解できない人もいるかもしれませんが、それが現実なのです。みなさんが知っていて、触《さわ》ったり見たりできる世界を越えたもう一つの完全な世界があります。自分自身を探求し、自己の中心に赴いたときにのみ、その世界に出会えますし、ありのままの現実性と完全な栄光とを持って、その世界はあらわになります。その世界は、あなたの内側にもまわりにもあり、手を差し伸べれば、完全な知恵をもって霊感を与えてくれるでしょう。

みなさんに祝福がありますように。内なる存在にコミットしようとし、この特別な道が与えてくれる助けに頼ろうとする人は、一挙手一投足が祝福され、導かれています。そして、いまだにこの道を歩みたいとは思わず、別のところに引きつけられている人も、同じように祝福されています。ですから、心安らかにいてください。

Chapter 2

理想的な自己像

ほとんどの人は、自分が愛されるに値するほどよい人物ではないと信じて成長します。そのため、自分で創り出した、あるべき姿を生きようと必死になります。自己の理想バージョンを保とうと格闘することが、多くの問題を引き起こすのです。そのため、どのような想定に基づいて理想像を作り上げているのか、また、その理想像がどのようにして人生に苦痛や不満を生み出しているのかを発見することが大切です。そのとき、理想像が、あなたが期待しているのとは正反対のことを実現してきたのに気づくでしょう。その発見は辛いものかもしれませんが、結果として、自己を世界に示す方法を再評価できるようになり、真の、リラックスした自己でいられるようになります。

§

こんにちは。親愛なるみなさんに、神の祝福がありますように。

ハイアーセルフ、ローワーセルフ、マスク（仮面）

人間の性質をよく理解するために、それが中心点を同じくする三つの球であらわされているところを想像してみてください。最深部の核である中心の球は、**ハイアーセルフ**です。それは人生に浸透している宇宙的な知性や愛の部分であり、神と言い換えてもよいでしょう。それは、神聖な火花です。ハイアーセルフは自由で、自然で、創造的で、愛に満ち、気前がよく、すべてを知っているばかりか、絶えず歓喜と至福を感じています。正直であるときや、心から自分を譲るとき、また瞑想をしたり祈ったりしているときには、あなたはいつでもハイアーセルフに接することができます。

聖なる自己を包んでいる層が、**ローワーセルフ**と呼ばれる、隠れた自己中心性の世界です。それは未発達な部分ですので、恐怖や憎しみ、残虐性などのネガティブな感情や思考や衝動を今でも含んでいます。

いちばん外側の層が、**マスク・セルフ**（仮面の自己）、あるいは理想的な自己像です。これは防御の盾として、ローワーセルフや、しばしばハイアーセルフさえも覆い隠すために使われています。

言うまでもなく、こうした意識レベルのそれぞれには、多くの程度や段階があります。レベル同士が、間接的な影響や連鎖反応を伴いながら重なりあい、打ち消しあって、混乱を創り出すさまを、探求し、理解する必要があります。この探求のワークこそが、この道で為されるべきことです。人格のそれぞれの側面が意識的であるか無意識的であるかには、さまざまな程度があります。どの側面についても、気づいていなければそれだけ、人生で多くの葛藤が生まれ、立ち向かうべきチャレンジに対処する準備もできなくなります。意識が低ければ、最終的にはローワーセルフやマスク・セルフを神聖な中心へと統合する変容のプロセスを遅らせてしまいます。

今夜、みなさんにお話したいのは、このマスク・セルフ、あるいは理想的な自己像のことです。

痛みは、誕生から始まる人間の経験の一部です。苦痛の体験のあとには楽しい体験がやってくるにもかかわらず、苦痛の記憶や怖れは、常に人の中に潜んでいます。人々が不幸や苦痛、それに死さえも迂回できると誤解して用いる最大の手段は、理想的な自己像を創り出すことです。これは非常に一般的な偽りの防御ですが、不幸を避ける手段とみなされています。不幸と不安と自信喪失とは互いに絡みあっています。ですから、自分ではないものであるふりをすること、つまり、理想的な自己を作り上げることによって、幸福や安全、自信といったものを回復できると期待しているのです。

現実には、健康的な本物の自信とは、心の平安です。それは安心感であり、健康的な独立心であって、自分だけの才能を発達させたり、建設的な人生を送ったり、実りの多い人間関係を持ったりすることを通して、最高の幸福を実現してくれます。けれども、理想的な自己を通して確立された自信は人工的なものなので、その結果は、どうしても期待どおりにはなりません。実際、原因と結果がはっきり見えていないわけですから、結果はまったく反対で、苛立たしいものとなります。

理想的な自己像の影響力、波紋、損害を、また、不幸と理想的な自己像との関係を把握する必要があります。そして、理想的な自己像が、自分の場合にはどのような独特の方法で姿をあらわすかについて、よく理解する必要があります。それを探し出すのは、骨の折れる仕事です。しかし、理想的な自己を消滅させることだけが、本当の自己を発見し、平安と自尊心を見出して、人生を完全に生きるための唯一の道です。

苦痛と罰に対する怖れ

あなたは子供のころ、どのような環境で育ったにせよ、「善良で、神聖で、完全であることが大切だ」という忠告を植えつけられました。その教えに背いたときにはしょっちゅう、何らかの罰を受けました。おそらく最もひどい罰は、両親が愛情を示してくれなくなることだったでしょう。つまり、両親を怒らせてしまったので、自分はもう愛されてはいないという印象を受けたときです。ですから、「悪」が罰や不幸と結びつけられ、「善」が報酬や幸福と結びつけられているのも当然です。こうして、「善」にして「完全」であることとは絶対的義務となり、死活問題にさえなりました。にもかかわらず、世間が持っているであろう期待のようには自分が善良でも完全でもないことも、あなたはよくわかっていました。この事実は隠しておかなければなりませんから、罪深い秘密となり、偽りの自己を作り始めなければならなくなったのです。偽りの自己は自分を守ってくれるし、生存や幸福、安全、自信など、必死に求めているものを手にする手段になると考えたわけです。でも、「体裁をとりつくろっている」という意識は消えてゆきますが、いつでも、自分以外のものになりすましているという罪悪感に浸っていることになります。そして、この偽りの自己になろうと、ますます一生懸命になってゆきます。かつても、そして無意識的には今でも、一生懸命がんばれば、いつかはその自己になれるだろうと思い込んでいるのです。けれども無理やりに自分以外のものになろうとする不自然な努力によっては、本物の自己改善と自己浄化をとげて成長することは決してできません。あなたは偽りの土台の上に偽りの自己を築き始め、現実にそれを隠そうと、絶望的な努力をしているのです。

理想的な自己の道徳的マスク

理想的な自己像はさまざまな形をとります。理想的な自己像はいつでも、一般に認められた完璧さの規準にのっとって行動するように指示するわけではありません。そうですとも。理想的な自己像はしばしば高い道徳規準を課すだけに、その妥当性を疑うことが難しいのです。

「でも、いつでもきちんとしていて、愛に満ち、理解があって怒らないでいるような、欠点のない人物になりたいと思い、ただただ完璧であろうとすることは正しくないのだろうか。それこそが、やるべきことではないだろうか」

このように考えていると、目の前にある不完全さを否定しようとする強迫的な態度を見つけ出すのが難しくなります。ここで言う不完全さとは、今の、ありのままの自己を受け入れるのを妨げるプライドや不遜さです。それを否定しようとする態度には、見栄や、それに伴って生じる恥かしさ、露見に対する怖れ、秘匿、緊張、重圧、罪悪感や不安などがあります。徐々に成長しようと本当に望んでいるのか、あるいは理想的な自己に命じられたので成長したがっているふりをしているのか、この違いを実感するには、このワークにおいて、ある程度進歩する必要があります。そうすれば、「この規準にのっとって生きなければ、世界はおしまいだぞ」などという、心の奥底に隠された恐怖が見つかるでしょう。本当の自己と偽の自己とのあいだにある他の多くの側面や、両者の違いについても感じ取ったり、わかったりするようになります。そして、**あなた独自の**理想的自己が何を要求しているのかもわかるでしょう。

善でも、倫理的でも、道徳的でもなく、そのように見なすこともできない性格や、生活環境、人生の初期の影響などに依存している、理想的自己の側面もあります。攻撃的で、敵対的にして、誇り高く、過度に野心的な傾向は、美化あるいは理想化されます。実際のところ、このようなネガティブな性質は、あらゆる理想的な自己像の背後にあるのです。しかし、そうした性質は隠されていますし、理想的自己の高い道徳規準と激しく矛盾するので、その自己像がそれ自身の欺瞞性によって暴露されるかもしれないという、新たな不安を生み出します。ネガティブな性質を、力や独立性、あるいは優越性や超然とした態度であると信じて美化する人は、他人の理想的自己が隠れ蓑にしている善の類《たぐ》いを心底恥ずかしく思うものです。そしてそれを、弱さやもろさ、不健全な意味での依存と見なします。けれども、このような人は、プライドこそが何よりも人を傷つきやすくし、怖れを生むということを完全に見過ごしています。

「ついてゆけないほど厳格すぎる道徳規準」と、「傷つかず超然としていて、優位に立っていることについてのプライド」という二つの傾向は、ほとんどの場合、組み合わさっています。このように相容れない生き方が共存することで、とりわけ魂にとって辛い状況が生み出されます。言うまでもなく、この矛盾を意識的に認識することは、この特定のワークが順調に進歩するまではできません。

あらゆる種類の、相容れない態度を結びつける側面や可能性、あるいは個人的な偽りの解決法などが、まだまだたくさんあります。これらを、一つひとつ見つけ出してゆかなければいけません。

理想的な自己が存在していることの一般的な影響と、意味のいくつかを、ここで考えてみたいと思います。理想的な自己の規準や指示が実現不可能にもかかわらず、それに従おうという意志は捨て去れないので、あなたは自己の内面に最悪の命令を出す暴君を育んでいることになります。理想的な自己が要求しているように完璧であるのは不可能だと気づいていないので、要求が満たせなかったことが明らかになったとき、自分をひっぱたいたり、酷評したり、完全な敗北感に打ちのめされないではいられなくなります。このような非現実的な要求を満たせなかったときはいつでも、屈辱的な無価値観に襲われ、飲み込まれて、惨めな気分になります。この惨めさを意識できるときもあるかもしれませんが、ほとんどの場合はそうではありません。もし意識していたとしても、その重大性に完全には気づけないのです。つまり自分自身に期待していることが不可能だとは気づいていないのです。自分の「失敗」への反応を隠そうとする場合、その「失敗」から目を背けるために特別な手段が用いられます。最もよく使われる方法の一つは、「失敗」の責任を、外界に投影することです。つまり、他人や人生に投影するわけです。

理想的な自己像と同一化しようとすればするほど、マスク（仮面）を維持できない人生の状況にでくわしたときに、幻想から目覚めるのがますます難しくなってゆきます。個人が経験する危機の多くは、外的な困難ではなく、この「ジレンマ」に根ざしています。そのために、外的な困難は、客観的に見た厳しさ以上に脅威となります。困難があるのは自分が理想的な自己ではない証拠であって、理想的な自己を創り上げることで確立しようとしていた偽ものの自信を奪うことになるからです。「理想的な自己とは決して同一化できない」と完全にわかっているタイプもありますが、健康的な方法でわかっているわけではありません。絶望しているのです。理想的な自己に同一化して生きられるようにならなければいけない、とは信じているのです。そういうタイプの人の人生は、全体的に失敗の感覚に浸っています。それは、「自分が完璧でないことは知っているけれど、完璧であるふりをしているのだ」と言っているようなものです。一方で、同一化できないのを認めようとしないタイプの人は、外的、内的な状況がひどくなり、理想的な自己という幽霊が、実際には幻想や見栄、嘘にすぎないという正体をあらわして、ずっと意識的なレベルにおいて経験されるまでは、失敗の感覚を経験することはありません。心や、褒め称えられるべき規準や目標、善良であろうとする願望などによって合理化されるならば、このような欺瞞を認めないでいるほうが比較的にやさしいのです。

自己を受け入れる

本当に自分を向上させようと望めば、現在のありのままの人格を受け入れるようになります。この基本的な前提が主因となって完全であろうとしているのなら、どこで自分の理想を達成できなかったのかがはっきりしても、失望や、不安や、罪悪感に陥ることはありません。かえって、力づけられるでしょう。問題となるふるまいの「悪さ」を大げさに考える必要もありませんし、他の人や、人生や、運命のせいだなどと言い訳をして自己弁護することもなくなります。この点で、自分を客観的に見られるようになるでしょうし、この見方によって自由になるでしょう。また、欠点のある態度に完全に責任を持ち、結果を引き受けようとするでしょう。理想的な自己像を演じようとするときには、これ以上に恐ろしいことはありません。なぜなら、自分のいたらなさの責任をとるのは、「私は理想的な自己ではない」と言っているに等しいからです。

内なる暴君

罪悪感や羞恥心だけでなく、失敗や焦燥、衝動を感じているなら、それは理想的な自己が活動しているという最も明らかな徴候です。これらは、下層に隠れている感情のうち、意識的に感じられているものです。実際、理想的な自己像という暴君は、それにふさわしく生きられなかったときに**偽りの恥ずかしさ**や**偽りの罪悪感**を創り出すことで存立しています。それだけでなく、理想的な自己は**偽りの欲求**を押しつけたり、人工的に作り上げたりする形であらわれます。それは栄光や勝利への欲求とか、虚栄心やプライドを満たそうとする欲求などです。このような欲求を追い求めても、本当の充実感は決して得られません。

理想的な自己は、自信をつけたり、さらにはそれによって幸せや最高の喜びを手に入れようとする目的で生み出されてきたものです。けれども、その影響力が強まるほど、本当の自信は消えてゆきます。理想的な自己の規準に従っては生きられないのですから、自分自身のことを、もともと思っていたよりもずっと過小評価するようになってしまうためです。無慈悲な暴君である理想的な自己という構築物を取り払ったときにしか、本当の自信が持てないのは明らかなのです。

確かに、理想的な自己が本当の自分であり、その規準にふさわしく生きることができるなら、自信が得られるでしょう。でも、それは不可能ですし、自分がそのあるべき姿とは違っていることも、心の奥底では十分にわかっています。ですから、この「一流の自己」とともにさらなる不安が築き上げられ、いっそうひどい悪循環が生まれることになります。理想的な自己を作り上げればもともと持っていた不安は払い落とせると期待していたのに、それは着実に大きくなってしまうわけです。雪だるま式に、どんどん悪くなっていくのです。不安を感じれば感じるほど、理想的な自己という「構築物」の要求は厳しくなってゆきます。そのため要求を守ることが難しくなり、ますます不安をおぼえるようになります。この悪循環がどのように機能しているのかを理解するのは、とても重要です。けれども、あなた個人の理想的自己像の、迂回的で微妙で、無意識的なあり方に十分に気づかなければ、それを理解できません。どのような領域で理想的な自己が姿をあらわすのか、自問してください。どのような原因や結果が、その自己像と関係しているでしょうか。

真の自己と疎遠になること

理想的な自己像の問題がもたらす重大な結果は、真の自己とどんどん疎遠になってしまうことです。理想的な自己は偽ものです。生身の人間に似せて、しっかりと、人工的に作り上げられたものです。本当の存在が持っている要素をいろいろと身に着けさせても、人工的な構築物であることには変わりありません。自分の性格や思考のプロセス、概念、観念、理想などを理想的な自己に与えれば与えるほど、唯一責任を持って成長に取り組んでいる自己の中心から力が失われてしまいます。自己の中心だけが、あなたの真実の部分、真のあなたであって、生き、成長し、存在することができます。それはあなたを適切に導いてくれる、唯一の部分です。それだけが、あなたの全能力を使って機能できるのです。それは柔軟で、直観的です。一時的に、その中心の抱いている感情があまり正直で現実的なものでなかったり、完璧で純粋なものではなかったにせよ、それだけが本物で、妥当なものです。一時的に、真の自己の感情がどの程度完璧に機能できるかは、あなたの今のあり方によります。自分で創り出したロボットに投資するために生命の中心にあるものを奪い取ってゆけば、真の自己とはますます疎遠になってゆき、さらには、それを弱らせて貧しくさせる結果となります。

このワークを行なっているあいだ、人はときに、「**自分は実際のところ何者なのか**」という難しく、しばしば恐ろしくもある疑問にぶつかってきました。それは、真の自己と偽りの自己とが一致せずに争った結果です。この重大で深遠な疑問が解決するやいなや、生命の中心は全力で反応し、機能するようになり、直観も完全に働くようになります。あらゆる衝動から解放されて自然にふるまえるようになります。また、感情は成熟した、成長したものになりうるので、自分の感情を信頼できるようになります。感情はあらゆる点で、論理的思考力や知性と同じくらいに信頼できるものとなるでしょう。

以上は、自己探求の最後の段階です。ここにいたるまでには、非常に多くのハードルを乗り越えなければなりません。まるで生死をかけた闘いに見えることでしょう。あなたはまだ、生きるため、幸せになるためには、理想的な自己が必要だと信じています。でも、そうではないとわかってしまえば、理想的な自己を維持したり育てたりすることが必要だと思わせていた偽ものの防御を捨てられるでしょう。理想的な自己が幸福や楽しみや安全の欲求を満たしてくれるだけでなく、人生の個々の問題を解決してくれると見なされていたことを理解すれば、この理屈の結論は間違っているのがわかるでしょう。さらに一歩進んで、理想的な自己が人生にもたらした悪影響に気づけば、その正体は重荷でしかないと認めて捨て去ることができるでしょう。どんな説得や理論や言葉を耳にしようと、あなたは理想的な自己を手放そうとはしませんが、その自己像が具体的に何を解決してくれると思っていたのか、さらには、それが今まで、また将来的にどんな損害をもたらすのかを認識すれば、この幻想の中の幻想を消し去れます。

　言うまでもなく、あなたの理想的な自己の要求や基準がとりわけどのようなものであるかを、こと細かく認識しなければなりません。さらには、それが不合理で、不可能であるのを見定めなければなりません。強い不安や憂鬱《ゆううつ》を感じているときには、あなた自身の限界や、他の人や人生などによって、自分の理想的な自己が疑われたり、脅かされていると感じている可能性がある事実を考えてみてください。不安や憂鬱の根底には、自己を軽蔑する気持があることに気づいてください。他人への怒りが押さえられないときには、「偽りの自己の規準で生きられない自分自身への怒りが表《おもて》に出てきただけかもしれない」と考えてみてください。偽りの自己が外部の問題を口実にして、ひどい憂鬱や怖れを説明しようとすることを許してはいけません。このような新しい角度から問題を調べてください。一人きりでワークをしてもこの方向に進む上で役に立つでしょうが、自分だけで達成するのはほとんど不可能です。かなりの進歩をとげてはじめて、直接か間接かは別にして、このような外的な問題の非常に多くが、あなたの〝本当の能力〟と〝理想的な自己の規準〟との対立から生じていることを認識できるようになります。そして、その葛藤にどう対処すればよいかがわかるようになります。

ですから、ワークのこの段階を進むと、理想的な自己の性質を正確に理解できるようになります。それが要求すること、つまり、幻想を維持するために自己と他者に注文することがわかるようになります。ほめられるべきだと考えていたものが、本当はプライドやてらいにすぎないとはっきりわかるようになれば、理想的な自己の影響を弱めるような、きわめて重要な洞察が得られるでしょう。そして、そのときはじめて、自己に与えていた厳しい罰に気づくでしょう。避けられず、失敗をおかしてしまったときにはいつでも、じれったくて、いらいらするあまり、感情がふくれあがって自己への恨みや怒りに変わっていきます。でも、自らを憎んでいることに気づくのは耐えがたいので、この恨みや怒りはしばしば他者に投影されるのです。この投影は、すべてのプロセスを行ない、その完全さをはっきりと理解するまでつづきます。この憎しみを他の人に背負わせても、自己に対する影響は依然として残りつづけますので、病気や事故、損失、あるいはいろいろな形での外的な失敗の原因になりかねないのです。

理想的な自己を手放す

理想的な自己を手放すための最初の一歩を踏み出すとき、あなたは今まで経験したことのない解放感をおぼえるでしょう。あなたはまさに生まれ変わることになり、あなたの真の自己が姿をあらわすでしょう。そして、真の自己のうちに安らぎ、心が安定します。これまで理想的な自己の独裁制の影響を受けていなかったかもしれない表層のみではなく、自己の存在のあらゆる部分で、真の成長をとげるようになります。これにより、多くの変化が生じます。まず、人生や出来事、自分自身や他者に対する反応が変わります。反応が変わること自体が驚くにあたいするのですが、少しずつ、外的な事物もきっと変わります。新しい態度が、新しい結果を生むのです。理想的な自己の克服は、生と死の二元性における、一つの重要な相を克服することを意味します。

あなたは現在、理想的な自己の圧力や、避けようとしながらもときには実際に感じてしまう恥や屈辱や暴露、あるいは緊張や疲労や強迫観念などに気づいてさえいません。たとえそのような感情にちらりと気づいても、それらを理想的な自己の空想的な要求と結びつけられないのです。こうした空想的な期待を見定め、その指示がしばしば矛盾することを見定めてはじめて、その期待を捨てられます。この道で内的自由の最初の段階に達しただけでも、人生とうまくつきあい、しっかりと地に足をつけて生きられるようになります。もはや、取り乱して、理想的な自己にしがみつく必要はなくなります。内面で理想的な自己に必死になってしがみついているだけでも、どんなものにもしがみつこうとする一般的な傾向を生み出してしまいます。こうした傾向は外的な態度にあらわれるときもありますが、たいてい内的な性質や態度にあらわれます。ワークのこの新しい段階に取り組んでいると、この、内面でのしがみつきを感じ取れるようになり、それが引き起こしている根本的な悪影響も認識できるようになります。しがみついていると、多くの態度を捨てられなくなり、人生に喜びや活力をもたらすような変化を経験することがひどく難しくなってしまいます。そうなるとあなたは自分自身の殻に閉じこもってしまうので、最も基本的な相において、人生の流れに抗って生きてしまうことになります。

言葉は不十分なものですから、私の言外の意味を感じとるようにしてください。理想的な自己について、その機能や、原因と結果をよく理解して、それを弱らせたとき、あなたは確実にその意味に気づくでしょう。そして、ふたたび大きな自由を手にして、活き活きと生きられるようになるでしょう。なぜなら、自分に対しても、人に対しても、何も隠す必要がなくなるからです。不健康で不合理な方法ではなく、自然界がそうしているように、健康的に人生で活躍できるようになります。そのときにはじめて、生きることの美しさがわかるでしょう。

一般的な概念に頼っていては、このような内的なワークの最も重要な部分にアプローチできません。ごくささいな日々の反応でも、こうした観点から考えることができれば、必ず同じ結果を生み出すことになります。ですから、この新しい考え方によって、自己探求をつづけてください。そして、それに時間がかかり、リラックスした努力が必要だとしても、焦らないようにしてください。

故郷に帰る

もう一言いえば、真の自己と理想的な自己との違いはしばしば、量の問題よりも質の問題です。つまり、この二つの自己は、根本的な動機が違っているのです。その違いは簡単にはわかりませんが、それぞれの要求、矛盾、因果の筋道を認識すれば、動機の違いはだんだんとはっきりしてきます。もう一つの重要な問題は、時間の要素です。理想的な自己は、今すぐに、自らの要求に従って完璧であろうとします。真の自己はそれが不可能であることを知っており、その事実を苦にしません。

もちろん、あなたは完璧ではありません。現在の自己は、この瞬間のありのままのあなたの全要素が複雑に入り組んでできあがっていますから、言うまでもなく、基本的に自己中心的な部分を持っています。けれども、それを認めれば、その部分とうまくつきあえるようになるのです。自己中心的な部分を理解し、新しい洞察を得るごとに、それをだんだんと弱めていけるようになります。理想的な自己は、まったく反対のことを信じています。理想的な自己が「完璧でなければならない」と要求するのは、純粋に自己中心的な動機によって失っていくという事実を、きちんと把握するようになるでしょう。理想的な自己は、まったく反対のことを信じていきます。理想的な自己が「完璧でなければならない」と要求するのは、純粋に自己中心的な動機によってなのですが、まさにこの自己中心性こそが、あなたが自信を持てない原因になっているわけです。

故郷に帰るという大いなる自由は、真の自己に帰る道を見出すことです。「故郷に帰る」という表現は、霊的な文献や教えでよく用いられますが、だいぶ誤解されてきました。よく、肉体的に死んだあとで霊的な世界に帰ることだと解釈されます。けれども、故郷に帰るということは、もっと多くのことを意味しています。あなたは、一つの地上の人生から、次の人生へという具合に、たくさんの死を経験するかもしれませんが、真の自己を発見しないと故郷に帰ることはできません。道に迷い、自己の存在の中心への道を見出すまで、そのままさまよいつづけてしまうかもしれません。一方で、あなたは今ここで、肉体にとどまっているうちに故郷への道を見つけられるかもしれないのです。真の自己になる勇気を身につければ、その自己は理想的な自己より劣るように思われたとしても、実ははるかに勝ったものであることがわかるでしょう。そうすれば、自己自身の内なる故郷にいる平安を得るでしょう。安全を見出すでしょう。完全な人間として生きられるでしょう。とても従えないきびしい監督者の、鉄の鞭を折ることになります。平安や安心の本当の意味を知るようになります。間違った方法でそれらを求めることは、今後は一切なくなります。

私が今夜お話したことによって、みなさんが真実と、助けと、さらなる悟りを得られますように。けれども、理解して、思いにとどめておいていただきたいのは、理論的な理解は何の役にも立たないということです。私の言葉は、理論のままでは助けにはなりません。この方向への探求に乗り出し、それをつづけてください。そうして、理想的な自己と結びついた感情的な反応を感じ、観察してください。そうすれば、本当の意味での自己解放や自己探求を、着実に進めてゆけるでしょう。

親愛なるみなさん、私たちの愛や力、祝福を受け取ってください。平安のうちに、神のうちにいてください。

•

Chapter 3 子供時代の傷を再創造して克服しようとする衝動

ガイドは、深層心理学とは霊的訓練だと言います。なぜなら、自己自身を知ることを通してはじめて、魂を浄化できるからです。言い換えれば、自己破壊的なパターンを洗い清めれば、内なる神と一つになる準備が整うからです。「反復強迫」（訳注：何の快感も得られないのに、過去の辛い体験や状況をくり返し再現しようとする無意識の衝動のこと）は心理学ではよく知られていますが、この反復が何を得ようとしてのものであるかについて、このレクチャー以上に明快に解き明かしたものはありません。私たちがくり返してしまうネガティブな体験は、幼児期ばかりでなく、前世とも結びついています。このレクチャーを役立てれば、どうして私たちがいつまでも同じことをくり返しているのか、そして、どうすればそれをやめることができるのかがわかります。

§

こんばんは、みなさん。みなさんに、神の祝福がありますように。一人ひとりにさしのべられた聖なる祝福のご加護によって、みなさんが今夜の話を吸収できますように。そして、これが実りある機会となりますように。

成熟した愛の欠如

子供は〝成熟した〟愛や暖かさをめったに受け取れないので、一生を通じてそれに飢えつづけます。欠乏感や傷を認識し、きちんと対応すれば渇望はおさまりますが、そうでなければ、大人になっても、子供時代に得られなかったものを無意識で必死に求めながら生きつづけることになります。そうなると、成熟した愛し方ができなくなります。この好ましくない状態が世代から世代へと受け継がれていく理由は説明するまでもないでしょう。

「状況は変わるだろう、人々は成熟した愛を実践できるようになるだろう」などと期待しても、改善策は見つかりません。改善策は、あなたのうちにだけあるのです。もし両親から成熟した愛を受け取っていれば、このような、きちんと気づいてさえいない問題を抱えずにすんだのは確かです。しかし、成熟した愛を受け取れなかったからといって、自己や人生で問題を抱える必要はありません。そのことに気づき、認め、前に持っていた無意識の期待や後悔や思考や概念などを、個々の現実の状況と結びつけて整理しなおせばよいのです。そうすれば、ずっと幸せになれるだけでなく、成熟した愛を人に差し伸べられるようにもなります。その相手は自分の子供かもしれませんし、周囲の人かもしれませんが、そのとき、愛の連鎖反応が始まります。このような現実的な自己矯正は、現在のあなたの内的態度とはまったく異なるものです。それについて、これから考えてゆきましょう。

　自分の無意識的なマインドや感情を探求し始めている少数の人を含め、人はみな、子供のころのあこがれや挫折と、大人になった現在の困難や問題とのあいだに強い関係があることを習慣的に見過ごしています。というのは、そのつながりがどれほど強いかを、単に理論的に理解するだけでなく、個人的に体験している人がほとんどいないからです。この関係をしっかりと把握することは欠かせません。

　片方の親が成熟した愛を十分に与えてくれるという、珍しい、例外的なケースがあるかもしれません。でも、一方の親がそれなりに成熟した愛を持っていたとしても、もう片方がそうでない可能性が非常に高いのです。この地球上では、成熟した愛は限定的にしか与えてもらえないので、愛を与えてくれる親の欠点にも子供は悩まされることになります。

　しかし、もっとありがちなのは、どちらの親も感情面で成熟しておらず、子供が望んでいる愛を与えられないか、不十分にしか与えられないというケースです。子供のころ、この欲求はほとんど意識されていません。なぜなら、子供は望むことについて思うところを表現する方法を知らないのです。自分のものを他の人のものと比べられないので、何か他のものがあるかもしれないということがわからないのです。「世の中とはこういうものだ」と信じ込んでいるのです。あるいは、自分の運命は他の誰の運命とも違うと信じ込んで、とりわけひどい孤独感をおぼえているような極端な場合もあります。どちらも、真実から逸《そ》れています。子供はこのように、なぜ自分が不幸なのかについて十分に理解できないばかりか、不幸であることすら理解できないままに成長します。みなさんの多くは子供時代を振り返って、実際、いくらかは愛を与えられていたのだから、望んでいた愛はすべて受け取っていたはずだ、と信じ込んでいます。

愛を大げさにみせびらかす親も大勢います。彼らは子供を甘やかしているかもしれません。親が子供を甘やかしてしまうのは、自分は成熟した愛し方ができないのではないかと深く疑うあまり、過剰にその埋めあわせをしようとしたり、ある種の謝罪をしようとしているせいかもしれません。子供は、真実をするどく感じ取ります。意識的に考えたわけではないかもしれません。しかし、成熟した本当の愛と、数々の未成熟でこれ見よがしの代替物との違いを敏感に感じるのです。

子供を適切に導いて保護するのは親の責任なのですから、親は権威を持たなければいけません。ですが、罰したり、健全な権威を行使したりすることが決してできない親がいます。こうした欠点は、罪悪感に根ざしています。そのような親は、自分は人格が未熟で、本当の、惜しみない、暖かくて、なぐさめとなる愛を持っていないと思っているのです。また、あまりにも辛らつで厳格な親もいます。彼らは子供を脅かして乱暴な権威をふりかざし、子供が個性を発揮するのを許しません。どちらのタイプも親としての義務を怠っており、その間違った態度に接した子供は傷ついて、挫折感を抱くことになります。

厳しい親のもとで育った子供は、怒りや復讐心をあらわにするので、そうした感情の出どころをつきとめるのはずっと簡単です。同じように強い復讐心があって、それが隠されている場合には、つきとめるのがきわめて難しくなります。もし親が、愛情や偽の愛情を息もつけないほどに与えてくれながら、本当の暖かさに欠けていたら、あるいは意識的には何事も申し分なくしてくれながらも、やはり真の暖かみに欠けていたなら、子供としては無意識的にそれに気づいていますし、恨みを抱きます。こうしたことについてあなたは、意識的には、まったく気づいていなかったかもしれません。なぜなら、子供のころには、何が欠けているのかを的確に指摘することができなかったからです。表面上は、ほしかったり、必要としていたものはすべて与えられていました。しかし、本当の愛情と偽ものの愛情との、捉えがたい微妙な区別が、子供の知性でどうやってできるでしょうか。論理的に説明できないものに悩まされている事実は、罪悪感と不安定さをもたらします。ですから、その事実をできるだけ視界の外に追いやろうするわけです。

幼少期に受けた傷や失望、欲求不満などを意識していないうちは、あきらめてそれらを受け入れるなどということはできません。どれほど両親を愛していようと、心の中には無意識的な恨みがあり、傷つけられたことを許そうとはしません。深く隠された傷や恨みを認めてはじめて、許し、忘れることができるのです。そうすれば大人の人間として、〝両親もただの人間にすぎない〟とわかるようになります。両親は、子供が思い、期待するほどには無欠でも完璧でもなかったのです。けれども、葛藤を抱えていたり未熟な部分があるからといって、今になって、彼らを拒絶すべきだ、というわけではありません。それら十分に認めることを自分に許していないような感情にも、意識的な推論の光をあてなければならないのです。

大人になってから子供時代の傷を癒そうとすること

両親の完璧な愛を欲する思い、そして両親を恨む気持ち、この両者の葛藤に気づかないと、あなたは後になって状況を改善する試みに向かうことになります。その努力は、人生のさまざまな側面であらわれるでしょう。あなたは問題や、くり返し生じるパターンにいつもぶちあたることになりますが、それは**子供時代の状況を、修正するために再現しようとする**試みが原因になっています。この無意識の衝動は非常に強い要因ですが、意識的には理解されないほど深く隠されています。

この、子供時代の状況を改善しようという試みが最もよくあらわれるのは、**愛のパートナーの選び方**です。あなたは無意識のうちに、心からの純粋な愛や愛情に欠けていた親の特徴をパートナーのうちに見出す方法を心得ています。しかし同時に、パートナーに対して〝要求をほぼ満たしてくれた親の特徴〟も求めています。パートナーに両方の代理を見つけ出すのは大切なことですが、もっと大切で難しいのは、とりわけ自分を失望させ、傷つけた親の特徴を見つけ出すことです。それは、あなたが恨み、軽蔑し、ほとんど、あるいはまったく愛情を持てない親の特徴です。つまりあなたは、結婚相手や友人、その他の人間関係に、いつも簡単に見抜けるわけではない微妙なやり方で両親を求めているのです。潜在意識では、次のような反応が起きています。すなわち、あなたの内面の子供は、過去を忘れ去ることも、過去とうまくつきあうこともできず、許すことも理解して受け入れることもできません。それゆえ、その子供はいつも同じ条件を創り出します。その子供は、状況に屈するのではなく、ついにはそれを支配しようとします。敗北は叩き潰されることを意味するのですから、どんな代償を払っても避けなければなりません。しかし、その戦略を遂行するのはまったくもって不可能で、代償はきわめて大きいものになります。内面の子供が達成しようと企てていることは、決して実現にはいたらないのです。

この戦略の欺瞞

内面の子供が企てている一連の手順は、極端に破壊的なものです。まず第一に、あなたが敗北したというのは幻想です。ですから、今なら勝利できるというのも幻想なのです。さらには、愛を得られないことが子供のときと同じように悲しく思われたとしても、それを悲劇と考えるのは幻想です。実際には、潜在意識が感じているほどの悲劇ではありません。悲劇なのは、状況を再現し、支配しようと努力しつづけて、将来の幸福を得られなくなってしまうことだけです。このプロセスは無意識の深部で行なわれています。ですから言うまでもなく、あなたが意識的な意図や希望に焦点を当てていること、これ以上にマインドから離れたものはありません。子供時代の悩みを密かに癒そうとする状況にあなたをくり返し導く感情を明らかにするには、かなり深く掘り下げなければならないわけです。

あなたは子供時代の状況を再現しようとして、親と似た特徴を持つパートナーを無意識に選んでいます。しかし過去もそうだったように、望んで当然な成熟した愛を今も得ることができないのはその特徴のためなのです。あなたは向こう見ずにも、より激しく強制的に求めれば親の代理をするパートナーがすぐにも成熟した愛を与えてくれると信じています。ですが実際、愛はそのような形ではやってきません。こうしたいつまでもつづくくり返しから自由になってはじめて、親から愛されたいと求めることもなくなります。代わりに、本当に求め、欲する成熟を見出そうとして、パートナーやその他の人間関係を求めるようになるのです。子供として愛されることを求めなくなると、パートナーや人々を心から愛そうとするようになります。しかし内面の子供は、あなたが成長し進歩してどれだけ別のやり方ができるようになったとしても、それが不可能なことだと思っています。この隠された葛藤は、他の点で成長をとげた魂に影を投げかけることになります。

パートナーがいる場合、この葛藤を探し出してゆくと、相手がどのような未成熟さの点で両親と似ているかが明らかになるかもしれません。けれども、そのときには本当に成熟した人などいないことがわかっていますから、絶えず親を捜し求めていたころと違ってパートナーの未成熟さが悲劇ではなくなります。あなた自身が現在、未成熟で能力に欠けたところがあったとしても、過去を再現して修正しようなどという子供じみた衝動をおぼえることもなく、ずっと成熟した人間関係を築けるようになるでしょう。

いわば、「今度は違うぞ」と期待するだけで劇を再演してしまうプロセスが、あなたの潜在意識をどれほど占有しているのか見当もつかないでしょう。しかし決して、違う結果にはなりません！　時を追うごとに失望はどんどんとひどくなってゆき、魂はますます落胆するようになります。

みなさんのうち、潜在意識の未開拓の領域をある程度掘り下げていない人にとって、これはずいぶんと馬鹿げていて、不自然に感じられるかもしれません。けれども、隠れた傾向、衝動、イメージなどの力を理解した人は、以上の言葉が真実だとすぐに信じるばかりでなく、すぐに個人的な生活で体験するようにもなるでしょう。他の発見から、潜在的なマインドの作用がいかに強力であるのか、いかに抜け目なく、破壊的で不合理なやり方で動くのかについては、すでにおわかりのはずです。

子供時代の傷を再体験する

自分の問題や不満をこのような視点で見て、感情を表面化させる通常のプロセスをたどれるようになれば、ずっと深い洞察を得られるようになるでしょう。しかし幸せな子供時代を過ごしたとしても、そのころに自分が泣いて渇望したり、傷ついたりしたことの再体験は欠かせません。幸せだったのは本当で、まったく自己欺瞞ではないかもしれません。なぜなら、幸せであり、不幸せでもあるのは可能だからです。あなたは今、子供時代の幸せだった面を完全に覚えているかもしれません。しかし深く傷つけられたことや、それが何であるかさえはっきりとはわからないながら、ほしくてたまらないものがあったことはよく認識していませんでした。あなたは状況を当たり前のこととして受け取っていたのです。何が欠けているか知らなかったし、何かが欠けていることにさえ気づきませんでした。もし本当に内的な成長をとげたいなら、この不幸の根本を、今、認識する必要があります。かつて経験しながらも視野の外に押しやっていた鋭い痛み、これを再体験しなければならないのです。これまでのあなたの理解によって意識するようになったこの苦痛に、目を向けねばなりません。そうしてはじめて、現在抱えている問題を、その現実的な価値を把握しつつ、真の光の下で見られるようになるのです。

では、**どうすれば遠い昔の傷を再体験できるのでしょう。**方法はたった一つしかありません。まず現在の問題を取り上げてください。そして、その問題の上に重ねられている、自分の反応の層をすべて取り去ってください。最初の、最も扱いやすい層は合理化の層、つまり他の人や状況に責任があって、自分の心の深奥の葛藤にあるのではないと「証明」している層です。実際には、内なる葛藤のせいで、現在直面している問題に間違った態度をとってしまうのですが……。次は、怒りや恨み、不安、苛立ちの層です。こうした反応の背後には、愛されなかったがゆえの傷が見出されるでしょう。今葛藤に陥り、愛されないために傷ついているなら、その傷は子供時代の傷にふたたび気づくのに役立ちます。現在の傷に直面しながら過去を振り返り、両親との状況をもう一度考えてみてください。両親がくれたものや、両親のことを本当はどう感じていたのか、考えてみてください。そうすれば、これまではっきりとわかっていなかったし、わかりたくもなかったけれど、実際にはさまざまな面で欠乏をおぼえていたことに気づくでしょう。その欠乏のために子供のころに傷ついていたはずなのに、意識のレベルではその傷を忘れてしまっていたことを発見するでしょう。けれども、完全に忘れてしまっていたわけではありません。現在の問題で受ける傷は、昔とまったく同じ傷なのです。ですから、現在の傷を子供のころの傷と比べて再評価してみてください。ついには、それらが同じで、一つのものであることにはっきりと気づくでしょう。現在の痛みがどんなにリアルで、きちんと説明できるものであったとしても、同じ子供時代の痛みなのです。もう少しすると、どれほど自分が、子供時代の傷を治したいがために、現在の傷を創り出すことに手を貸していたかを理解するようになるでしょう。しかしまずは、痛みの共通性を感じとるだけでよいのです。とはいえ、それにはかなりの努力が必要です。なぜなら、過去の痛みだけでなく現在の痛みにも、たくさんの感情が幾重にも覆いかぶさっているからです。今感じている痛みを具体的に把握できるようになるまでは、この点で、これ以上の理解を得ることはできません。

ひとたびこの二つの痛みを同調させ、それらが同一のものだと気づくことができれば、次のステップはずっとやさしくなります。そして、さまざまな困難にくり返されるパターンを見つけることで、かつてあなたを傷つけた人々や現在悩みの種になっている人たちと、両親とのあいだの類似点を認識できるようになります。類似点を感情的に体験できれば、根本的な葛藤を解消する特別な道でさらなる進歩をとげることになるでしょう。単に知的に評価してもメリットはありません。成果をあげ真の結果をもたらすには、傷の再創造を捨て去るプロセスは知的な理解を超えたものでなければなりません。何かを実現していないことによる、現在の痛みと子供時代の痛みを感じること、これを自分に許す必要があるのです。二枚のスライド写真のように、二つの痛みが次第にはっきりして一つに重なりあうまで、両者を比較するのを許す必要があります。**現在の痛みと過去の痛みを実感**すれば、内奥で「敗北」をどうしても認められないために現状を選択しなければならないと考えていたことを、ゆっくり理解するようになるでしょう。いったんそれを理解すれば、今私がここで述べているような洞察や体験を得られるでしょうから、次のステップに進めるようになります。

言うまでもなくほとんどの人が、現在のものであれ過去のものであれ、そんな痛みがあることさえ気づいていません。視界から押しやるのに忙しいのです。問題は「痛み」としてはあらわれません。そういう人が真っ先にするべきは、痛みの存在に気づくことです。そして気づかないかぎり、その痛みに際限なく傷つけられてしまうのだと認識することです。多くの人はこのような痛みを怖れていますし、無視さえすれば痛みを消せると信じたがっています。抱えている葛藤が耐えがたいほどに深刻なので、こういう鎮痛方法を選んでしまうのです。けれども「長い目で見れば、明らかになっている葛藤よりも隠れた葛藤のほうがずっと大きな損害を与える」という知恵や確信のもとに、先に示したような道を選ぶことは、どんなにすばらしいことでしょう。そうすれば、本当の感情を明るみに出すことは怖くなくなりますし、一時的に激しい痛みを感じても、すぐにその痛みが、悲痛、緊張、不安、苛立ちなどから解放された健康的な産みの苦しみに転ずるのを感じることでしょう。

痛みを耐えてはいるものの、その耐え方がネガティブで、痛みが〝外部〟の力で癒されるのをいつも期待している人もいます。こういう人はある意味、解決策に近いところにいると言えます。なぜなら、子供じみたプロセスがいまだに働きつづけているのを見つけやすいからです。〝外部〟とは、他者に投影されている攻撃的な親です。彼らは痛みへのアプローチの仕方を正せばよいのであって、アプローチそのものを発見する必要はありません。

どうすれば再創造をやめられるのか

これらの感情をすべて体験し、「現在」と「過去」を同調させてはじめて、自分がどのように状況を正そうとしているかに気づけます。さらには、無意識の欲望がおろかにも子供時代の傷を再創造していること、そしてそれが失望に終わる無駄な行為にすぎないことがわかるようになります。この新しい理解と洞察とを持って自分の行動や反応を調べられるようになり、結果として両親を手放すことでしょう。自分の子供時代を本当の意味で過去に置いてくるので、新たな内的行動パターンを始められるようになります。そのパターンは、自分自身にとっても人にとっても、はるかに建設的で実り多いものとなるでしょう。子供のときに支配できなかった状況を支配したいとは思わなくなります。考えもしないうちに内面で忘却と許しが完全に為されるので、今いるところから先に進めるようになります。子供のころに必要としていたようには、愛されることを必要としなくなります。まず、自分がその種の愛を今でも期待しているのに気づくようになり、やがて、それを求めることもなくなります。もう子供ではないのですから、別のやり方で愛を求めるようになるわけです。つまり、愛されるのを期待するのではなく、愛を与えようとします。しかし、これは常に強調しなければならないのですが、多くの人は自分が愛されるのを期待していることに気づいていません。子供っぽい、無意識の期待はあまりにもしょっちゅう裏切られてきたので、愛に対する期待や願望をすべてあきらめてしまうからです。言うまでもなく、これは真実でも健康的でもなく、単に誤解して極端に走っているにすぎません。

自己探求において新たな展望といっそうの理解を手にするには、この内なる葛藤についてのワークを行なうことが誰にとってもきわめて大切です。最初のうちは、ここで私が語る言葉に接しても、たまにちらりとわかることがあったり、一時的に感情が揺れ動いたりするだけかもしれません。ですがそれは、必ず役に立ちます。自分自身をよりよく知り、ずっと現実的で、成熟した展望のもとに自分の人生を評価する扉が開かれることでしょう。

では、このレクチャーに関して、何か質問はありますか？

質問　親とまったく同じネガティブな性格を持つ人を愛情の対象としていつも選んでしまうことが、私にはほとんど理解できないのですが。パートナーが本当にそうした性格を持っているのでしょうか。それとも、それは自分の投影と反応にすぎないのでしょうか？

答え　両方の場合もあり、どちらか一方の場合もあります。実際には、両方組み合わさっているのがほとんどです。ある種の特徴は無意識的に探し出されますが、親のものと実際に似ています。しかし、もともとの類似性が再創造を行なっている当人によって強化されるのです。類似性は実際にはそこにない投影された性質であるばかりでなく、ある程度、潜在的でありながら、まだ現実化されていないものでもあります。そうした相手の性質は、無意識の問題を内面に抱えている人の態度に刺激され、強く表面化するようになります。親にそっくりな反応を引き出すことで、相手の内面に育てているものがあるのです。この反応の誘発は、もちろんまったく無意識的なものですが、ここではきわめて強い要因となります。

人間のパーソナリティーの総体は多くの要素から成っています。ですから、そのうちのいくらかは、再創造をしている人の親の性質に似ているところがあるでしょう。そして最も目立つのが、未成熟な面と十分には愛せない面での類似でしょう。それだけで、同じ状況を再現するには本質的に十分な力を持っていることになります。

同じ人物が別の人には、あなたに対するのとは違った反応の仕方をするかもしれません。なぜなら、絶えず相手の反応を誘発しているのはあなた自身だからです。あなたが子供時代と似た条件を創り出して、それを修正しようとするためです。怖れや自己懲罰、苛立ち、怒り、敵意などを抱いていたり、また愛や暖かさを人に与えようとしなかったりする内なる子供《インナーチャイルド》の傾向は、人を絶えず刺激しています。相手の、弱くて未成熟な部分からの反応を強めてしまっているのです。しかし、より成熟した人は周囲に違った形で影響を与え、相手から成熟した完全なものを引き出すことができます。なぜなら、成熟した要素を持っていない人など、誰もいないからです。

質問　人が自分を刺激しているのか、それとも自分がその人を刺激しているのか、この区別はどうしたらつけられるのでしょう。

答え　これは反応の連鎖であって悪循環ですから、誰が始まりなのかを突き止める必要はありません。自分自身の刺激を突き止めることから始めたほうが役に立ちます。おそらく他の人が、あからさまにかひそかにかは別にして刺激してきたので、それに反応して刺激してしまったのでしょう。そうであれば、刺激されたので人を刺激したのだと気づくことができます。そして、今度は自分が刺激するものだから、人もまた同じような反応をするわけです。そもそもなぜ自分は傷つけられ、刺激されたのでしょうか。表面的なものではなく、その本当の理由を今夜のレクチャーに従って調べれば、もうその傷を悲惨なものと見なさなくなるでしょう。傷に対して異なる反応をするようになり、結果として、傷はおのずと消えてゆきます。そうなると、人を刺激する必要も感じなくなります。さらには、子供のころの状況を再現しようという欲求も減っていくので、自分の殻に閉じこもる必要もなくなり、人を傷つけることもどんどん少なくなってゆきます。よって、人もあなたを刺激する必要がなくなります。そうすると、自分と同じように、人も子供っぽい、無分別な欲求から反応していたことが理解できるようになるでしょう。そこまでくると、実際には自分が刺激をスタートさせたと気づいている場合でも、さまざまな動機を、自分自身の刺激にではなく、人の刺激に帰していることが理解できるでしょう。心の傷について違った見方をして、その本当の原因を理解できるようになると、人の反応にも同じように無関心でいられるようになります。自分自身も人も、まったく同じ反応をしているのがわかるでしょう。内面で子供の葛藤が解決されないかぎり、お互いの反応には非常に大きな違いがあるように見えるかもしれませんが、現実を理解するとき、あなたは悪循環のくり返しを断ち切り始めます。

このような相互作用を十分に理解すれば、誰もが背負っている孤独感や罪悪感から解放されるでしょう。あなたはいつも、罪悪感を抱くか周囲の人の不正を責めるか、このあいだで揺れ動いています。内面の子供は自らの世界に閉じこもっており、自分が人とはまったく違うと感じています。内なる子供《インナーチャイルド》は、このような非常に有害な幻想の中に生きているのです。この葛藤を解決すると、人をよく理解できるようになります。でもあなたは、今のところ他人の本当の姿について知らなすぎます。一方で、自分自身を理解していないために他人も理解できず、彼らを責めたりひどく傷つけられたりしてしまいます。同時にもう一方で、傷つけられたとき、それに気づこうとしません。矛盾しているように聞こえるかもしれませんが、矛盾してはいません。今夜説明した相互作用を自分で経験すれば、それが本当だとわかるでしょう。傷つけられたことを大げさに言いたてるときもあれば、傷を受けたことをまったく認めたがらないときもあります。なぜなら、傷つくなどということは、状況について抱いているイメージにふさわしくないからです。傷ついていることを認めてしまえば、自分で築き上げた観念が台無しになってしまうかもしれないし、そのときの願望と一致しないかもしれないからです。状況がだいたいは好ましいもので、もともと抱いていた観念と一致していれば、あなたは気に入らないものだけを取り除きます。しかし、取り除いたものは内面の深層でくすぶり、無意識的な敵対心を創り出してしまいます。少なくともこの点において、この一連の反応は直観力を妨げてしまいます。

人のあいだで絶えず起こりながら、今は意識から隠されている刺激は、あなたがこれからきわめてはっきりとわかるようになる現実のものです。きちんと理解できれば、あなたやその周囲に、他ならぬ解放がもたらされるでしょう。

親愛なるみなさん、自分自身の道を進んでください。そして、私たちがもたらす祝福が、みなさんの肉体や魂、霊を包み込み、その中に浸透しますように。それによってみなさんが魂を開き、真の自己、本当の自分自身になれますように。幸せであってください。平和のうちにあってください、神のうちに安らいでください。

Chapter 4

本当の神と神のイメージ

神への疑問に直面しないでいられる人はいません。神のような存在は、本当にいるのでしょうか。どうすれば、そしてどこで神に出会えるのでしょう。とりあえず自分が出した答えや感じている混乱の背後には、どのような真実があるのでしょう。高次意識の存在であり、天使の視点を持つ存在であるパスワーク・ガイドは、これまで読んだことも聞いたこともない、どのようなことを教えてくれるというのでしょうか。

§

ようこそみなさん。みなさんを神の御名のもとに祝福いたします。この時間は神聖なものです。

神の存在は疑われることが多く、人が魂のうちに神の臨在を体験することはほとんどありません。ですがその原因は、ほとんどの人が歪んだ神のイメージを抱いていることにあるのです。

間違った神の概念

子供は権威との最初の対立を、きわめて早い段階で経験します。しかも神が最高の権威であるとも学びます。ですから、子供が権威についての主観的な体験を投影して神の像を作り上げたとしても、驚くべきことではありません。こうして神についての間違った結論が形作られ、しかもそれは、大人になっても無意識に持ち越されていきます。

子供はあらゆる種類の権威を経験します。いちばん楽しいことを禁じられれば、〝権威は敵意を持っている〟と感じます。親である権威が子供を甘やかせば、〝権威は親切だ〟と感じるでしょう。子供時代に他より優勢なタイプの権威があれば、その権威に対する反応が神への無意識的な態度となるでしょう。しかし多くの場合、子供は権威を「〈敵対するもの〉と〈優しいもの〉が混ざりあったもの」として体験します。そして、二つの権威の組み合わさったもので神のイメージが作り上げられることになります。権威に恐怖や不満を感じる程度に応じて、子供は神にも無意識に恐怖や不満を感じるものです。神はこうして、罰を与える厳格な力であり、しばしば不公平で不公正な力であって、戦うべき相手だと信じられてしまうのです。あなたが意識的にそう思っているわけではないことは、私もわかっています。しかしパスワークでは、対象が何であれ、意識的に抱いている概念とはまったく異なる感情的な反応を見つけ出さなければなりません。無意識的な概念と意識的な概念との不一致が大きくなればそれだけ、その相違に気づいたときの衝撃も大きくなります。

ほとんどの場合、子供が最も喜ぶことはすべて禁じられています。大きな楽しみをもたらすものは、たいてい子供の幸せのために禁じられるのですが、子供にはそれが理解できません。両親が無知や恐怖から禁じてしまうこともあります。そのために、この世界では、最も楽しいことをすれば必ず、最高の、そして最も厳格な権威である神の罰を受けなければならないという印象を、子供のマインドに与えてしまうことになるのです。

それだけでなく、子供時代においても大人になってからも、人生の途上では**人間の不正にも出会わないわけにはゆきません。**特に、不正を行なっているのが権威を代表した、無意識的に神と結びつけられたような人物であった場合、神はひどい不正を為す存在だという無意識の信念が強められてしまいます。こうした体験は、神に対する恐怖を強めてしまうことにもなります。

きちんと分析してみれば、このようにして神を、怪物のような存在としてイメージしてしまうことがわかります。**この神が無意識のマインドにすみついた場合、本当に悪魔よりすごい存在になってしまいます。**

これが自分にどれくらいあてはまるのかを、自己のワークの中で自ら明らかにしなければなりません。あなたの魂には、このような間違った概念が植えつけられていませんか？　成長期の人間がそうした影響に意識的に気づいたとしても、神についてのこの概念が間違っていると理解されないことがしょっちゅうです。そのために、人は完全に神に背を向けてしまい、怪物が自分のマインドをうろついているのを少しも見たくないと思うようになります。ところでこれが、人が無神論者になる本当の、そして多くの理由です。神に背を向けることは、正反対の立場、すなわち厳格で、不公正で、偽善的で、独善的で、残酷な神を怖れる立場と同じように間違っています。無意識の中に歪んだ神のイメージを持っている人は、当然のことながら神を怖れるようになり、お願いをするためにお世辞を言ったりします。これらは典型的な、両極端な例ですが、どちらも同じくらい真実を見失っています。

今度は、ネガティブな権威に対して恐怖や不満を感じるのではなく、かなり、慈愛に満ちた権威を経験した子供のケースを検討してみましょう。両親が子供を溺愛し、甘やかし、あらゆる望みをかなえてやったとします。ものごとを実際にやりとげられるようにするために、子供に責任感を植えつけることもありません。このような条件から生じた神のイメージは、当初、表面的に見ただけでは神の正しい概念に似ています。つまり人を許し、「善良」で、愛に満ち、寛大であるという概念です。これによって、神の目の前では何をしてもよいし、人生をごまかせるし、自己責任を回避できると無意識に考える人格が創り出されます。第一に、こういう子供は恐怖というものすら知りません。けれども人生をごまかすことはできませんから、このような間違った態度は葛藤を生み出し、結局、間違った思考と感情と行為の連鎖反応によって恐怖がもたらされることになります。現実の、ありのままの人生は、無意識にある、甘やかしてくれる神のイメージや概念とは一致しないからです。

これら二つの主要な範疇〔敵対するものと優しいもの〕が、細かくなったり、くっつきあったりしてできあがった多くのものが、一つの心の中に存在していることもあり得ます。これについては、前世で達成された進化が心に影響を与えます。ですからみなさん、自分の神のイメージがどのようなものであるかを見きわめることは、きわめて重要なのです。このイメージは根本的なものであり、人生を通じて、その他のあらゆる態度やイメージ、パターンなどを決定します。意識的な信念にだまされないようにしてください。それよりも、権威や両親に対する感情的な反応、また自分が抱いている恐怖や期待に対する感情的な反応を検討し、分析してください。そうすることによって、神についてどう**考えている**かではなく、どう**感じている**かに、だんだん気づけるようになります。あなたが抱いている神のイメージには、怪物と溺愛する親との両極のあいだにある、あらゆるものが反映されています。つまり、絶望や失望から、勝手気ままさ、自己責任の拒絶、神が甘やかしてくれることへの期待までのすべてが反映されているのです。

神のイメージを解消する

さてそこで、「このようなイメージをどうすれば解消できるのか」という問いが持ちあがります。いかなるイメージ、つまりいかなる間違った結論でもいいですが、それを消し去る方法とはどのようなものでしょうか。まずは、その間違った概念を十分に意識しなければなりません。次には、知的な見解を正すことです。いつまでも消え去ろうとしない間違った感情的な概念を、適切に作り上げられた知的概念に無理に押しつけるべきではないと理解すること、これがとても大切です。無理な押しつけは抑圧を生み出すでしょう。これまで抑圧されてきた間違った概念を、意識の明るみに出さなければならないと気づいてください。正しい概念を作り上げましょう。そして、この二つを比較してみるのです。自分が依然として、正しい知的概念からどれくらい感情的にずれているのかを、いつも調べる必要があります。

これは落ち着いて行なってください。思うほどすぐには感情が思考についていかないからといって、自己に対して焦りや怒りを抱いてはいけません。じっくりと成長するための時間を感情にあげてください。間違った概念と正しい概念とを絶えず観察して比較すれば、最も大きな効果をあげられます。感情が変化に慣れるには時間がかかることを理解し、変化や成長に対する内面の抵抗を観察してください。人間の人格の中のローワーセルフは、非常に抜け目がありません。それに気づいていてください。

世の中における不正は神の責任に帰せられることが多々あります。もし不正があると確信したら、最もよい態度は自分の人生を調べることです。そして、完全な不正に見える出来事に自分がどのようにかかわったのか、さらにはその不正の元凶を見出すことです。イメージの磁力について、そして、あらゆる心理的傾向や無意識的傾向の強い力について理解すればするほど、ここで説かれていることが真実であると理解し、体験するようになります。そして、**不正などというものはない**といっそう深く確信するようになるでしょう。ですから、自分の外的な活動と内的な活動との両方において、**因果関係**を発見してください。

神は不正ではない

もしみなさんが、いつも人の欠点を探すのに費やしている努力の半分もそそぐなら、みなさんは**自分独自の因果法則との関連を理解するようになり、それだけであなたは解放されて、**不正など存在しないことがわかるようになります。またそれだけで、人の欠点が引き起こした結果に悩まされているのは神のせいでも運命や不公正な世界の秩序のせいでもないとわかります。これまで、引き寄せていないのに起こったように見えていたことを、直接的か間接的かは別にして、それを引き起こしていたのは自分の無知や恐怖、プライドや利己主義であったと気づくようになります。この隠れた結びつきを見つけ出してください。そうすれば、真実がわかるようになります。自分が**環境や他人の不完全さの餌食などではなく**、本当に人生の創造者であることに気づくようになるのです。感情は非常に強い創造力です。なぜならあなたの無意識は、他の人の無意識に影響を与えるからです。この真実は、善悪、好き嫌いは別にして、自分が人生における出来事をどのように呼び寄せているかを発見する上で、おそらく最も役に立つでしょう。

ひとたびこの発見を経験すれば、神のイメージを解消できます。あなたは、自分が不正の世界に生きていると信じていたり、支配できない環境の餌食になるかもしれないと心配するあまり、神を怖れているのかもしれません。あるいは自己責任を拒絶して、優しい神が寛大にも自分に代わって人生を導いてくれたり、決定を下してくれたり、自ら招いた困難を取り除いてくれるのを期待しているかもしれません。しかし、自分が人生の結果をどのように引き起こしているかを理解すれば、どちらの神のイメージも消し去ることができるのです。これは主な打開点の一つです。

真の神の概念

神は存在します。神の法はひとたび作られたのち、いわば自動的に働きつづけています。神を、他の数多《あまた》のものの中の**生命や生命力**であると考えてみてください。また、**最高の英知を与えられている電流**と考えてみてください。その「電流」は、そこに、あなたのうちに、まわりに、そして外側に存在しています。それをどう使うかは、あなたにまかされています。その電流を建設的な目的に使うこともできます。ヒーリングにさえ使うこともできますが、一方では殺すために使うこともできます。しかし、そうだからといって、この電流が善いとか悪いとかいうわけではありません。あなたがそれを善くしたり悪くしたりしているのです。この力の流れは、神の重要な側面であり、あなたに最も影響を与えるものです。

この概念は、知性や、法則と原理などを指揮して、神は人格的なのか、非人格的なのかという問いを生じさせるかもしれません。人間は二元的な意識で人生を経験するので、どちらか一方だけが正しいと信じてしまう傾向にありますが、神は両方なのです。けれども神の人格的側面は、人格そのものではありません。自己の内面で人格神を体験することは可能ですが、神はどこか特定の場所に住んでいる人物ではありません。なぜなら、**神が探され、見出されるべき場所は自己の内面のみ**であって、そのほかの場所ではないからです。神の存在は、被造物の美や自然の姿、哲学者や科学者が集めた知恵といった自己の外部から推論されることもありますす。しかし神の臨在を、まず内面に感じなければ、そのような観察が神の経験となることはありません。神を内的に経験するのは、最高にすばらしい経験です。なぜなら、それはあらゆる望ましい経験を含んでいるからです。

この特別な感情の体験は「**宇宙感覚**」と呼んでもよいでしょう。この宇宙感覚は理論的な理解でもないし、宇宙**についての**感覚でもありません。それは真に肉体的、精神的、情緒的、かつ霊的な体験であって、人を包み込むものです。人間の言語の限界内では、この体験を適切に述べることはできません。

宇宙体験はもはや、思考から感情を分離しません。**感情と思考が一体となったもの**です。これまでそのような体験をしたことがなければ、想像するのは非常に難しいでしょう。しかし、そのような経験をごくたまに垣間見たことのある人は、なかにはいるかもしれません。その一体性は完全なものです。至福の体験です。人生とその神秘への理解であり、あらゆるものを包み込む愛であり、すべてのものは完璧で、怖れるべきものなどないことを知っている状態です。

宇宙感覚のさなかには、**神の内なる臨在**の直接性を体験します。信じられないほどに力強い臨在が直接的に体験されるので、はじめは衝撃を受けます。快感ですが衝撃的です。文字どおりの電気ショックが、身体の組織全体を駆け巡るような感じです。だからこそ、自我の人格は十分に力強く、健康的に成長して、神の内なる臨在の高い波動に慣れる必要があるのです。そのとき神の出現は、自分の永遠の現実、永遠の状態として、すなわち本当のアイデンティティーとして体験されるのです。

この状態にいたった瞬間、新たに発見したことは実は常に知っていたのだと、きわめて深く理解するでしょう。つまりこれまでは、人生を**ありのままに**感じたり、理解したり、体験したり、認識したりしている状態から、一時的に自分を切り離していただけだったとわかるのです。

もちろんこの説明では足りないでしょう。なぜなら言葉ではこの体験を伝えられないからです。今この瞬間に現実について少しだけでも知ろうとするなら、「経験させてください」と祈ることです。どうかみなさん、最も深い理解を得るために、内なる能力を、すなわちハイアーセルフを開いてください。

永遠の神聖な法則

神が人間の魂のうちにあらわれるときばかりでなく、神聖な法則や、その法則が存在していることにおいても、神の愛は人格的です。既存の法則（この「既存の」という言葉の意味を理解してください）の、非人格的に見える愛は、次のような事実においてあらわになります。つまりその法則は、あなたがそこからどれほどずれていようとも、ついには光と至福へと導かれるように創られているという事実です。法則から外れれば外れるほど、その逸脱がもたらす惨めさのために法則に近づいていくことになります。いつの時点かは別にして、あなたは惨めな経験によって方向転換をするわけです。遅い人もいれば早い人もいますが、誰もがついには、不幸も喜びも自分自身で決めているのだと気づくようになります。これが法則における愛であり、「救済の計画」です。法則からの逸脱は、まさにその逸脱がもたらした痛みを癒す薬にもなるので、あなたを目的へと、すなわち神との合一へと近づけてくれるわけです。

あなたが望むなら、神は宇宙の法則から逸脱させてくれます。あなたは神に似せて創られましたが、それは完全な選択の自由を持っていることを意味しています。望めば、至福や光のもとで生きられますが、そのように生きるのを強いられることはありません。まさにこのことが、神の愛をあらわしています。

宇宙の公正さや人生における自己責任について理解するのが難しいなら、神を「彼」や「彼女」とは考えないでください。それよりは、自由に使える偉大な創造力と考えてください。不公正なのは神ではありません。

あなたが勝手に力強い流れを間違って使ってしまったために、不正は引き起こされたのです。この前提から出発して、それについて瞑想してください。そしてこれからは、内面の力の流れを、知らないうちに、どこでどのように悪用していたのか見つけ出そうとしてください。そうすれば神は答えてくれるでしょう。それは断言できます。

人生における原因と結果を見つけ出したとしても、その発見にどういう意味があるのかについては、あなたはわかっていません。発見に対する最初の抵抗が大きければ大きいほど、成功も大きくなります。それがどれほどの自由と、どれほどの安全や安心をもたらすかについては思いも寄らないでしょう。しかし、生命力の流れを用いて人生を思った通りに創り上げるのを可能にしているこの法則が創造されたことのすばらしさを、いずれは理解するでしょう。それが理解できれば自信を持てますし、怖れるものは何もないという、深くて絶対的な知恵を得られます。

宇宙とは一切であり、人類はその有機的な部分を成しています。神を体験するには、自己がこの全体性の欠かせない一部であることを理解する必要があります。けれども内的発達の現状では、自発的に活動する意識と自動的な法則という二元的な相のもとでしか、人間は神を経験できません。実際には、この二つの相が、相互作用的に一つになっているのです。

自発的な意識の相は活動的な原理であり、人類の用語では男性的な相と呼ばれるものです。それは創造する生命力であり、強力なエネルギーです。この生命力は、創造全体とあらゆる被造物に浸透しています。意識あるすべての存在は、それを使えます。

自動的な法則の相は受動的で、受容的原理であり、生命の実質、あるいは女性的な相です。それは創造的原理によってかたどられ、形成され、使われるものです。この二つの相はどちらも、何を創造するにも必要です。二つは創造の条件であり、銀河であろうと単純な部品であろうと、創造のあらゆる形式に存在しています。

神について語る場合、人間の内部には神の要素のすべてが写し取られていることを理解するのが大切です。人間は宇宙の知性に関するものと同じ条件、原理、法則のもとで生きており、人間という存在はそれらに依存しているということです。両方とも本質的には同じものであり、程度によって区別されるだけです。よって自己実現とは、自己のうちにある神の力を最大限に活発に働かせることなのです。

神はあなたのうちに存在し、あなたを通して創造する

思慮深く、自発的で、指導的な知性である神は、あなたのために働くのではなく、あなたを通して働き、あなたのうちに存在しています。この微妙でありながら、決定的な違いについて理解することがとても大事です。この点で神について間違った考え方を抱いてしまうと、神が自分のために働いてくれるのを何となく期待するようになります。すると、失望するのは避けられず、恨みを抱いて、結局は「創造者などいない」と結論づけてしまいます。外的な神と触れることができるなら、その神が自分のために働いてくれると期待するのは論理的です。しかし自己の外側からの反応を待っているなら、間違った方向に注目していることに

なります。自己の内面の神に触れるとき、反応は必ずありますし、さらにはそれに気づき、理解することもできるでしょう。このように、自己の内面に神の存在があらわれるのは、神の人格的な側面を示しています。つまり神は、活動的で、思慮に満ちた、指導的な知性であって、しかも永遠に変化しつづけ、新鮮でありつづけるので、無限の知恵をもってどんな状況にも順応できることを示しているのです。それは、人間の霊を通して「神の霊」があらわれているのを表現しています。

自己を発見し、さらにそれによって運命の創造において自分が果たしている役割についても見出したとき、あなたは自己に当然のものを手に入れます。もう操られるのではなく、人生を支配するようになります。理解できない力に縛られていないので、思った通りに、最も建設的に、そうした力を使えるようになります。自己の最善のものをいっそう表現できるようになり、今まで以上の能力を獲得できるように成長します。人生にもたらすものが多くなるために、そこから、より多くを引き出せるようになります。

人生を支配する力と自由は、自分で見つけ出さねばなりません。苦しみから解放するため、人生があなたに無理やり生まれ持っての真の権利に目覚めさせるなら、あなたは自由な存在ではないことになります。自由の本当の意味は、善良で望ましい結果を得るためであったとしても強制や制約をしないということです。進化の旅で発見される中で最高のものであったとしても、強制されて体験したなら何の意味もありません。真の自由や力が約束されている方向に進むかどうかの選択は、各人にゆだねられなければならないのです。自己発見は、はじめは日常的な、いわば心理学的なレベルで行なわれますが、完全に成しとげられたときには次のような悟りにいたります。すなわち、まさに自己を支配している度合いに応じて宇宙の支配者としてふるまえる、という悟りです。自らを支配するには自己を徹底的に知らねばなりませんし、精神が会得できる考えを深め、広めてゆかねばなりません。

神の姿に似せて創造されたのですから、**あなたもまた、創造しないわけにはいきません。**自分で気づいているかどうかは別にして、あなたは絶えず創造しています。人生を創造し、運命を創造し、経験を創造しています。あらゆる思考、あらゆる反応、あらゆる感情、あらゆる応答、あらゆる意志、あらゆる行動、あらゆる意見、あらゆる動機、これらは創造的なプロセスです。あなたは相容れない動機のあいだで、矛盾と葛藤に引き裂かれるかもしれません。無分別な自動的反応と意図的な行為とのあいだで揺れ動くかもしれません。しかし、そのすべての結果は、あなた自身の創造によるものなのです。意識をもった存在によって表現された観念や意図、思考、意志、感情、態度は、宇宙で最も強い力です。つまり霊の力は、他のあらゆるエネルギーに優っているのです。この力は、その固有の法則に従って理解され、利用されれば、他のすべての力の発現に取って代わります。どのような物理的な力も、霊の力にはかないません。人間は霊であり知性ですから、自動的で無分別なエネルギーのすべてを支配する能力を生まれながらに持っています。神が真に体験されるのは、この能力を通じてなのです。

神の要素をすべて持っているハイアーセルフに意図して語りかけ、導きや霊感を求めるとき、そしてこの内なる働きかけの結果を体験するとき、「神は自己の内部に存在する」とわかることでしょう。神の体験は、本当は完全で、喜びに満ちた宇宙感覚ですが、自分が抱いている歪んだ神のイメージゆえに神を体験できないでいることに気づいてください。内なる神に心を開いてください。私の言葉が、みなさんの魂と人生に光をもたらしますように。私のメッセージで心を満たしてください。それを、幻想から解き放たれるための道具にしてください。みなさん一人ひとりを、個人として、また全体として祝福します。神の世界はすばらしい世界ですから、どのような次元で暮らしていようと、一時的にどのような幻想や困難を抱えていようとも、喜ぶべき理由しかありません。それらを薬にしてください。そして何が起ころうとも、強くなって、幸せでいてください。至福にあってください。平安であってください。神のうちに安らいでください。

Chapter 5

統一性と二元性

私たちは二元性の次元に暮らしています。あらゆる体験は二元的な意識のフィルターを通ります。二元的な状態は辛いものです。なぜなら、対立する選択肢のあいだを揺れ動かなければならないからです。つまり人生を、善と呼ぶべき出来事と悪と呼ぶべき出来事の連続として捉えているのです。二元性のうち最も恐ろしいのは、生と死の二元性です。けれども、高次の意識は統一的な次元に存在しており、それに触れるのは至福の体験であることを私たちは知っています。私たちは統一にいたろうと努力しているわけですが、では、どうすれば今の自己の存在の一部を否定することなく、それを実現できるのでしょうか。

このレクチャーは、二元的な状態を説明するとともに、統一を妨げている自己の部分を変容させる方法を示しています。

§

こんばんは、みなさん。今晩がみなさん一人ひとりにとって、またこれを読んでいるすべての人にとっても、恵みに満ちた豊かなものになりますように。自己を深く理解するため、みなさんが心を開いてくださいますように。私の言葉をすぐに理解できなくても、そのいくらかは魂に根をおろし、いずれは実を結ぶことでしょう。このレクチャーを完全に理解するには、まず無意識の深い層にまでワークを行なう必要があります。そして、その部分こそが、ここで私がお話することとかかわってくるのです。

人生と自己にアプローチするには二つの基本的な方法があります。別な言い方をすれば、人間の意識には根本的に二つの可能性があるのです。それは、二元的な次元と統一的な次元です。大多数の人間は主に二元的な次元で暮らしていますが、そこではあらゆるものが、あれかこれかとか、善悪とか、正誤とか、生死などといった対立的なものとして捉えられます。言い換えれば、直面するほとんどすべてのものや、人間が陥りがちな問題のすべてが、この二元性によって形作られているということです。一方、統一的な原理は二元性の両極を結合します。二元性を超越すれば、それが引き起こす苦痛も超越できます。二元的な次元を超越している人間はめったになく、ほとんどの人が、統一的次元の無限の展望や、知恵、自由を、たまに、ちらりと味わうだけです。

統一的な意識の次元には対立するものはありません。そう、善か悪、正か誤、生か死などはないのです。ただ、善や正や生があるのみです。しかし、二元的な両極の片方だけを含むような善や正や生ではありません。それらは両極を超越したものであって、どちらか一方とはまったく異なるものなのです。統一的な意識の次元に存在している善や正や生は、二元的な両極を結合していますので、そこに対立はありません。そのために統一的な状態で、すなわち絶対的な現実で生きることは、至福や無限の自由、充実、さらには宗教が天国と呼んでいる無限の能力の実現を創り出します。天国はたいてい、時空のうちにある場所だと考えられていますが、もちろんそうではありません。天国とは、いつでも、どのような存在でも（肉体を持つ人間であろうと、物質的な身体に住んでいない存在であろうと）実現することができる〝意識状態〟なのです。

理解は統一的な次元への道である

統一的な意識状態は、理解や認識を通じて達成されます。二元的な次元での生活は問題の連続です。統一的な原理が勝手な考えで幻想的に分割され、あなたはそれと格闘しなければならないからです。分割によって、葛藤を強いる対立が生じます。妥協できない対立が創り出されると内面に緊張が生まれ、結局、外界にも緊張が生み出されることになるわけです。

この葛藤と、それによって生じる人間が陥りがちな困難とについて、もう少しよく理解しましょう。**どれほど意識せず、気づいていないにせよ、あなたの真の自己にはマインドの統一した状態があります。**この真の自己は、統一的原理を具現しています。現状では、そのことについて聞いたことがない人でも、自分が知っているものとは異なる精神の状態を内奥では熱望しているし、たいていはそうした状態があるのを無意識に感じとっています。彼らは統一された意識状態がもたらす自由や至福、人生の支配に憧れています。

人はこの熱望を誤解していますが、その一因は、それが幸福や成功への無意識的な憧れだからです。ここで語られていることが何を意味するのか正確に理解しましょう。それは、二元的な対立を統合して、緊張や葛藤や恐怖がなくなるということなのです。結果として、世界は活き活きとしてきます。また、厳しく、緊張した、敵対的な意味においてではなく、個々人が人生を思い通りに決定できるようになるという意味において、自己は支配者となります。自由や支配や解放の喜びは、意識的に追求されることもあれば、無意識的に追求されることもあります。

この熱望は、無意識的であるために、つまり、単に魂の深部でぼんやりと感じられているために、誤解される場合があります。しかし、そのような状態について理論的な知識があったとしても、依然として別の理由から誤解されます。自由や支配、統一、また統一的意識状態から生じる喜びを二元的次元で求めると、とてつもなく大きな葛藤を生み出すことになってしまうのです。なぜなら、二元的な次元で統一的状態を達成するのは、絶対に不可能だからです。あなたは心底、超越をとげたいと熱望して、自己の奥底に「一切は一つである」という新しい意識状態を見出したいと熱望しています。そして、その熱望を達成するために努力しています。しかし、一切が分割された次元で追求しても、求めているものは見つけ出せません。かえって絶望し、葛藤によって自己をいっそう分裂させてしまうでしょう。幻想は、二元性を創り出してしまうからです。

右のことは圧倒的に、このような可能性に気づいていない人々に起こります。しかし、より霊的に悟ってはいるものの、二つの次元の違いや、どうすれば実際の日常生活で二元的次元を超越できるのかがわからない人にも起こります。

統一的な意識次元をぼんやりと望んでいても、またそれについての正確な理論的知識を持っていても、誤解して、それを二元的次元で追求してしまったら、次のようなことが起こります。すなわち、恐るべき対極を持たないただの善や、自由、正、美、愛、真、生のみが存在することに気づくものの、その認識を二元的次元にあてはめようとしたとたん、避けようとしていた葛藤に陥ってしまうのです。そして二元的要素の一方を守るために、もう一方と戦うようになります。このような戦いが、超越を不可能にします。

もっと具体的に理解してもらうために、人間にとってなじみのある日常的な問題を例にとって説明してみましょう。友人と言い争っているとします。自分の立場では自分が正しいと確信していますから、ただちに友人が間違っているということになります。二元的に理解している場合、物事は〝あれかこれか〟のどちらかにしかなり得ません。争点そのものよりも、そこから派生した結果のほうが重大に見えます。なぜなら、感情の激しさをきちんと調べてみると、しばしば当の争点とは関係がないからです。しかし感情は、生死の問題と同じくらいに激しくなりかねません。そのことを意識レベルでは不合理だと思うかもしれませんが、無意識のレベルでは、悪であることはまさに死を意味するのです。なぜなら、悪であるということは、相手から否定されることだからです。二元的次元では、アイデンティティーの感覚は真の自己とではなく、ほかの人と関係づけられています。**自分を外的なエゴの自己として経験しているかぎり他人に左右されますから、**小さな口論が〝生か死かの問題〟になってしまうわけです。またそうであるから、自分が正しく相手が間違っていると証明しようとすると、感情が激しくなるわけです。統一性を体現している真の自己の中心について悟ってはじめて、人生が他人に左右されないものとなります。

二元的次元では、争いは生か死かのどちらかで終わります。死を避けるために、生はひどく重大になります。しばしば、あまりに死を恐れるあまり、かえって頭から死に突っ込んでしまう人がいます。このような人は、死の恐怖から逃れているわけではありません。まったく逆に、死を恐れ、死と戦っているために、いつも生と格闘してしまうのです。そうなると、ひどい不幸に陥り、「自分は死など恐れていない」と信じ込むようになるだけです。これは、二元的次元で人生を経験するかぎり存在する幻想です。片方は重要で、それを守るために戦わなければならず、もう片方は脅威で、それに対抗すべく戦わなければならないと捉えているかぎりつづく幻想です。自分が正しくて相手が間違っているのだから勝たなくてはならない、そう感じているなら、二元性の世界に深く足をつっこんでいます。つまり、幻想や対立、混乱にかかわっているわけです。このようなやり方で戦えば戦うほど、混乱も大きくなってゆきます。

人間は子供時代のしつけによって習慣的に教育されています。そして人間が環境から学んだことはすべて、次のような合意のもとに成り立っています。すなわち多くの相対する極について、その一方に反対し、残る一方のために戦わなければならないという合意です。これは物質的な問題だけでなく、概念にこそいっそうあてはまります。ですからあらゆる真実も二極に分割されて、一つは「正しい」と支持され、反対の要素は「間違っている」と宣言されます。しかし、現実には両者は補完しあうのです。統一的次元では、一方は他方がなければ考えられません。補完しあう二つは、「敵」同士でも、否定しあっているわけでもありません。ただ二元的な意識次元においてのみ、そのように対立しているのです。そこでは、最初の二元的分化がさらに複雑に細分化されるという形で、あらゆる葛藤が増大してゆきます。二元的葛藤はまさに幻想の産物ですから、長くつづければそれだけ葛藤を解決するのは難しくなり、絶望的にそれにからめとられる結果となります。

先ほどの例に戻り、どうしてそうなってしまうのかを説明します。〝友人は間違っている〟と証明しようとすればするだけ対立は激しくなり、「自分が正しくて友人が間違っていると証明すれば得られる」と思っていたものが得られなくなります。あなたは自分が正しくて友人が間違っていると証明すれば、友人は最終的に、ふたたび自分を受け入れて愛してくれるようになり、すべてが丸くおさまると信じています。ですから、もしうまくいかなかった場合には誤解して、いっそう頑張って証明しようとしてしまいます。自分は正しくて、相手が間違っているのを十分に証明していないと考えるからです。けれども亀裂は大きくなり、心配はひどくなるばかりです。戦いに勝つためにいろいろな武器を使うと困難はますますひどくなり、結局のところ、自分と人に現実的な損害を与えてしまい、自分の利益に反してしまいます。こうして最初の二元的分裂から生じた、さらなる対立に直面することになるわけです。すでに損害が実際に生じ始めているわけですが、すべての現実的な脅威や想像される脅威をもたらすような完全な亀裂を避けようとするなら、次のような選択肢に向き合わなければなりません。一つは、相手をなだめ、自分の損害がこれ以上大きくなるのを避けるために屈服するというものです。もう一つは、戦いをつづけるというものです。しかし、いまだに善と悪が争っていると確信している以上、妥協すれば自尊心を奪われることになるのであなたは抵抗します。この「解決策」を採用するかどうかは別にして、あなたは戦いつづけるか屈服するかのあいだで引き裂かれることになるわけです。どちらにせよ、緊張や不安、また内的、外的な不利益が生み出されます。

こうして、最初の二元性から次の二元性が展開します。最初の二元性はこうです。「誰が正しくて、誰が間違っているかって？　自分だけが正しいのだ。そうでないなら、みんな悪なのだ」。二番目は、完全に間違っているという理由で自分が認めるわけにはゆかない悪に屈服するか、それとも、戦いつづけるかです。間違っているものを認めるというのは、ある意味、死にほかなりません。しかし、恐るべき結果や現実の危機が生じれば、人生に重大な損害をもたらすことになるわけで、それはまた、深い意味で死ぬことです。その可能性を避けるため、魂の深部では死を意味するにもかかわらず、間違っているものを認めるのか、さもなければ自分の完全な正当性を主張するかの選択を迫られることになるわけです。つまり、どちらを向いても、死や喪失や滅亡に出会います。何かを激しく擁護したり、攻撃したりすればするほど、守るに値するものはどんどん少なくなってゆき、あらゆる選択肢が敵に転じるようになります。片方は正しくてもう片方は間違っているという幻想を抱いていると、必ず幻想の道の、次の段階にいたってしまいます。すなわち、「あらゆる選択肢は悪である」という幻想です。二元的葛藤のすべては必然的にさらなる罠にあなたを陥れますが、その罠もみな幻想の産物です。

統一的原理への道を選んだ場合、はじめは明らかな善、明らかな悪と見えていたものが、すぐにそう見えなくなります。そして必ず、善と悪のどちらにも善悪の両方を見出すようになります。この道をさらに追求してゆくと、もはや悪はなくなって善だけが残ります。この道は真の自己の内部へと、すなわち、怯えた、ちっぽけなエゴの関心を超越した真実へとつづいています。この真実を自己の深部で追求するとき、統一的な意識状態に近づいていきます。ここで取り上げた口論の例はありふれたものであり、大小を問わず、多くの日常の問題に置き換えることができます。それはパートナーとのささいな言い争いとしても、国家間の戦争としても姿をあらわすことができるのです。個人として、あるいは集団として、人類が直面するあらゆる困難にこの例は見られます。この幻想の二元的葛藤のうちにいるかぎり、あなたは絶望を経験することでしょう。なぜなら、二元的次元の思考には出口がないからです。自分の存在をエゴの自己と同一視しているかぎり、すなわち人生への二元的なアプローチと同一視しているかぎり、どれほど覆い隠しても、あるいは対立する両極のうちの望んでいるほうをときおり手に入れて一時的に軽減できたとしても、絶望を感じないわけにはいきません。無力さや絶望感は、二元的葛藤がもたらすエネルギーの浪費であり、あなたの生まれ持っての権利を奪い去ってしまいます。**生まれ持っての権利は、統一の次元の中でのみ見出せるのです。**

教育や環境から学んだことは、すべて二元的な規準に基づいていますので、あなたが二元的な意識状態にすっかり執着してしまっていても、慣れ親しんでいても不思議ではありません。そして他の可能性について教えられても恐ろしく感じてしまい、それを信用できないためによく知っているものにしがみついてしまいます。そのため、次のような悪循環を創り出すことになります。すなわち、自己中心的な状態だけが生を保証してくれるように思われ、それを手放そうとすると恐怖をおぼえ、結果として今までの生き方のもとになっていた二元的なルールや教訓に戻ってしまうという悪循環です。もちろんまったくの誤解ですが、このエゴの状態を捨て去ると自分の個性を失ってしまうように見えるのです。つまり、間違った恐怖のために二元的ルールを持っており、そのルールを信じ込んでいるために間違った恐怖にしがみついてしまうわけです。

統一的な意識次元にすぐにたどりつけるにもかかわらず、なぜ苦しい二元的状態にしがみついてしまうのか、これについてさらに詳しく説明する前に、**自己の内なる統一性を認識するにはどうすればよいのか**について、もう少し語りたいと思います。真の自己、神の原理、無限の知性、あるいは何と呼ぼうとも、あらゆる人間の深い中心部に存在しているものは、考えられるあらゆる知恵、あらゆる真実を内包しています。真実はとても広い範囲に及び、また非常に直接的に手に入れられるものなので、それが効力を発揮するようになると、もはや対立は存在できなくなります。二元的状態の「もし」とか「しかし」も存在できなくなります。この生まれつきの知性の知恵は、エゴの知性をはるかに超えています。それは完全に客観的で、ちっぽけで空しい自己の利益を軽視します。これが、あなたがこの知恵を恐れ、それと接触するのを避けようとしている理由の一つです。そこから流れ出す真実は、自己と他者を対等にします。エゴが怖れている滅亡などではまったくなく、輝かしい生命力や生命エネルギーの宝庫を開くものです。これまであなたは、その力を限定的にしか使うことができませんでした。あるいは、二元的次元の頑固な意見や間違った観念、虚飾、プライド、身勝手、恐怖などのために、注意や希望を誤って二元的次元に向けるために使ってきました。けれども、この生の中心があなたを活動的にすると、あなたは限りなく発達し始めます。かつてのように、小さなエゴが二元的次元で生を見出そうとして生命力を悪用することがなくなるので、こうしたプロセスを実現できるようになるからです。

統一的な真の自己には、いつでも接触できます。ではどうすれば接触できるのか、これについて理解するために先ほどの例に戻りましょう。実際には最も簡単な行為なのに実践するのが難しいのは、「この問題の真実は何なのだろう」と問うことにあります。自分が正しいと証明しようとするより、真実に集中した瞬間に、超越的で統一的な真実である神の原理に触れるのです。真実にいたろうとする願望が純粋なものであれば、霊感は必ず得られます。状況がどれほど強く一つの方向を指し示しているように見えたとしても、それを進んで手放すようになり、自分が見ているものだけが問題のすべてなのだろうかと問うようになります。統一性のこの寛大な行為によって、真の自己への道が開かれます。

必ずしも〝あれかこれか〟の問題ではなく、「人の目には正しいと映るけれど自分の目には間違っていると映る要素もあり得るのだ」と思うとき、つまり「自分の注意がその可能性に十分に向けられていないために今のところ見ることができなかった要素もあるのだ」と思うとき、乗り切ることがずっと簡単になります。問題に対してこのようにアプローチするようになると、統一的な存在の次元に昇ったり、真の自己に働きかけられたりする道がすぐにも開かれます。深くて誠実なコミットメントを持ってこの行為を行なうとき、はっきりと感じられるエネルギーがあるのですが、それが解き放たれます。そして、そのエネルギーが緊張からの解放をもたらします。

そのためあなたが発見するものは、二元的次元で望んでいたものとも、怖れていたものとも、まったく違うものです。思っていたほど自分が正しくも純真でもないことがわかりますし、恐れていたほどよこしまでないこともわかります。どちらも、あなたの敵ではありません。必ずしも隠されていたわけではないものの、今まで見てこなかった問題の側面にすぐに気づきます。最初にどのように口論が始まったのか、何が原因となったのか、口論が実際に起こるずっと前にどのような経緯があったのかなどを、きちんと理解するようになります。そういうことがわかると、人間関係のまさに本質を悟るのです。あなたは自分自身と他人について学び、コミュニケーションへの理解を深めてゆきます。ヴィジョンを得ればそれだけ、より自由に、強く、安全に感じるようになります。ヴィジョンは特定の争いを取り除いたり、解決する方法を示すばかりでなく、問題全般について重要な側面をも明らかにします。そうした側面について理解できれば、どんな問題でも消し去るのがやさしくなります。この拡大された理解によってもたらされる、活き活きとした平安は、永続する価値を持つものです。それは自己実現にも、日常生活にも影響を与えます。ここで述べたことは、統一された直観的な理解、すなわち真実の把握の典型例です。最初は明らかに勇気がなくて、自己中心的に見た真実よりも拡大された真実を見ることに一時的に抵抗するかもしれません。しかし、その後は、二元的生活の〝あれかこれか〟の次元で起こる葛藤にくらべれば、道ははるかにやさしいものになるでしょう。

二元的次元にとどまっているかぎり統一に抵抗してしまうため、統一的な考え方やあり方にたどり着く前には緊張が高まります。なぜなら、自分が間違っていて相手が正しい点を認めて直視する瞬間に、自分は服従し奴隷になるという、おかしな信念を抱いているからです。空想上の人生では、自分は無になり、無価値になり、憐れむべき存在になって、もはや滅亡の道しか残されていないように思われます。ですから、二元的次元から立ち去ることは最大の危機であるように感じられます。葛藤がつのるにつれて緊張は高まってゆきます。しかし、次のようなとき、一定の緊張はなくなります。それはあなたが真実にいたろうとする瞬間、つまり自分のやり方やとるに足らない真実だけに目を向けるのをやめようとしたり、人のささいな真実に屈服しなかったときの結果を恐れてそれに屈服することをやめようとしたりする瞬間です。さらには、両方のとるに足らない真実を越えた、**ずっと大きな、より包括的な真実を手に入れたいと思うときです**。そのときには、真の自己の実現への道が用意されていることでしょう。

真の自己を見出すことを妨げるもの

要約するなら、真の自己にいたる上で最も大きな障害となるのは次の二つです。一つ目は、真の自己が存在し、かつそれとつながれるという事実を知らないこと。二つ目は、魂の動きがきつく縛られているので、精神がきつく縛られている状態です。この二つの要因のために真の自己とつながれず、ひいては統一的な存在の次元とつながれなくなります。二元的次元にいるかぎり、魂は常に束縛されていなければなりません。二元的要素の一方と戦って、もう一方を必死に求めているとき、**魂の動きを観察してみてください**。表面的には明白な弁明によって武装し、自己の目指す立場を守ることに成功しているように思われるかもしれません。また「このような世の悪と戦っている自分は、完全に正しいのではないか」と言うかもしれません。二元的次元では、まったくその通りかもしれません。しかし、このような限られた狭い見方をしていると、その悪が存在しているのは自分が問題に対して二元的なアプローチをとっているからであり、他のアプローチもあることにまったく気づいていないからである、という点を見落としてしまいます。そのために緊張が生まれ、悪が実際のところ何であるのかは別にして、自分が善と考えていたものと悪と考えていたものとの両者を統合する別の要素があるという視点を曇らせてしまうことになるのです。

真実を求めるという単純な行為にも、いくつかの条件が必要です。なかでも、信念や恐怖、慣れ親しんだ生き方など、しがみついているものを手放すことが最も重要です。手放すというのは、単にそれを疑ってみて、その見方を超えた何かがあるのを理解しようとすることを意味しています。そうすると、なぜエゴの状態を、さらにはそれゆえの二元的な苦痛に満ちた生き方を手放そうとしないのか、という問題に私たちは立ち返らなければならなくなります。内奥の中心はあらゆる善を統合したものだし、すぐにも触れることができるのに、どうしてそこにコミットするのを拒んでしまうのでしょうか。けれどもその理由は、エゴの個的な、視野の狭い理解を超えているのです。

エゴ対神の中心

二元的次元はエゴの次元です。統一的次元は神の中心の世界であり、大きな自己の世界です。エゴは、慣れ親しんでいる次元でしか完全には存在できません。ですからこの次元を捨てるということは、小さなエゴの要求を手放すことなのです。それは破滅ではないのですが、エゴにとってはまさに破滅に見えるものです。実際、エゴは、大もとの知性である真の内的自己の粒子であり、その分離された要素です。つまりエゴは、真の自己と別ものではなく、エゴの中には真の自己の小さな一部があるのです。エゴは分割され、限定されたものなので、それが派生してきた源ほどは信頼できませんが、だからといって最終的に滅びる運命にあるというわけではありません。本当は、より完全で、充実した、賢い自己が一つだけ存在している状態になるべく、真の自己と最終的には統合されるのです。つまりエゴは、やがて想像以上に大きく、すぐれた長所を持つことになります。

しかし分離されたエゴは、この発展を破滅と考えます。無知な狭い見方をしているので、エゴは分離されたものとしてしか存在できませんし、それゆえにいっそうの分離を追求してしまいます。限られた意識は真の自己の存在を無視します。そのため真の自己にいたろうとする魂の運動としての、手放すことや執着を緩めることを怖れるわけです。理論としては真の自己の存在を受け入れていたとしても、主観的な誤解が取り除かれるまでは、今ある現実は疑いつづけます。個人的なささいな出来事において、より広い真実にくり返し出会うことによって、対極のものとの戦いをやめられるようになるまでは、エゴはこのように格闘しつづけるのです。

個人としての問題が解決されるまでは、真の自己があらわれることはありません。しかし、その〝解決のプロセス〟と〝自己実現のための最初のうっすらとした気づき〟は、しばしば重なりあうのです（一方が他方に力ぞえする関係）。人間が基本的に抱える葛藤をこのように見るのは、あなたにとってかなり役立つでしょう。あなたがエゴを完全に同一視しているあいだ、あなたはさらに分離を進めることになり、結果として理想的な自己像を創り出します。この観点からすると、あなたが自分を美化したり理想化したりすることはあきらかに救済であり、実存的な恐怖からの解放を保証してくれるように見えます。それでエゴは、次のように考えます。

「もし、まわりのみんなが、自分のことを特別だとか、他の人よりよい、賢い、美しい、才能がある、幸せだ、不幸せだ、ときには悪だ（そのほか、自己を美化する上で理想的なものを、何でも選んでください）などと思ってくれれば、生きていく上で必要な承認、愛、賞賛、合意などを受け取れるだろう」

このような議論は、他者から注目され、肯定され、承認されたりしなければ存在できないと、心の中のどこか深いところで信じていることを示しています。注目されなければ生きていけないと感じているのです。誇張しているように聞こえるかもしれませんが、そうではありません。これが、理想的な自己像がきわめて破壊的である理由です。**あなたは、前向きな努力をしているときよりも、注目してもらったときのほうが自信を感じてしまうのです。**

こうして救済は、特別である場合にだけ自分の存在を認めてくれる他者のうちにあるということになります。同時に真の自己は、あなたに人生を支配してもらいたいと思ってメッセージを発しています。ところがあなたはそれを誤解して、誤った次元で人生を支配し、行く手をはばむ抵抗はすべて打ち負かさなければならないと信じているのです。つまり各々の**偽の解決策**は、特別さを獲得する上での障害を取り除く方策なのです。どういう偽の解決策を選んできたかは、個人の性格的特徴や環境や初期の影響などに左右されますが、基本的に三種類あります。**攻撃的な解決策、服従的な解決策、引きこもり的な解決策**です。どの解決策であれ、人に勝利して、自分の自由や達成感を得ようとする性質のものです。

人に完全に愛され、受け入れられて、奉仕されたとき、自分の存在が保証されるように思われるため、人を打ち負かすことによってそれを達成しようとするわけです。現実とはまったく異なる、一連の間違った結論に自分が支配されていることは、今ではおわかりのはずです。

もちろん、あらゆる反応や信念は、その存在を認めてはじめて確認できます。それだけでなく、特定の反応の意味を疑い、その見せかけの意味を超えた、うわべの背後にあるものを見なければなりません。ひとたびそれを認めれば、これまで述べてきたような勘違いに支配されたり、現実の美しさを奪われていたりしたことを証明できるようになるでしょう。さらには、理論的にではなく、現実的に次のことを理解するようになります。すなわち「人生は、他の人があなたの存在を肯定してくれるかどうかに左右されるものではない」ということ。「特別である必要もなく、人から離れている必要もないのであって、そんなことを求めれば、かえって孤独や混乱に陥ってしまう」ということ。「周囲の人よりよかったり、特別だったり、変わっていたりすることをあなたが望まないかぎり、人はあなたを愛し、受け入れる」ということ。人生が他者の愛に左右されなくなったとき、あなたは愛を手にできるのです。

どんな分野でもよいのですが、完全な知識を得たとき、その成果は、それが自分自身を際立たせる場合とは異なる影響を人に与えます。成果は人に向けられた武器ではないため、他者との架け橋になる場合もあるのです。しかし別の実例では、あなたが他の人よりぬきんでる手段としての成果を望むことが原因となって、敵意を生み出す場合があります。そしてそれは常に、「他の人は私より劣っているべきだ」という目論みを意味します。自分の成果によって人の上に立ちたいと思っているなら、世界に与えたものは自分に仇なすものとして返ってくるでしょう。なぜなら、それを**戦争の心**を持って与えたからです。自分の成果を惜しみなく、生や人を豊かにするために与えるとき、自分やその生は高められます。なぜなら、その成果は**平和の心**を持って与えられたからです。後者の場合、あなたは生命の一部です。生命から、そしてあなた自身の生命まっていることになります。

の中心から汲み取り、さらにそれを全体の一部分として生命に返すとき、あなたは統一的原理に従ってふるまっていることになります。

「生きるためには人より優位に立たなければいけないし、独立していなければならない」と信じていると、失望は避けられません。このような信念は幻想に基づいているので、望む結果をもたらさないからです。ここでの二元的な概念は「自分対他者」です。他者と戦えば戦うほど、自己を肯定したいというあなたの要求に彼らは応じなくなり、それは戦い自体をあきらめるのと同じくらいの危機として体験されるにいたります。ですから八方塞りのように見えます。人が認めてくれないかぎり自分は敗れてしまうと思いながら、同時に人を打ち負かし、勝利しようとするような幻想的な考え方を持って、完全に他者にふりまわされるようになります。そして人が認めてくれないことに憤慨し、人に勝利しようとすることに罪悪感を抱きます。どちらも強い苛立ちと不安を創り出しますが、いかなる救済も生み出すことはありません。

人生のどんな問題にかかわる前提でもいいですが、最初それを疑うのを嫌っていたことに気づいてください。それがまさに、あなたの障害になったのです。ひどい苦痛に見えたり、恐怖に見えるものを避けてしまったために、隠れた思い込みの嘘を明るみに出せなくなったのです。真の自己の拡大した観点を表現しつつ、問題をできるだけ客観的に距離をとって見るとき、公平性への純粋な希望を妨げるような事態に最善の意図や意志を向けられるようになります。すると、自分が尻ごみをしてそのような願望から遠ざかっていたことにはじめて気づくでしょう。さらには、明白であったりなかったり、微妙であったりなかったりするかもしれませんが、逃げたがっていたことを隠すために用いてきた手口についても、はじめて気づくことでしょう。

こうした行為に自分で気づき、勇気を持って進んでください。さらに突っ込んで、深く自己探求をしてください。そうすれば最終的に、外界の困難は内なる争いが象徴的に反映されたものだとわかるようになります。つまりあなたは、内面で生きるために死と戦っており、存在するために滅亡と戦っているのです。そして自分が間違いないと信じていたことが、実は人から要求されたものであり、自分がその存在を脅かされないよう、それに応じていたことを理解するでしょう。

二元的な過ちから統一的な真実への移行

存在のこのレベルに達したならば、その根拠となっている教えを探求できるようになっているでしょう。そしてこれが、二元的な過ちから統一的真実へ移行する上での最初の一歩となります。間違っていることは死を意味し、正しいことは生を意味するという理由で、理想や確信を手放すと破滅するように感じることにも、よりはっきりと気づくでしょう。この最初の展開を経験して、真実を、すなわち、問題に直面していたときには見られなかった、より完全な真実を求める勇気を得た瞬間、新たな平和と物事のあり方についての新しい直観的知識とにいたるでしょう。そのときには、固くなった魂の実質のうちで何か解放されるものがあり、それが完全な自己実現への道をさらに開くことでしょう。

内面の中心は、あらゆる命、あらゆる真実、創造のあらゆる統一的な善を含んでいます。あなたが解放を経験するたびに、心の傾向は、最終的で、完全な中心への目覚めに到達するにふさわしい状態となります。

この方向に一歩踏み出すごとに、重荷となっている誤解を一つずつ捨て去ります。最初、破滅から守ってくれているように見えていたものを捨てることが、実際には重荷であり、苦痛であり、そして牢獄であるものを手放すことであるのが明らかになります。そして実際は、自分が苦痛と絶望に満ちた二元的生活から離れることを拒んでいた、という愚かな事実を理解します。

これについて、あなたは今ではかなり理解できるでしょうし、個人的な道に利用できるでしょう。日常生活にあてはめてみれば、たとえ私の言っていることが抽象的な言葉に聞こえたとしても、一人ひとりにとって遠くにあるのではなく身近なものであることがわかるはずです。今まで考えてきたよりも広い真実の中での人生と関係づけて、自己を理解しようとしてください。そうすれば、ここでの言葉が実際の役に立つ具体的なものだとわかるでしょう。

真の自己は、次のようなメッセージを伝えています。「完全な幸福、自由、人生に対する支配力は、あなたの生まれ持った権利です」と。二元的原理に従って、この生まれながらの権利のために戦うとき、支配や自由や完全な充実を本当の意味で手に入れるような自己実現から、あなたはどんどん遠ざかってしまいます。あなたは間違った手段で権利を求めてしまっているわけですが、その手段は個人の性格のようにさまざまです。

自分が個人的に、どのように間違った戦いを始めようとしているのかを理解してください。間違った戦いは、いっそうの混乱と苦痛をあなたに与えます。どんなやり方で勝とうとしても、他人や自分が実際にコントロールできないことの多い環境に依存しているわけですから、失敗は避けられません。この不毛な戦いは、魂の中身を頑なにします。内なる自己の中心では必要なものはすべて見つけられるし、生活の豊かさや、生産性、内面の平安などは、真の自己を見出せば副産物として手に入れられるのですが、魂がもろければそれだけ、そこに触れるのは難しくなります。

真の勝利が得られるような統一的な状態に入る唯一の方法は、間違った要求を手放すことです。人に勝ちたい、人と離れていたい、特別でありたい、正しくありたい、自分のやり方でやりたいなどといった要求を手放すことなのです。よいとか悪いとか、正しいとか間違っているなどと思っている状況であっても、すべての状況に善きものを見つけ出してください。言うまでもなく、これはあきらめることを意味しているわけではありませんし、怖がって屈服することや弱さを意味しているわけでもありません。それは人生の流れに乗ることを意味しており、好みに合っていようがいまいが、今のところ直接的には支配できないことにうまく対処できるようになるという意味です。自分が立っている場やこの瞬間に、人生が意味するものを受け入れるという意味です。自己の内面のリズムに同調するという意味です。この方法によって神の自己とのチャンネルが開かれ、ついには自己実現が完全に行なわれます。そのとき人生におけるすべての表現は、神の原理によって動機づけられ、完全に生きることができるようになるでしょう。神の原理はあなたにおいて働き、エゴの能力を宇宙的自己に統合しながら、あなたの個性を通して自らを表現します。そのような統合が行なわれたとき、個性は消滅するどころか強まります。何も奪い去ることなく、あらゆる喜びは強められることになるのです。

真実は自己のうちにあるのを、みなさん全員が理解してくださることを願っています。必要なことはすべて、自分のうちにあります。いつもそうしてきたように戦いつづける必要は、本当はまったくないのをわかってください。今どこに立っていようとも、必要なのは真実を認めることだけです。今すべきなのは、自分が見ている以上のことがあるかもしれないと認めるだけです。内なる中心におもむき、直観的に語りかけているメッセージに心を開いてください。メッセージを受け取ることを最も必要とするとき、それが可能であることを、この特別な瞬間に理解してくださるよう期待します。**指針となるのは常に、最も不快に感じられるものであり、最も目を背けたくなるものです。**

幸福であってください。「自分はすでに持つべきものを持っているし、いるべき場所にいる」という認識にいたる、すばらしい道をたどりつづけてください。あなたは単に別の方向に目をやっているので、見ていないだけです。平和のうちにいてください。神のうちにいてください。

•

Chapter 6

愛とエロスと性の力

二元的状態は、私たちの肉体次元では二つの性としてあらわれます。ですから次は特別に、愛とエロスと性についてレクチャーを取り上げてもよいでしょう。この三つの力に影響されたり、ときには激しく襲われたりすることから免れている人はいません。このレクチャーは、愛情を持ったり欲望を抱いたりしたときに誰もが経験する混乱を解き明かし、矛盾した感情を分析するのを助けます。エロスを保ちつづける方法ですって？　それが問題なのです！

§

神の名のもとにご挨拶いたします。みなさんを祝福します。この時間は神聖なものです。
今夜は、宇宙における三つの特別な力についてお話ししようと思います。両性のあいだにあらわれる愛の力、エロスの力、性の力です。この三つははっきりと異なる原理や力であって、最高から最低までの各次元にさまざまな形であらわれます。人類は常に、この三つの原理を混同してきました。実際、三つの別々の力があることや、それぞれにどのような違いがあるかについては、ほとんど知られていません。その混乱は非常に大きいので、これらを解明すると大いに役に立つというわけです。

エロスの力の霊的意味

エロスの力は現存するものの中で最強の力の一つで、とてつもない勢いと影響力を持っています。それは性と愛とのあいだの架け橋になると思われていますが、めったにそうはなりません。霊的に高度に進化した人の中でのエロスの力は、それ自体は短期間しか続かないエロスの体験から、永遠の、純粋な愛の状態へと高められます。しかし、エロスの力の強い勢いが魂を運ぶのはそこまでで、そこから先へは運んでくれません。人格が真の愛に欠かせない性質や条件のすべてを発達させつつ愛せるようになるのでなければ、エロスの力は消えうせる運命にあります。愛を学んではじめて、エロスの力の火花は活き活きとしつづけるのです。エロティックな力は、それだけで愛が伴わないのであれば、燃えつきてしまいます。言うまでもなく、これが結婚にとっての問題となります。ほとんどの人は純粋に愛せないので、理想的な結婚を実現できないのです。

エロスはいろいろな面で愛に似ているように見えます。というのも、エロスは人間が他では体験できない衝動を生み出すからです。それは、これまで持つことのできなかったような自己犠牲や愛情などの衝動です。そのためにエロスは、あまりにもしばしば愛と混同されてしまうのです。またエロスは、同じような強い衝動としてあらわれる性的本能ともしばしば混同されます。

そこで、エロスの力がとりわけ人間がかかわる場合にどのような霊的な意味や目的を持つのかについて、説明したいと思います。もしエロスがなければ、多くの人は、真の愛に含まれた偉大な感情や美を体験できないでしょう。それを味わうこともできないでしょうし、愛への憧れも魂の奥深く埋没したままになってしまうでしょう。愛に対する怖れが、愛の願望に勝《まさ》ったままになってしまうことでしょう。

エロスは、未熟な霊が体験できる、愛に最も近いものです。エロスは怠惰から、つまり単に慢心して無為に生活している状態から、魂を引き上げます。魂を奮い立たせて古い自己から脱却させます。ほとんど発達していない人でも、この力が訪れると自己を超えられます。犯罪者でも一時的に、少なくとも一人に対しては、それまで経験したことのなかった善意をおぼえるようになります。まったく利己的な人物でも、この感情がつづいているあいだは無私の衝動をおぼえるでしょう。怠け者でも、ものぐさではなくなります。決まりきった日課に縛られている人も、自然に、努力することなく、変わりばえのない習慣をやめるようになります。一時的にせよ、エロスの力は分離された状態から人を救い出してくれるのです。エロスは前もって魂に統一を垣間見せ、怖れている心が統一を望むようにし向けます。エロスを強く経験すればそれだけ、魂は一見安全に見える分離状態で満足することができなくなってゆきます。いつもはまったく自己中心的な人物も、エロスを経験しているあいだは自分を犠牲にできるかもしれません。つまりエロスによって、いつもはやりたくないことができるようになるわけですが、それは愛と密接に結びついた事柄であるのがわかるでしょう。よって、エロスがしばしば愛と混同されてしまう理由を見てとるのは簡単なわけです。

エロスと愛の違い

では、エロスは愛とどう違うのでしょうか。愛は魂の永遠の状態ですが、エロスはそうではありません。愛は、発達と浄化によって基礎が整えられてはじめて存在できます。エロスのように、ゆきあたりばったりにやってきて、去っていくものではありません。エロスは突然襲いかかる力であって、しばしば不意をつき、それを経験したくない人にさえ訪れます。魂が愛する準備を整え、その基礎を築き上げてはじめて、エロスは男女間にあらわれる愛への架け橋となります。

ですから、エロスの力がいかに重要であるかがわかるでしょう。それに襲われてありきたりな生活から抜け出すことがなければ、多くの人は、分離の壁を崩すためのより意識的な探求を始めようとしないでしょう。エロスの経験によって、魂は種を植えつけられて統一を求めるようになるのですが、それは救済計画の大きな目標なのです。分離しているかぎり、魂は孤独や不幸を感じる運命にあります。エロスの経験をすると、人格は少なくとも別の一つの存在と一つになりたいと思うようになります。霊的世界の高次元ではすべての存在が合一しており、したがって神とも一つです。地球の次元では、エロスの力の本当の意味が理解されていてもいなくても、それが推進力であることに変わりはありません。しばしば誤って用いられ、それ自体が楽しまれながらも、エロスの力は、それが続くかぎり推進力となります。魂に愛を培うために使われるのではないので、使い果たされてしまいますが、にもかかわらず、その影響は必ず魂に残りつづけます。

エロスの怖れと愛の怖れ

人生のある時期、エロスは突然やってきます。分離から抜け出す冒険は、リスクを感じ、怖がっている人にさえやってきます。自分の感情や人生そのものを怖れる人は、無意識のうちに知らず知らず、合一のすばらしい体験を避けるためにできることは何でもするでしょう。多くの人がこうした恐怖を抱いていますが、エロスの触れる場である魂が、わずかでも開くのを経験しない人はほとんどいません。恐怖に取りつかれてそうした経験を避けている魂にとって、エロスはよい薬になります。別な心理的要因によって、その後に悲しみや喪失感がやってくる可能性があるという事実にかかわらず、よい薬です。しかし、ひどく感情的で人生のほかの面では恐怖を感じるのに、この体験だけに恐怖を感じない人もいます。実際、合一の体験の美しさは彼らにとって大きな誘惑となるので、それを貪欲に追ってしまうのです。そして、エロスの深い意味を理解するには、感情的にあまりに無知であるために、相手をとっかえひっかえ追い求めてしまいます。彼らには純粋な愛を学ぼうという気はなく、楽しみのためだけにエロスの力を使ってしまいます。そうしてその力を使い果たしてしまうと、別の場所に探しに出かけるというわけです。これは悪用であって、悪影響なしにつづけるわけにはいきません。このような人は、この悪用を正さなければならなくなるでしょう（その修正は、無知なままに為されるかもしれませんが）。同様に、過度に怖れている臆病な人も、エロスから隠れたり、適切に用いれば価値のある薬を魂に与えなかったり、人生をごまかそうとした埋めあわせを余儀なくされるでしょう。エロスは魂を通じてやってくるのですが、この範疇に入る人は魂のどこかに弱点を持っています。また、魂のまわりに恐怖やプライドのしっかりとした壁を築き上げてしまい、人生経験のこの面を一切避けて、自分の発達を損ねている人もいます。このような恐怖が存在しているのは、前世でエロスにまつわる不幸な経験をしたか、あるいはおそらく、魂がエロスの力の美しさを愛へと育て上げることなく、貪欲に悪用してしまったことが原因かもしれません。どちらの場合でも、その人格はより慎重になる選択をした可能性があります。この決心があまりに確固としていて厳しい場合、極端な正反対の状況が生じることになります。次の人生では、もはや極端なものが存在しない、調和的な状態に魂がいたるまでバランスが確立されるように、環境が選ばれることになります。来世では常に、人格のすべての面でバランスがとられます。すくなくともある程度この調和にいたろうとするなら、理性と感情と意志とのあいだに適切なバランスを達成しなければなりません。

エロスの体験はしばしば、性的衝動と混じりあいますが、いつもその形をとる必要があるということではありません。多くの場合、愛、エロス、性という三つの力は完全に独立してあらわれます。また一方でそれらは、しばしば「エロスと性」、「エロスと魂が愛し得る程度の愛」、「性と見せかけの愛」といった二つが混じりあいます。唯一、理想的なケースは、三つの力すべてが調和して混じりあう場合です。

性の力

性の力は、存在のどの次元においても、創造的な力です。同じ性の力でも、最高の次元では、霊的生活や霊的観念、霊的な思想と原理を生み出します。もっと低い次元では、純粋に霊的でない性の力は、特定の次元にあらわれたときに生命を生み出します。すなわち、その次元に生きることが決まった存在の「外殻」や「乗り物」を創り出すのです。

純粋な性の力はまったく利己的です。**エロスや愛のない性**は動物的だと言われます。生殖の力としての純粋な性はあらゆる生物の中にあり、動物にも、植物にも、無機物にもあります。魂が人間として肉体を持つような発達段階になると、エロスは生じます。一方、純粋な愛は、高次の霊的領域で見出されます。だからといって、高度に進化した存在にエロスと性がないというわけではありません。三つが調和的に混ざりあい、洗練されて、どんどん利己的でなくなっていくという意味です。また人間が、この三つの力を調和して一つにするべきではないと言っているわけでもありません。

ごくたまに、**性や愛を伴わず、エロスだけ**が限られたあいだだけ存在する場合があります。これはふつう、プラトニック・ラブと呼ばれます。けれども、健康な人であれば遅かれ早かれ、そこにエロスと性が混ざってきます。性の力は抑圧される代わりにエロティックな力によって吸収され、ともに一つの方向へと流れていきます。三つの力がばらばらに別れたままであるほど、人格はいっそう不健康であることになります。

とりわけ長く続いている関係にしばしば見られる別の組み合わせは、純粋な**愛と性**が共存しており、**エロスは伴わない**というものです。愛は三つの力が混ざりあわなければ完全にならないとはいえ、そこにはある程度の愛情や思いやり、好み、互いへの敬意、エロティックな火花がしばらく前に消えてしまったそっけない性的関係があります。エロスが失われると、性的な関係は必ず悩み多いものになります。今やみなさん、これはほとんどの結婚における問題となっているのです。お互いが習慣的で慣れ慣れしい相手になってくるとき、消えようとしているかに思われる火花を維持するために「何をしたらよいのか」と悩まない人間はほとんどいません。三つの力に関連づけて悩むことはないかもしれませんが、当初に存在していたものが結婚生活から失われてしまったと知っていますし、感じています。その失われてしまった火花こそが、まさにエロスなのです。あなたは悪循環に陥り、結婚は絶望的な問題だと思ってしまいます。でも、そうではありません。たとえ今のところは、理想を満たしていないとしてもです。

理想的な愛の関係

二人のあいだに理想的な愛の関係があるとき、三つの力がすべて表現されています。愛に関してあなたは、それほどの困難に直面していないように思っています。なぜならほとんどの場合、少なくとも愛そうという気持がない場合には結婚しないからです。この点について、それに反する極端な例を取り上げて論じるつもりはありません。私が焦点を当てようとしているのは、次のような関係です。すなわち、パートナーとしての選択は慎重なものだったけれど、二人が時と習慣に縛られてしまうという落とし穴を避けられないでいる関係です。なぜそうなるかというと、**捉えどころのないエロスが消えてしまったからです**。性についてもまったく同じです。ほとんどの健康的な人間の中には性の力がありますが、エロスが去るとその力は褪せ始めます（特に女性に対して）。そのとき男性は、他にエロスを求めるかもしれません。性的な関係にとって、もしエロスが維持できないなら、その関係はしだいに苦痛に満ちたものにならざるを得ません。

どうすれば、エロスを維持できるのでしょう。これは大問題です。高遠な意味での、真の愛の関係への架け橋として使われた場合にのみ、エロスは維持されます。ではどうすれば、エロスは愛の架け橋となるのでしょうか。

他の魂の探求

まずはエロスの力の主な特徴を探求しましょう。分析してみれば、エロスの力についての探求は冒険であり、他の魂についての知識を求めることだとわかるでしょう。他の魂を知りたいという願望は、あらゆる被造物の霊に生きています。生まれつき備わっている生命力は必ず、ついにはその存在を分離から救い出します。エロスは他の存在について知りたがる好奇心を強めるものです。他者の魂に新しいものを見つけ出すかぎり、自分自身を開示するかぎり、エロスは生きつづけることでしょう。見つけるべきものはすっかり見つけてしまったし、開示すべきものはすっかり開示してしまった、そう信じた瞬間、エロスは去っていきます。エロスについては、それくらい単純なのです。しかしそこには、**自分の魂であれ人の魂であれ、この開示が限りあるものだと信じているという、大きな過ちが入り込んでいます。**通常、ごく表面的に開示が為されると、人は「これがそこにあるすべてだ」という印象を受け、自己満足の生活に落ち着いてしまい、それ以上の探求をしなくなるのです。

エロスはその強い影響力によって、あなたをここまで連れてきました。けれどもその後は、人の内面を限りなく掘り下げようとしたり、自己の内面を探求した結果を明らかにして分かちあったりする意志があるかどうかで、エロスを**愛への架け橋として**使えるかどうかが決まってきます。かえせばこれは、愛し方を身につけようという意志があるかどうかによっていつも決まるということです。このような方法でのみ、愛のうちにエロスの火花を保ちつづけられます。この方法でのみ、絶えず他者の中に発見があることに気づき、自分自身についても、相手の中に常に発見があるという関係を保てます。そこに限界はありません。なぜなら、魂に終わりはなく、永遠だからです。魂を知るには、一生では不十分でしょう。他の魂を完全に知る「とき」も、自分が完全に知られる「とき」も、決してやって来はしないのです。魂は生きていますが、生きているものでじっととどまっているものはありません。その内部のさらに深いところには、すでにいくつもの層が存在しているので、そうした諸層を開示できます。また、霊的な存在が本性上そうであるように、魂は絶えず変化し、動いています。霊とは命のことであり、命とは変化です。魂は霊なのですから、完全に知られることはありません。知恵のある人なら、そのことを悟るでしょう。そして結婚を、はじめのエロスの勢いに乗っているあいだにだけ営まれるものとしてではなく、本来考えられているようなすばらしい冒険の旅と捉えるようになることでしょう。エロスの強い勢いは最初の推進力ですから、それはそれとして使ってください。後には、その勢いを通して、自力でさらに突き進もうとする衝動を見出してください。そうすれば、エロスを結婚における愛へともたらすことができるようになるはずです。

結婚の落とし穴

結婚は神が人間のために意図したものであって、その神聖な目的は単なる生殖ではありません。生殖という目的は一つの側面にすぎません。結婚の霊的観念は、魂が自己開示できるようにすること、そして、他の存在の新しい側面を永遠に発見するために、絶えず他者を探求しつづけられるようにすることです。これが為されれば、それだけ結婚は幸福なものになってゆき、しっかりと、安定して根を張るようになり、不幸な結末を迎える可能性は減ってゆきます。そして、結婚は霊的な目的を達成するようになるのです。

しかし実際には、結婚がこのように機能することはめったにありません。慣れきった、かなり打ち解けた、習慣的な状態にいたると、相手のことはすべて知っていると思ってしまうのです。相手が自分のことをどうしても知ることはできないなどとは、思いも寄りません。相手は自分の存在のある側面は知っているかもしれませんが、それだけのことです。自己開示と同じく他者の探求においても、内的な活動と機敏さが必要です。けれども、人はしばしば内的活動をやめたくなり、それを埋めあわせようとするあまり、いっそう激しく外的活動を行ないがちです。ですから、「もうお互いによく知っている」という幻想を抱いて、眠った状態に陥る誘惑にかられつづけているわけです。これが、落とし穴です。悪くすれば終わりの始まりですし、よくても、熱望は満たされず、苦しみながら妥協することになります。この時点で、二人の関係は静的なものに変わります。ある程度は楽しい面もあるかもしれませんが、活発なものではなくなるわけです。習慣とは、挑戦したり、働いたり、機敏であったりする必要をなくそうとして、人を怠慢や不活発へとひきずりこもうとする偉大なる「妖婦」です。

二人が一見満足のいく関係を築いたとしても、年月がたつと二つの可能性に直面します。一つ目は、どちらか一方もしくは両方ともが、あからさまに、意識的に、不満を感じるようになることです。なぜなら、人格のほかの面が合一を恐れて惰性でありたいと思っていても、魂は分離を解消するために、前に出て、見つけたり見つけられたりしたがっているからです。本当の理由はわからない場合がほとんどだったとしても、不満を意識している場合もあれば、意識していない場合もあります。どちらの場合でも、惰性的であったり、怠慢であったりする心地よさへの誘惑よりも、不満のほうが強いのです。そのため結婚は崩壊し、二人のうちの片方、あるいは両方ともが「新しい相手だったら違うかもしれない」と勘違いするようになります。とくに、エロスがやってきたと思われる後にはそう考えてしまいます。この原理を理解しないかぎり、エロスが働いているあいだだけしか思いを維持することができず、パートナーからパートナーへとわたり歩いてしまうことになります。

二つ目の可能性は、見せかけの平和への誘惑がずっと強い場合です。二人は一緒にいて、確かに共に何かを成しとげているかもしれませんが、心のうちにはいつも大きな不満が潜んでいます。男性は本性的に、より能動的で冒険的な原理を体現していますので、一夫多妻的になりがちで、女性よりも浮気をしたくなるものです。ですから、男性の浮気性の根本的な動機が何なのかも理解できます。一方、女性はずっと受動的な傾向にあります。なぜなら、より受容的な原理を持っており、妥協の用意ができているからです。これが、女性の一夫一婦的な傾向を持つ理由です。もちろん、どちらの性にも例外はあります。このような不誠実に対しては、能動的なパートナーも「犠牲者」と同じくらいの困惑をおぼえることになります。双方とも自分のことがわかっていないのです。実は、不誠実な人も、信頼を裏切られた側と同じくらいに傷つく可能性があるのです。

妥協の選択される状況では、少なくとも魂の発達における重要な側面で双方は停滞します。二人とも、安定した関係がもたらす慰めを避難場所と見なします。そこにいれば「自分たちは幸せだ」と信じ込むかもしれませんし、ある程度それは本当かもしれません。友情や仲間意識、互いへの敬意などを持ち、上手に日課をこなして楽しく生活しているという利点は、魂の不安よりも重視されるからです。しかも二人とも、相手に対して誠実でありつづけられる規律も身につけているかもしれません。しかし、この関係には重要な要素が欠けています。すなわち、「魂を他の魂にできるかぎり開示する」という要素が欠けているのです。

真の結婚

互いに魂を開示するとき、二人は**ともに浄化されて**助けあえるようになります。二つの成長した魂は自己を開示し、相手の魂の深みを極めることによって互いを満たすことができるのです。こうしてそれぞれの魂のうちにあったものは互いの意識的なマインドで明らかになり、浄化が行なわれます。決して関係が停滞したり、衰退して終焉を迎えたりしないように、生命の火花が維持されます。この道を歩み、教えのさまざまな段階をたどる人にとって、結婚関係の落とし穴や危機を乗り越えたり、思いがけず起きてしまった関係の傷を修復したりするのはやさしいことでしょう。

互いに魂を開示すれば、振動する生命力であるエロスを維持できるだけでなく、それを真の愛へと変容できます。本当の愛とエロスの関係においてのみ、パートナーのうちに、それまでは認識していなかった存在の新たな次元を発見できるのです。また、プライドを捨て去って本当の自己を開示すれば、自分自身も浄化されるでしょう。そうすれば、どれほど互いのことをすでに知っていると思っていようとも、関係はいつでも新しいものになります。すべてのマスクは、はずさなければならないのです。表面のものだけでなく、気づいてさえいないかもしれない、さらに深層のマスクもはずしてください。そのとき愛は、活発でありつづけるでしょう。静的になったり、停滞したりすることは決してありません。愛を別のところに探す必要もなくなります。あなたは選んだパートナーの魂を今でも尊敬しているものの、そこに「かつて二人を一つにした生命の火花を見出せない」と感じているかもしれません。けれども、相手の魂の領域には、まだまだ見るべきもの、発見すべきものがたくさんあります。愛する人の愛を失うかもしれないと怖れる必要はありません。そのような恐怖は、ともに自己開示する冒険の旅に乗り出そうとしない場合にのみ、根拠を持つのです。**以上が、本当の意味での結婚です。**結婚を本来考えられていたような栄光に満ちたものにする方法は、ほかにはありません。

分離

分離のために築いた四方の壁の外へ出ていくことを自分が怖れているかどうか、一人ひとり深く考えてみてください。分離されたままでいることが、九分どおり意識的な願望であるのに気づいていない人もいます。多くの人は次のように考えています。「結婚を望むのは、結婚に憧れている部分もあるから、そして、一人ぼっちにはなりたくないからだ」と。魂の深いところでの憧れを説明するために、きわめて浅はかで、中身のない理由がつけ加えられることもあります。しかし、こうした憧れや関係を築きたいと願いながら満たされない浅はかで利己的な動機はともかくとして、自分を開示する旅や冒険をしたくないという気持も必ず存在しているのです。しかし、あなたが実現すべき、人生の中で欠かせない部分というものが常に存在します。それを実現できるのは、現世ではなく来世でかもしれませんが。

もし一人ぼっちでいるべきだと思っているとしても、この知識や真実があれば、無意識の中に間違った概念を抱いているために魂に与えた傷を癒すことができます。そのとき「パートナーと大冒険の旅に出るのを怖れていたから自分は一人ぼっちだったのだ」と発見するかもしれません。それが理解できればきっと役に立つでしょうし、がらっと違った気分になるので、外的な人生もあわせて変えられるかもしれません。それは自分次第です。このような大きな冒険をする気のない人は、人類が知る最大の事業、すなわち〝結婚で成功すること〟はできません。

パートナーの選択

パートナーと大冒険の旅に出る準備ができた上で、愛や人生や人に出会った場合にのみ、愛する人に最高の贈り物ができます。その贈り物とはすなわち、真の自己です。そしてそのときには必ず、愛する人からも同じ贈り物を受け取るでしょう。しかしそのためには、ある程度の感情的な、さらには霊的な成熟がなければなりません。この成熟があるとき、直観的に適切なパートナーを選ぶでしょう。つまり、本質的に同じように成熟し、旅に出る準備のできている人を選ぶのです。旅に出たいという気持のないパートナーを選んでしまうのは、自分が旅するのをひそかに怖れているからです。**潜在意識の願望や恐怖に一致する人や状況を、磁石のように引きつけてしまうのです。**そのことはご存知でしょう。

人類は全体として、二つの真の自己の結婚という理想からかけ離れているにもかかわらず、結婚についての観念や理想を変えません。同時に、何とか我慢して結婚をつづけなければならない状態にあります。幸運にも「この道」をたどっている人は、どこにいようとも多くを学べます。その際、魂の一部が憧れている幸せを、なぜ見つけ出せないでいるのかを理解しようとすればよいのです。見つけ出せればそれ自体が大したものですが、さらには今生での、あるいは来生での憧れの実現に向けて前進できるでしょう。状況がどのようなものであれ、パートナーがいようが一人であろうが、心の中を探求すれば葛藤についての答えは得られます。答えは必ず自己のうちからやってきますし、たぶんそれは、自分が怖れていたり、気が進まなかったり、事実を見ていないことにかかわっています。探せば、知ることができます。愛の関係において神が意図しているのは、どちらか一方だけではなく、双方が魂を完全に開示しあうことなのです。

肉体をさらけ出すことは多くの人にとって簡単です。感情も、ある程度までは分かちあえます。通常は、エロスが助けてくれるところまでは可能なのです。しかし、そこから先はドアを閉ざしてしまいます。これが、問題の生じる瞬間です。

何も開示しようとしない人は大勢います。一人で超然としていたいのです。自己をさらけ出し、人の魂を見つけ出すといった体験に触れようとはしません。あらゆる努力をして、それを避けようとします。

架け橋としてのエロス

もう一度言いましょう。みなさんの次元で、エロスの原理がどれほど重要であるのかを理解してください。エロスの原理は、愛を体験する気がなかったり、その準備ができていないような多くの人を助けてくれます。みなさんが「恋に落ちる」とか、「ロマンス」などと呼んでいるものです。人格はエロスを通して、理想的な愛がどのようなものか、味わうのです。前にも言ったように、多くの人は真の愛への関門を通り抜けることなしに、この幸福感を不注意に、貪欲に利用してしまいます。真の愛を経験するには、霊的な意味あいでさらにより多くのことを要求されます。この要求を満たせないと、魂が追い求めている目標を見失ってしまいます。極端にロマンスを追い求める態度は間違っていますが、同様に、ドアをしっかり閉じてしまって、強いエロスの力さえ入り込めないような態度も間違っています。でもほとんどの場合、ドアをそれほど強く締めていなければ、人生のある段階でエロスはやってくるものです。その際、エロスを愛への架け橋として利用できるかどうかは、自分自身にかかっています。それは成長や勇気、謙虚さ、また自己開示の能力などの度合いによって決まってくるのです。

このテーマに関連して、何か質問はありますか?

質問 魂が他の魂に自己を開示するとき、高次のレベルでは、魂が自らを神に開示することも意味しているのですか?

答え それは同じことです。しかし、自己を本当に神にさらけ出せるようになる前に、他の愛する人間に自己をさらけ出せるようにならなければなりません。そのとき、神にもさらけ出していることになります。多くの人は、自己を人格神にさらけ出すことから始めたがります。しかし実際には、そのような神への開示は心の奥で逃げを打っているにすぎません。なぜなら、それでは抽象的で、よそよそしいものにすぎないからです。あなたが明かしたものを、他の人間はだれも見ることも聞くこともできません。つまり、いまだに一人ぼっちのままなのです。あまりにも危険で、あまりに卑下しなければならないために屈辱的な思いをする怖れのあることなどを、する必要はありません。しかし、ともかくあなたのことを知っているし、実際、あなたに開示してもらう必要のない神にさらけ出すときよりも、他の人間にさらけ出したほうが多くを成しとげられます。

•

他の魂を見出してそれを語りあうとき、目的はかなえられます。他の魂を見つけたとき、他の神の断片をも見つけ出したことになるのです。そしてもし自分の魂を開示したなら、神の断片を開示したのであって、人に神聖なものを与えたことになります。エロスはやってくるなり、あなたを高みへと引き上げます。その結果、この体験を待ち望んでいた内なる部分や、自己開示したがっている真の自己の部分を感じ取り、それを知るようになります。エロスがなければ外側の「怠慢な層」にしか気づけません。

エロスがこようとしているとき、それを避けないでください。その背後にある霊的な観念を理解できれば、エロスを賢く用いることができます。そのとき神の導きを得られ、人と自分の両方を真の愛へ近づける上で最善の貢献ができるのです。浄化は真の愛が持っている欠かせない役割であり、深い人間関係を通じて行なわれる浄化のワークは、この道でのワークと異なったあらわれ方をしますが、同じ浄化へといざなってくれます。

質問　魂があまりにも豊かであるために、複数の魂に自己開示できるという場合はありますか?

答え　それは、ふざけて言っているのですか?

質問　違います。一対多数の関係は、霊的法則の体系に含まれているのかどうかを聞いているのです。

答え　いいえ、もちろん含まれていません。それが霊的な進化の体系に含まれているかもしれないと考えている人がいるなら、言い訳にすぎません。その人格は適切なパートナーを求めています。未熟なために正しいパートナーを見つけ出せないか、正しいパートナーはいるのに複婚（一夫多妻や一妻多夫）的な考え方をして、単にエロスの勢いに突き動かされているかのどちらかです。私が先ほど述べたような関門を通過できるよう、意志による愛は、超越し、探求することを要求します。ですが複婚を指示する人は、そのような愛にいたるまでにはエロスの力を高めていません。

このような場合、冒険好きな性格の人は絶えず探しまわり、いつも存在の新たな部分を見つけ出します。そして自分自身をある程度までは開示しますが、それ以上に開示することはありません。あるいはおそらく、毎回、自己の人格の異なる側面を開示しますが、中心の核の部分にくるとドアを閉じてしまうのです。すると、エロスは去っていってしまい、新たな相手探しが始まります。それは毎回落胆に終わりますが、こうした真実を把握するまで、人は納得できません。

未成熟な性的本能も、この偉大な旅への憧れに加わります。しかし、ここでお話ししたようなレベルで関係が維持されないと、性的な満足も失われ始めます。実際それは、短い期間しか持続しない運命にあります。多くの相手に自己を開示することに豊かさはありません。そのような場合、同じ商品を新しい相手にくり返し見せているか、先にも言ったように、一つの人格の異なる側面を並べて見せているにすぎません。自分を大勢のパートナーと分かちあおうとすればするほど、それぞれに与えられるものは少なくなっていきます。これは避けられません。変えることはできないのです。

質問　性やエロスやパートナーを求める気持を排除して、純粋に人類愛のために生きられると信じる人々もいます。男性でも女性でも、人生のこの部分を誓って断つことができるのでしょうか?

答え　可能ですが、決して健康でも、正直でもありません。このようなことをできる人が、おそらく一千万人に一人くらいはいると言えるかもしれません。それならあり得るかもしれません。すでにそこまで進化しており、真のパートナーシップは体験済みで、特別な使命を持って生まれてきたような特定の魂のカルマなのかもしれません。何らかの償うべきカルマの負債なのかもしれません。一般化してしまってかまわないと思いますが、ほとんどの場合、パートナーシップを避けるのは不健康です。それは逃避です。本当の理由は愛を怖れており、人生の経験を恐れているのですが、怖がって放棄していることを犠牲として合理化しているだけのことです。このような問題を抱えてやってくる人に、私はこう言うでしょう。

「自分自身を調べてください。自分のそのような態度に対して、意識的に推論したり説明したりしている表層の下側へ赴いてください。そして、愛や失望を恐れていないかを見きわめてください。一人きりで暮らし、面倒がないほうが心地よいのではないですか?　本当はそれが心の奥底で感じていることなのに、他の理由で覆い隠そうとしているのではありませんか?　あなたがやろうとしている人道主義的な大事業は確かに価値ある大義を持っているかもしれませんが、本当に、一つのことを追求するには他を排除しなければならないと考えているのですか?　あなたが引き受けている大事業は、個人的な愛も学んだほうがずっとうまくいくかもしれないとは思いませんか？」

もし以上の質問に偽りなく答えてみれば、その人はきっと自分が逃げていたことを理解できます。ほとんどの場合、個人的な愛や充実は、男性にとっても女性にとっても運命です。なぜなら、個人的な愛で学べることは、他で得られることよりはるかに多いからです。持続的で、しっかりとした結婚関係を作り上げることは、人類が達成し得る最も大きな勝利なのです。なぜなら、それは最も難しいことの一つだからですが、それは世の中を見まわせば頷けるでしょう。この人生経験のほうが、しぶしぶ行なった善行よりも、魂を神へと近づけることができます。

質問　前の質問に関連して尋ねようと思います。ある宗派では、「禁欲は霊的に高度に進化した態度である」と考えられています。一方で複婚を認めている宗教もあります。たとえばモルモン教などがそうですが。あなたが言っていることは理解できましたが、神と合一したがっているように思われる人々の中にこのような態度をとる人がいるのを、あなたはどのように説明しますか？

答え　あらゆる宗教には、人間の過ちが存在しています。宗教それぞれに、それぞれの間違いがあります。単に、二つの対立する極があるだけのことです。どちらの極に傾こうとも、さまざまな宗教でそのような教義や戒律が制定されるとき、それは常に合理化であり弁解なのです。個人の魂は、いつもそうした合理化や弁解に頼ろうとします。怖れている魂や渇望する魂が正しい動機で逆流してくるのを、論破して追いやろうとしているわけです。

性にまつわることがすべて罪深いというのは共通した信念です。性的本能は、すでに幼年期に生じています。生物が未熟であればあるほど性は愛から離れており、よって利己的なものとなります。もし「罪深い」という言葉を使いたいなら、愛のないものが罪深いのです。愛を伴わないものは間違っているか、罪深いのです。

成長過程にある子供の場合は当然ながら未成熟で、性衝動ははじめ、利己的なものとしてあらわになります。人格全体が調和的に成長し、成熟してはじめて、性と愛は統合されます。長いあいだの無知のために、人類は性それ自体を罪深いものと信じてきました。ですから、性は隠されたままであったし、人格のこの部分は成長できませんでした。ご存知のように、隠されたままのものは成長できません。多くの大人の中でさえ、性は子供っぽく、愛と分離したままです。それで今度は、「性は罪であって、真に霊的な人はそれを慎むべきである」と信じるようになってしまいました。こうして、くり返し述べてきた悪循環が始まることになったわけです。

性は罪深いという信念のせいで、性的本能は成長して愛の力と混ざることができませんでした。結果として、性は実際にしばしば利己的で愛のないものとなり、未熟で動物的なものとなりました。しかし、性的本能は他の宇宙の力と同じく自然で、神に与えられたものであって、それ自体は他の既存の力に比べて罪深いわけではありません。もし人々がそれに気づけば（実際、次第に気づき出していますが）、この悪循環を断ち切れるでしょう。そして、より多くの人間が性の衝動を成熟させ、愛と混ぜあわせて、さらにはエロスとも混ぜあわせられるようになるでしょう。

「自分にとって性は愛とまったく分離している」と言う人が、何と多いことでしょう。そのような人は、性的な衝動があらわれるとやましさをおぼえるだけでなく、本当に愛する人への性的な感情をうまく処理できないことに気づきます。そして歪んだ条件や今述べた悪循環のせいで、「性的な衝動に反応しているときは神を見出せない」と信じるようになってしまいました。これはまったく間違っています。あなたは生きているものを切り離すことはできません。隠すことはできますが、別の形、場合によってはもっと害のある形で姿をあらわします。性の力が真に建設的に昇華され、この創造的な力が別の領域で表現されることはまれにしかありません。恐怖が動機であったり、逃避のために利用されるかぎり、真の昇華は起こり得ません。これで答えになっていますか？

質問　十分です、どうもありがとうございます。二人のあいだの友情は、ここでどのようにかかわってくるのでしょうか？

答え　友情とは、同朋的な愛です。そうした友情は男女間にも存在し得ます。エロスがしのび込もうとするかもしれませんが、感情がたどる方向を理性と意志が導いてくれます。感情が不適切な方向に進んでしまわないようにするには、慎重さと、理性や感情や意志のあいだの健康的なバランスが必要です。

質問　離婚は霊的な法則に反しているのですか？

答え　必ずしもそうではありません。私たちは、そのような厳格なルールは持っていません。離婚がてっとり早い出口で、単なる逃避の場合もあります。未成熟なままで結婚の選択をしてしまったため、配偶者どうしが本当の意味で結婚の責任を果たそうという願望を持っていない場合もあります。その場合には、離婚は合理的です。片方だけが、あるいは両方ともが望むなら、一緒にいて結婚の茶番劇を演じるよりは、離婚するほうがよいでしょう。両方ともが一緒に旅をしたいと思わないなら、一方がもう一方の成長を妨げることになるよりも、きっぱり別れたほうがよいでしょう。もちろん、ときにそういうことも起こります。効果的な解決策が見出せないままに、際限なく過ちにとどまりつづけるよりは、それを終わらせたほうがましでしょう。

離婚は常に間違っていると一般化することは、それは常に正しいと言う場合と同じく誤っています。しかし、結婚を軽く考えるべきではありません。仮に結婚が失敗で、うまくいっていないにしても、ともかく両方にその気があるなら、その理由を見出しそうとし、立ちふさがっている障害を探し出して、それを何とか乗り越えようと最善をつくすべきです。結婚が今夜お話したような理想的な体験ではなかったとしても、確実にベストをつくすべきです。理想的な結婚の準備ができており、それを体験できるほどに成熟している人はほとんどいません。過去の過ちに善処して、それから学ぼうとするとき、準備が整うのです。

みなさん、私が語ったことを注意深く考えてください。私が言ったことには、ここにいる人、またこれを読むことになるすべての人にとって、思考の糧となるものがたっぷりとあります。ここに学ぶことのない人は一人もいません。

霊界にいる私たちは、みなさんが成長するために努力していることを神に感謝しています。それを保証して、このレクチャーをしめくくりたいと思います。みなさんの成長は、私たちにとって大きな喜びであり、幸せです。ですからもう一度、神の祝福を受け取ってください。光と真実の世界からやってくるすばらしい力で、みなさんの心が満たされますように。平安のうちに、幸福のうちに歩んでくださいますよう、一人ひとりにお願いします。そして、神のうちにいてください。

•

Chapter 7

人間関係の霊的な意味

ガイドは、「人生とは人間関係です」と言っています。あらゆる人間関係のうちで、男女の関係ほど霊的な成長や成熟において大きなチャレンジや機会となるものはありません。

「しかし、自己の内面で分裂しているなら、どうして人と調和的にかかわれるでしょうか」

ガイドは、私たちがこれについて自問するのを望んでいます。彼は、私たちが真の内なる存在と親密な関係を築く方法を教えています。さらには、新たに獲得されたこの内なる調和を通して、人間関係で生じるさまざまな問題に、真実の建設的な方法を持って対処する術《すべ》を教えています。

§

こんばんは。みなさん一人ひとりが幸福でありますように。みなさんの人生や、一つひとつの呼吸、思考、感情が幸せなものでありますように。

このレクチャーは、霊的な視点から見た人間関係とその大きな意義、とくに個人の成長と合一における意義を扱います。まず次のことを指摘したいと思います。すなわち、人間の次元の現実にはいくつもの個別的な意識の単位が存在し、それらはときに調和するものの、しょっちゅう互いに対立しては摩擦や危機を生み出しています。しかしこの次元の現実を超えると、断片化した他の意識というものはなくなります。人間の次元を超えたところには、たった一つの意識しかなく、その意識を通して被造物の一つひとつがさまざまに表現されます。本来の自己に戻るとき、この真実を経験できますが、かといって個別性の感覚を失うわけではありません。内面での不調和を処理したとき、これをはっきりと感じられるでしょう。ここでもまた、これまでとまったく同じ原理があてはまるのですから。

意識の部分ごとの不均等な進化

現状において、あなたの内奥の存在の一部は進化しており、思考や感情、意志やふるまいなどを支配しています。しかし、いまだに低い進化の段階にあって、思考、感情、意識、ふるまいを支配し、それらに影響を与えている部分もあります。このように自己が分裂しているために、緊張や痛み、不安が絶えず創り出され、自己の内外に困難が生じています。人格の中の、ある部分は正しくて、ある部分は間違っていたり歪んでいたりするわけです。そしてそこから生じた混乱によって、ひどい不安がもたらされます。あなたがいつもやっているのは、自己の一方を押しのけてもう一方と同化するというものです。しかし自己の一部を否定していれば、統合は経験できません。反対に、溝を広げることになります。為すべきは、逸脱した、対立した側面を明るみに出してそれに直面すること、すなわち感情的な対立を全体的に直視することです。そうしてはじめて、統一的な自己という究極的現実を見つけられるようになります。おわかりのように、内なる葛藤の性質を認識し、受け入れ、理解する程度に応じて、統合や平安は出現します。

同じ法則は、外的に分離している異なる存在間での調和や不和にもあてはまります。目に見える次元を超越すると、これらの存在も実は一つです。不和というものは、意識の単位どうしが実際に異なっているために引き起こされているのではありません。個人の内面と同じように、顕在化した宇宙意識の進化の度合いに違いがあるために引き起こされているのです。

統合の原理は個人の内面でも個人と個人とのあいだでも、まったく同じです。けれども、まず内なる自己に当てはめてこそ、人にも当てはめられるものです。この真実に基づいて分岐した自己の部分にアプローチし、感情的対立に直面してそれを受け入れ、理解しなければ、統合のプロセスを人間関係で実行することはできません。これは非常に重要な事実で、〝**まず自己へアプローチすること**〟をパスワークが大いに強調する理由を明らかにしています。まず自己にアプローチしてはじめて、人間関係を意義深く効果的なものに育て上げることができるのです。

不和と統合の要素

人にとって、人間関係は最大のチャレンジです。なぜなら、人の心のうちに居座る未解決の問題に影響を与えて活性化するのは、人間関係をおいて他にはないからです。多くの人は他者との交流から身を引いてしまい、問題は別の人が引き起こしているという幻想を持ちつづけます。なぜなら、一人きりでいるときではなく、他者がいるときにばかり不安を感じるからです。

しかしながら、人との接触が不十分であればそれだけ、接触したいという思いは強くなります。これはまた別の苦しみ――**孤独と不満の苦しみ**です。とはいえ、人と接すればすぐに、内なる自己は完璧で調和に満ちているなどという幻想を保ちつづけるのが難しくなります。「人間関係での問題を引き起こしているのは相手であって自分ではない」あまりに長いあいだそう主張しつづけるには、精神がおかしくならなければなりません。ですから、人間関係は同時にゴールであり、チャレンジであり、内なる状態を示す指標なのです。そして**人とかかわることで生じた対立は、浄化や自己認識の上で有効な道具となります。**それを利用しようとするなら、ですが。

このチャレンジを避けて親密な接触の達成を断念してしまうと、多くの内的問題が活性化されないままになります。人とのかかわりを避けると、内面で平安や調和が実現されているという幻想が生まれ、しまいには「孤独になれば霊的成長がより促進される」という思想にいきついてしまいます。しかし、これ以上に真実からかけ離れたことはありません。このような考えを、「内側に集中して自己に直面するには、ときどき一人きりになる時間が必要だ」という意見と混同しないでください。そのような時期は常に、人と交流する時期と交互にやってきます。けれども、人との交わりが親密になればなるほど、その交わりは霊的な成熟を表現するようになるのです。

人と接したり接しなかったりすることは、いろいろな段階で観察できます。外的にも内的にも完全に孤立してしまっているようなひどく極端なものから、反対に、最も深く親密な関係を築いているようなもののあいだには、さまざまな交流の程度があります。表面的には人とかかわる能力があっても、より意義深く、率直で、隠しごとのない開示から身を引いてしまう人もいます。現代の平均的な人間は、二つの極のあいだのどこかで揺れ動いていると言うべきかもしれません。

個人的進化の判断基準としての達成感

どれくらい深い人間関係や親密な交流をしているか、どれくらい強い感情を感じるのを自分に許しているか、どれくらい積極的に人と与えたり受け取ったりしているか、これらによって、人がどの程度の充実感を抱いているかを判断できます。苛立ちを感じているのは人との接触がないことを示していますが、これはまさに、人間関係のチャレンジに身を投じることなく、個人的な達成感や楽しみ、愛、喜びを犠牲にしてしまっていることをあらわしているのです。利己的に受け取ることだけを考えて人と交流しようとしたり、実際は内心で人との交流に気が進まなかったりした場合、あなたの熱望は達成されないままでしょう。そのようなときはふつう、「人生に翻弄されて不運や不公正な状態に陥っている」という考えにふけってしまいます。しかしそうするのではなく、熱望が満たされないことを、今述べたような視点から考えることをおすすめします。

人間関係の中で抱く満足感や達成感は人の進化をおしはかる基準ですが、ほとんど注目されていないというのが実状です。他者との関係は自己の状態の鏡であり、自己浄化の直接的な助けとなるものです。裏を返せば、自己に正直になり自己に向き合ってこそ、人間関係が継続し、気持ちはくつろぎ、交流が長期的な関係へと成長できるのです。ですから人間の成長にとって、他者との関係はきわめて重要な要素になるわけです。

人間関係の力や影響は、内なる葛藤に苦しむ人に大きな問題を引き起こすことが多々あります。人と交流するのが難しいからといって孤立していると、熱望が満たされないことに耐えられないほどの痛みをおぼえるようになるのです。本腰を入れ、真剣に**自己の内なる葛藤の原因を究明する**ときにのみ、問題は解決されます。この解決に罪悪感や自責の念といった防御策を用いると、実際には葛藤の核心にいたるあらゆる可能性を失う、という事実は言うまでもありません。孤立すること、人と接すること、この二つの選択肢のうちどちらを選ぶことも耐えられないような苦痛に満ちたジレンマから逃れるには、内面で変化したいという気持を持ちながら、この究明を進めていかなければなりません。

人間関係から身を引く態度は非常に微妙で、見た目ではわからない場合があるということを覚えておくことが重要です。この態度が、ある種の注意深さや歪んだ自己防御としてあらわれるだけの場合があるのです。外面的によい関係を築いているからといって、必ずしも内面的に親密になる能力や気持を持っているとは言えません。なぜなら、多くの人にとって、親密さはあまりにも面倒なものだからです。これは表面上、他者がどれほどやっかいかということに関係しているように思えますが、他人にどれほど欠点があろうとも、実際には、自己の内側に問題があるのです。

人間関係に責任があるのは誰か

霊的進化の度合いが異なる複数の人がかかわるとき、**その関係において責任があるのは常に、最高度に進化した人です**。とりわけその人は、仲間どうしの交流が生み出す摩擦や不調和を深いレベルまで探求する責任があるのです。

それほど進化していない人はこのような探求ができません。その人はいまだ、他者を責めたり、不快感や不満をなくすには相手のほうが「正しい」ことをしなければならないと思っている状態にあるからです。同様に、進化していない人というのは、**二元性という根本的な過ち**にいつもとらわれてしまっています。このような認識のもとでは、あらゆる摩擦が「どちらか一方だけが正しい」という観点から見られることになります。ですから、二元的思考にとらわれている場合には、人の欠陥に気づくと自動的に「自分は無罪だ」と考えてしまうわけです。しかし現実には、自分のネガティブなかかわり方のほうが他者のかかわり方よりも影響は大きいのです。

霊的により進化した人は、現実的な**非二元的な認識**ができます。進化した人は、二人のうちの一方が深い問題を抱えていると見るかもしれませんが、だからといって、もう一方の軽い問題の重要性を排除しません。進化している人はネガティブな影響を受けた場合に、どれほど相手が明らかに間違っていたとしても、自分のかかわり方をいつでも探求しようと思っていますし、それができます。霊的にも感情的にも未成熟で粗野な人は、いつも人を責めてばかりいます。このことは、男女間や、親子関係、友情や仕事上のつきあいなど、あらゆる人間関係にあてはまります。

感情的に人に依存してしまう傾向を克服することは、成長のプロセスにはとても大事な要素です。その傾向はほとんどの場合、非難を避けようとしたり、人間関係を築いたり維持したりするときの面倒から逃れようとするために生じます。責任のほとんどを人に転嫁するほうが、よほど楽に見えます。しかしその代償の、何と大きいことでしょう。これをやってしまうと、本当に絶望的になり孤独に陥るか、人とのあいだで終わりのない苦痛や摩擦を経験するかのどちらかでしょう。人間関係における自分自身の問題を調べ、また変わる意志を持って、きちんと責任を引き受けようとしてください。そうしてはじめて、自由は築かれ、人間関係は実りある、喜びに満ちたものとなるのです。

より進化している人にとって、人間関係での責任を引き受けたり、争いの原因を内面に探したりすることは本人にふさわしい霊的義務ですが、それを履行するのを拒むと、一つの問題が別の問題に影響を与える相互作用をきちんと理解できません。すると対立している両者はともに混乱し、自己と他者にうまく対処できないままになってしまうので関係が悪化します。反対に、霊的に進化している人がこの責任を受け入れるなら、他の人をうまく助けることもできます。人の明白な欠陥を攻撃しつづけたいという誘惑を断ちきって内面を見ることができれば、かなりの進化をとげるでしょうし、平安と喜びを広められるでしょう。摩擦という毒は、すぐにも取り除かれるでしょう。また本当の意味で、ともに成長していくことができる新たなパートナーを見つけ出せるようにもなります。

同じくらい進化した二人がかかわる場合には、両方ともが完全に、人間関係の責任を担います。これは実に美しい冒険です。深い満足をもたらす相互関係です。両者が少々機嫌を損なうことがあっても、内なる意味のあるものとして認識されますので成長のプロセスは絶えません。実際に起きたいさかいであろうと、つかの間のひどい感情であろうと、二人はともに、それを「共同創造」していることに気づくでしょう。相互作用についての内なる現実が次第に重要になってきます。そうすると、人間関係が傷つけられるのを大幅に防げます。

ここで、強調しておきますが、私が〝あまり進化していない人に対して責任がある〟と述べたのは、誰かが現実に抱えている問題の責任を別の人が肩代わりできる、という意味ではありません。そのようなことは決してありません。私が言おうとしているのは、人間関係におけるかかわりあいの問題は、霊的進化の程度が未成熟な人には深く掘り下げられないということです。このような人は交流での不幸や不和を相手のせいだと考えてしまうため、問題の全体像を見ることができませんし、そのような意志も持ちあわせていません。ですから、不和を取り除く立場にはないのです。内面での不安や、相互作用を見出す責任を引き受ける人だけが、それを取り除けるのです。こうして霊的に未成熟な人は、常により進化した人に依存するのです。

進化していない人の破壊的な態度のために、成長や調和、よい感情が望めない関係や、触れあいなどがあまりにもネガティブである関係は断つべきです。一般的には、より高度に進化している人が主導権を握るべきです。そうでない場合には、気づいていない弱さや恐怖があり、それに直面しなければならないことを意味しています。このような理由で関係を断つ場合、すなわち関係が建設的でも調和的なものでもなく、破壊的で痛みを生み出すようなものの場合には、古いわだかまりを解きほぐすための主導権を握っているほうが、内なる問題や相互作用について十分に認識してから関係を断つべきです。そうすれば、根底に同じような傾向や相互作用をもった関係を新たに築いてしまうのを避けられます。またその場合には、関係を断つという決断は、恨みや恐怖や逃避の結果としてではなく、成長の目的のために下されたことにもなります。

破壊的な相互作用

双方の問題がさらけ出され受け入れることができる人間関係の根底にある相互作用や、さまざまな影響を探求するのは決して簡単ではありません。しかし、これ以上に美しく、報いの多いことはありません。これができるような悟りの状態にいたった人は、もはやどんな相互作用も怖れません。関係における自分の問題を人に投影している度合いや、自分の好みに合わないことを人のせいに強いる度合いに正確に応じて、問題や恐怖は生じます。これはさまざまな、微妙な形をとります。あなたは絶えず、人の欠点に集中しているかもしれません。欠点に集中するのが、一見正しいことのように思えるからです。相互作用の一方だけを微妙に強調しすぎたり、もう一方を排除したりするかもしれません。このような歪んだ態度は、人間関係の問題に対する自分の責任を投影したり、否定していることを示しています。このような否定は、**相手の完成への依存**を育ててしまいます。するとこんどは、相手が完全に規準を満たさなかった場合に気分が落ち込んで、恐怖や敵意を抱くようになるのです。

誰かがどんな間違ったことをしようが、もしそれであなたの心がかき乱されたとしたら、あなたの内面には見過ごしている何かがあります。心がかき乱されるというのは、特別な意味あいで言っています。罪の意識なくあらわされ、内面に混乱や苦痛の跡をいっさいとどめないような、はっきりとした怒りについて言っているのではありません。私が意味しているのは、葛藤から生じ、さらなる葛藤を生み出してしまうような心の乱れです。人々は、「あなたが私にそれをした」と言いたがる傾向にあります。他者を有罪にするゲームはあまりに普及しているので、それに気づくことすらほとんどできません。ある人が他の人を責め、ある国が他の国を責め、ある団体が他の団体を責めるというわけです。人類の進化における現在のレベルではこれは不断のプロセスですが、実際のところ、想像できるプロセスの中で最も有害で幻想的なものの一つです。

人々はこのプロセスに喜びを感じています。しかし、それによって引き起こされる痛みや解決されない葛藤は、このちょっとした一時的な喜びにはまったく不釣合いに大きくなります。このゲームを行なっている人は、実際に自己と人を傷つけてしまいます。ですから、知らないうちにこの責任転嫁ゲームに参加してしまっているのに気づくよう、強くおすすめします。

しかし、「犠牲者」はどうなのでしょうか。どのように対応すればよいのでしょう。あなたがもし犠牲者であるとしたら、第一の問題は、**何が起きているかすらわかっていないということです**。たいてい犠牲者は、微妙で感情的な、不明確なやり方で創り出されます。言葉が語られることもなく、静かな、秘められた非難が放たれているのです。非難はさまざまな方法で間接的に表現されます。ですから、明らかにまず必要とされるのは、簡潔ではっきりとした気づきです。さもないと無意識のうちに、同じような破壊的で間違った自己防衛の方法で反応してしまいます。そうなると二人とも、作用や反作用や相互作用の複雑なレベルについてきちんと理解できず、しまいに議論は解決できないほどもつれてしまいます。このような無意識的な相互作用のために、多くの関係がつまずいてきたのです。

非難を放つと、毒が広まります。さらには、恐怖と、少なくとも投影しようとしたのと同じだけの罪悪感が広まることになります。この非難や罪悪感を受け取った人は、自らが抱えている問題や未解決の葛藤に応じて、さまざまな反応をします。ここで無分別に反応して無意識のうちに罪悪感を投影していると、対抗的な反応も、同じく神経症的で破壊的なものになってしまいます。意識的な気づきだけが、これをくい止めることができます。意識的になることによってのみ、自分に転嫁されようとしている重荷を拒めるようになります。意識的になることによってのみ、それを明確にし、つきとめられるようになるのです。

充実感と喜びを手にする方法

これから開花しようとしている人間関係では、前述の落とし穴に注意しなければなりません。ですが、罪悪感の投影があまりにも広く行なわれているのでそれを見つけ出すのはきわめて難しくなっています。同時に、非難を受ける人は、相手と自分の両方のうちに落とし穴を探す必要があります。私はここで、相手がした間違いに真っ向から対決しろと言っているわけではありません。個人的な不幸について、上手にとがめるべきだと言っているのです。これは課題とすべきです。

非難や罪の投影による被害者にならない唯一の方法は、自分がそれをしないことです。人が自分にしたのとは違った方法で投影するかもしれませんが、この巧妙なネガティブな態度にひたっていると、その分だけ自分に投影が為されたことに気づけません。そして結果として被害者になってしまいます。自分の認識を言葉で表現して人と対決するかどうかは別にして、単に気づくだけで、まったく違った結果をもたらせます。問題のある反応の仕方や歪んだ認識、ネガティブな態度、破壊的態度などを自己防御せずに探求し、受け入れる程度に応じて、人からの罪の投影を避けられるのです。そうしてはじめて、気まぐれ、防衛的態度、弱さなどのために引っ込み思案になるかあまりに積極的になるかしてしまうような、偽りと混乱の迷路に陥ることもなくなります。またそのときはじめて、自己主張と敵意を混同したり、「柔軟に妥協すること」と「不健康に服従すること」を混同したりすることがなくなります。

以上は、人間関係にうまく対処する能力を決める要素です。この新しい態度がより深く理解されて生活の中で実行されるようになるほど、人間の交流は親密で充実感のある、美しいものとなります。

自分の権利を主張し、宇宙に働きかけて充実感や喜びを手に入れるにはどうすればよいのでしょうか。私が先に述べたようなやり方で人とかかわろうとしないで、どうして怖れることなく愛せるでしょう。ここで述べたことを学んで自己浄化するまでは、親密になろうとするといつも脅威を感じてしまいます。一方あるいは両方が、相手に罪を背負わせるために叱りつけるという行動に出てしまうのです。もしそのような「誘惑」を直視し、それを発見してなくすことができれば、愛や分かちあい、深くて充実した親密さといったものが、脅威などのない、純粋にポジティブな力となります。この誘惑を内面に探し出すことが、最も大切なことです。

人間関係のうち、最も魅力的で美しく、霊的に重要で成長をもたらすものは男女の関係です。愛と魅力を持って二人を引きつける力や、二人の関係がもたらす喜びは、宇宙の現実の小さな一部です。それぞれの被造物はこの状態がもたらす至福を無意識に知っており、人類がとり得る最も有効な手段でそれを実現しようとしているかに見えます。その手段とは、男女間の愛と性です。二人を引き寄せた力は、最も純粋な霊的状態をほのめかす、最も純粋な霊的エネルギーです。

しかし、男性と女性がずっと深い関係をつづけているとき、至福を維持できるか、さらにはそれを高められるかは、もっぱら二人がどのようにかかわっているかによります。二人は喜びを維持することと内的に成長することが直接的にかかわっているのに気づいているでしょうか？ 人間関係につきものの問題を、自分たちの内面の問題を推し量るための材料として用いているでしょうか？ 最も深い、真実の、自分をさらけ出すような方法でコミュニケーションを行ない、内面の問題を分かちあったり、助けあったりしているでしょうか？ こうした質問にどう答えるかで、関係が動揺したり、解消したり、停滞したりするのか、あるいは発展するのかが決まります。

世界を見まわしてみれば、そのような方法で成長したり、自分をさらけ出したりしている人はほとんどいないのがわかるでしょう。同じように、二人が一緒に、また互いを通して成長しているかどうかで、感情や、喜びや、持続的な愛や尊敬を確固としたものにするかどうかが決まることに気づいている人もほとんどいません。ですから、長く続いている関係が感情の面ではほとんどいつも終わっているに等しいことは、驚くに値しません。

人間関係で起こる問題はいつも、「何かが見過ごされている」というシグナルであり、耳を傾ける人にとってそれは、はっきりと聞こえるメッセージです。このシグナルに気づくのが早ければ早いほど、多くの霊的エネルギーが解き放たれて、至福の状態が二人の内的存在とともに広がります。男女の関係にはあるメカニズムがあります。それは非常に細かく目盛りがついていて、人間関係や、そこにかかわる個人の状態の最も微細で捉えがたい要素でさえ明らかにできる、機械のようなメカニズムです。他の面については霊的、心理的真実についてよくわかっているような最も悟っている洗練された人でさえ、このことは十分に認識していません。毎日、毎時、内なる状態や感情を尺度にして、人の成長の段階を測ることができるのです。内面に注意を向けるほど、二人の交流や愛情が深まり、内面に、またお互いに向けてエネルギーが自由に流れるようになります。

完全に成熟して霊的な道理にかなった関係は、いつも個人の成長と密接にかかわっています。この人間関係が内的な成長と関係ない、いわば独立したものとして体験されるとき、そこにつまずきが生じます。二人が成長して、究極的な固有の能力を手にするにいたってはじめて、関係はいっそう動的で活き活きとしたものとなるのです。その作業は、一人で、また互いに助けあって行なわなければなりません。そのように取り組まれたとき、人間関係は、砂の上ではなく岩の上に築かれることになるでしょう。この環境に恐怖の入り込む余地はありません。気持ちはくつろぎ、自己や互いに対する安心感も高まります。どの瞬間でも、パートナーは相手の内なる状態を映す鏡の役割を果たしていますし、ひいては関係そのものを映す鏡の役割をも果たしているのです。

摩擦が生じたり互いが無感覚になったりするときには必ず、何かが滞っていることを示しています。二人の相互作用についてはっきりしていない部分があるので、そこを直視する必要があるのです。もしその部分を理解して明るみに出すなら、最も速く成長をつづけることができます。さらに感情のレベルでは、幸福、至福、深遠な経験、エクスタシーなどがいっそう深く美しいものになり、人生はさらに意義のあるものとなります。

逆に親密さを怖れているとしたら、それは自分が頑なになって、人間関係の問題に対する自分の責任を拒否していることを意味しています。この原則を無視する人や、口先だけで認めているような人は、心の傷に対する責任を引き受ける準備が感情的にできていません。その傷が人間関係によるものか、人との交流がないことによるものかはわかりませんが。

ですから、おわかりだとは思いますが、次のことを認識するのが最も重要です。すなわち、心のうちに孤独ばかりでなく、人との交流における問題をも解決する鍵を見出そうとすれば、**永遠の霊的現実である至福や美は誰にでも手に入れられる**ということです。**深い充実感、**力強い活力、至福の**喜びに満ちた**関係と同じくらいに、真の成長は霊的に得られる現実です。このようなやり方で人とかかわる準備が内面でととのったとき、内なる分かちあいができるふさわしいパートナーを見つけ出せるでしょう。もし、このきわめて重要な鍵を使うなら、分かちあいは怖がるべきものではなくなります。分かちあうときに、意識的にも無意識的にも恐怖に悩まされることがなくなるのです。人生で重要な変化が起きたとき、絶望的に感じたり被害者になったようには感じなくなり、自分が体験したり体験できなかったりしたことを人のせいにはしなくなります。ですから、「霊的な成長」と「充実した美しい生活」は、同じ一つのものなのです。

みなさんが、この新しい情報と、みなさんの善意によって目を覚ました内的エネルギーとともにありますように。ここでの言葉が人生に立ち向かう新しい内なる様式となり、ついには次のような決断を下せるようになりますように。「思い切って、申し分ないこの状態を危険にさらそう。自由に愛せるようになるために、原因を人にではなく、自分の中に探すことにする」と。こうした瞑想をすると、本当に大きな成果をあげられます。もし、このレクチャーのわずかな断片だけでも身につけられれば、レクチャーには実際の成果があったことになります。神になるべく、幸せになってください。みなさんは、潜在的に神なのですから。

Chapter 8 感情的な成長とその機能

「何も感じないなら、傷つくこともない」。ほとんどの人が、不幸にならずにすむという間違った信念を抱いて「感じない」ように必死の努力をしています。そのような考えを抱いたことはありませんか？　私たちはそれを単なる思考だと思っていますが、こうした願望はよくない結果、すなわち感じる力の麻痺をもたらします。感情を抑圧しても、苦痛は緩和できません。反対に痛みが増します。マインドや肉体だけでなく、感情も成長する機会を必要としています。それは、感情的に高次の状態に達して思い切って愛せるようになるためです。

§

こんばんは、みなさん。みなさん一人ひとりに神の祝福がありますように。この時間は聖なるものです。深い次元で自分自身を知るには、すべての感情を意識の表面にもたらすことがますます必要になります。

感情を理解し、成熟させられるようになるためです。しかしほとんどの人が、これに強い抵抗を感じます。あなたは、自らが成長の途上で置いた障害物に気づいていません。ですから、抵抗のメカニズムについてお話しする必要があるのです。

最初に、人格の統一について明らかにしましょう。調和のとれた人間は、自己の性質である肉体、マインド、感情の側面をすでに発達させています。この三つの領域は、ある能力が他を支配するというものではなく、互いに助けあって、調和的に働くべきものです。一つの能力が未発達だと、人間の構造に不調和が生じ、人格全体の働きも不自由になります。

人間が特に感情的性質の成長を無視し、抑圧し、損なってしまう理由を説明しましょう。この無視は万人にあてはまることです。ほとんどの人間はもっぱら、主に肉体そのものの世話をします。身体そのものを成長させ、健康を維持する上で必要なことは一とおり行ないます。精神的な面を育てる人も、かなりの割合でいます。精神面を育てるために学び、頭脳、すなわち思考能力を働かせます。知識や情報を吸収し、記憶と論理的思考力を鍛えます。こうして精神的な成長を促します。

それなのになぜ、一般的に感情的性質が無視されるのでしょうか? これには十分な理由があります。はっきりと把握するために、まずは人の感情的性質の働きを理解しましょう。第一に、感情的性質は感じる能力を持っています。感情を経験する能力は、幸せを与えたり受け取ったりする能力と同じものです。どんな種類のものであれ感情的な経験を避けるなら、その度合いによって幸福の経験に通じるドアも閉じてしまいます。**感情的経験から自分を締め出すと、その程度に応じて潜在的な創造力の完全な表現も妨げられてしまう**

のです。多くの人が信じているのとは反対に、創造力は単なる精神的プロセスでは開花しません。創造的なエネルギーを完全に表現するには専門的技術も必要ですが、知性の関与は見た目に反してずっと少ないのです。創造性の発展は直観的なプロセスです。言うまでもなく、感情に訴える人生での体験が力強く、健康的で成熟しているほど、直観の働きは冴えるのです。

そのため、感情面での成長をかえりみないで感情の世界を経験することを避けるなら、直観力は妨げられます。今日のみなさんの世界では、なぜ身体の成長とマインドの成長だけが強調され、感情の成長は明らかに無視されているのでしょうか。いくつか一般的な説明をすることもできますが、すぐに問題の根本に話を進めたいと思います。

不幸を避けるために感情を麻痺させること

感情の世界では、善と悪、幸せと不幸せ、苦しみと楽しみを経験します。こうした印象を単にマインドに刻みつけるのとは違って、感情的な経験は本当にあなたに影響を与えます。努力というのはまずは幸福のために為されるのであり、また、未熟な感情は不幸をもたらすので、不幸を避けることは第二の目的になります。不幸な環境はあらゆる子供の生活に存在しており、痛みや落胆は一般的なものです。このため、ほとんど無意識のうちにですが、幼いころに「感じなければ、不幸になることはない」という結論が生まれます。言い換えるなら、ネガティブで未熟な感情を通して生きるという勇気ある、適切なステップを踏まないので、そうした感情に成長の機会を与えて、成熟した建設的なものにすることができなくなるのです。かえって子供っぽい感情は抑圧され、意識から追い出されて埋もれてしまいます。ですから、本人がその感情の存在に気づいていなくても、それは不適切に、かつ破壊的な状態でとどまりつづけます。

感情的経験に対する感受性を麻痺させれば、目先の痛みを感じなくてすむというのは真実かもしれません。しかし、幸せや喜びに対する感受性をも鈍くしていることになり、長い目で見れば、実際には恐るべき不幸を避けているわけでもないというのも真実なのです。避けたかに見える不幸は、別の、もっと辛く、しかも間接的な方法で返ってきます。このような間違った結論のために、ひどく苦しい孤立感や孤独感をおぼえなければなりません。また、人生の高みや深みを経験することもなく、最高の、最善の可能性にまで自分を成長させることもないままに日々をやりすごす辛い感情も生じます。

このような逃げを打つ戦術を用いると、人生を完全には経験できなくなります。痛みから身を引くと幸せからも身を引くことになり、何よりも経験から身を引くことになります。そうしようと意識的に宣言したことは覚えていないかもしれませんが、いろいろな折に、生きること、愛すること、そして経験することから、つまり、人生を豊かな実り多いものにするあらゆるものから身を引いてしまっているのです。結果として、創造的能力とともに直観力をも鈍くしてしまいます。そのときあなたは、潜在力の一部にしか働きかけていないのです。こうした偽ものの解決策をとると自己に損害を与えてしまいますし、それにしがみついているかぎり損害を与えつづけることになります。しかしながらその損害は、目下の理解や評価をすり抜けてゆくのです。

孤立

これは第一に、不幸から身を守るための策でした。ですからあなたが、欠かせない防御法と思われるものを手放さないように、無意識のうちに必死になって戦っているとしても不思議ではありません。しかし、それでは人生の豊かさや報酬、完全な能力などが手に入らないばかりか、実際には不幸を避けていないことにも気づかないはめになります。このような痛みを伴う孤立は進んで選んだわけではないので、それは払うべき代償として受け入れられるものではありません。むしろそれは、偽の解決策に必要な副産物としてあらわれたもので、内なる子供《インナーチャイルド》はこの防衛メカニズムを作動させることで、手に入れられるはずのないものを手に入れることを期待し、戦っているのです。言い換えるなら、心の深いところでは受け入れられ、愛されると期待し、信じて、感情の世界を鈍らせ麻痺状態にしたのですが、結果として、真に人を愛することを自分自身に禁じているのです。確かに、あなたは他者を必要としているかもしれないし、その必要性は愛のように思えるかもしれません。しかしそれが同じものでないことは、今ではおわかりでしょう。内心では人と一つになりたい、まわりの世界と実りある満足のいくやり方で交流したいと望み、またそれができると信じているでしょうが、その一方で、感情的経験の影響に対して偽物の防御壁を建ててしまっているのです。感情をおぼえずにはいられない事態になると、その感情を自分と人から隠すために必死になります。今でも健全な自己の部分は感情を追い求めているのですが、ときどきちらりと姿をあらわすその感情をおぼえたり、表現したりすることなしに、どうして憧れている愛や受容や交流などを手に入れられるでしょう。内なる子供《インナーチャイルド》は認めたがらないでしょうが、両方を同時にとることはできないのです。

あなたは愚かなやり方で自分を「守ろう」とするために孤立してしまうのですが、それは避けようと努力していることをますます経験してしまうことを意味しています。こうしてあなたは、二重に失敗することになります。つまり、実際のところ長い目で見れば怖れているものを避けてはいないし、生きることから逃げさえしなければ手に入れられたはずのあらゆるものを取り逃している、というわけです。なぜなら、生きることと感じることは一つだからです。あなたは次第に愛や充実が足りないと感じるようになるでしょうし、そうなると、人や環境、運命、不運などを責めるようになります。そしてあなたは不運の責任が自分にあることを理解せず、そのような考え方に抵抗します。それを十分に理解したら、**変わらなければならなくなる**と感じるからです。望むものを手に入れるための必要条件を満たさずに手中にするという、心地よいけれど、実現不可能な希望にしがみついていられなくなると感じとるのです。幸福になりたければ、喜んで幸福を与えなければなりません。本来あなたが感じられるはずのことを感じるのに気が進まず、しかもそれができないでいて、どうして幸福を与えることができますか？　充実感を失わせている状態を引き起こしたのは自分自身であると気づいてください。そして肉体の年齢が何歳だろうと、これまでどおり、それを変えられるのも自分自身だと悟ってください。

感情を訓練する必要性

この、うまくいかない偽の解決策を用いてしまう別の理由は、他のことと同じように感情やその表現にも、「成熟した建設的なもの」と「未熟で破壊的なもの」があるからです。子供のころは身体もマインドも未成熟だったので、当然のことながら感情的構造も未熟なものでした。ほとんどの人は自分の身体とマインドに、未熟な状態からある種の成熟した状態へと成長する機会を与えました。身体のレベルで例を挙げてみましょう。たとえば幼児は、声帯を使いたいという激しい衝動をおぼえるものです。声帯を激しく使えば、特定の器官の成長を促せることを本能的に知っているのです。赤ん坊が泣き叫んでいるのを聞くのは愉快ではありませんが、この過渡的な時期があるからこそ、特定の面で強く健康的な諸器官が育つのです。赤ん坊が叫びたいという本能的な衝動を押さえ込まれ、この不愉快な時期を経験できないと、ついには個々の器官を傷つけ、弱めてしまうことになります。激しい肉体的運動にふけりたいという衝動も同じ働きをします。これはまさに、成長のプロセスの一環です。やりすぎてしまう危険があるという理由で運動による成長のプロセスを止めてしまうのは、賢明ではなく有害です。

しかしあなたは、こうしたことを感情的な自己に行なっているのです。成長過程の時期をきわめて危険なものと考えるので、成長を完全に止めるようになり、感情を働かせなくなります。このように考えた結果、あなたは度を越した感情のみならず、建設的で成熟した感情を生み出すだけのつかの間の感情さえもすべて押さえ込んでしまいます。このことは、多かれ少なかれすべての人にあてはまるので、感情面での経験や成熟のための成長期は、今始められなければなりません。

マインドの働きが成熟するときはいつも、過渡期を経験しなければなりません。学ぶだけでなく、間違いも犯さなければなりません。若いころにはしばしば、成長すると卒業してしまうような見解を持つものです。後になって、その見解は若いころの自分が思っていたほどには「正しい」ものではないことがわかり、かつては見落としていた別の側面も見られるようになるかもしれません。とはいえ、そうした誤りの時期を経験することは有益なのです。誤りを経験しなかったら、どうして真実を認識できるでしょう。誤りを避けていては真実を手に入れることはできません。そうした誤りは、マインドの能力や論理的思考力だけでなく、応用の範囲や能力も高めます。思考や意見について間違いを犯すことを自分に許さないと、マインドの能力は成長できません。

非常におかしなことですが、人間は性格的に、感情的性質の成長に対してよりも、身体やマインド面の成長に伴う痛みに対してのほうが、抵抗を感じる度合いがはるかに少ないようです。**感情的成長の痛み**も必要なものであり、建設的で有益だということに気づいている人はほとんどいません。意識的にこのように考えることもなく、「感情的成長のプロセスは成長の痛みを伴わずに起きなければならない」と信じているのです。この領域を成長させる必要があることは言うまでもなく、この領域が存在していること自体が、ほとんどいつも完全に無視されています。また、その成長がどのように為されるかもわかっていません。この道をたどる人は、その方法を理解することから始めなければなりません。そうすれば、鈍感で麻痺した状態にとどまろうとするこだわりはなくなり、成長期を「今」体験することに抵抗しなくなるでしょう。

未熟な感情を表面化させる

この成長期に、未熟な感情は表現されなければなりません。その重要性を理解するために「未熟な感情の表現」を自分に許したとき、そうした未熟な感情がもはや必要ない地点にようやくたどりつけます。これは、意志のプロセスを通しては起こりません。すなわち、いまだ感情的な自己の一部をこらえるような客観的なマインドの決断によっては起こらないのです。そうではなく、感情が方向や目的、強さ、性質を自然に変えるような、感情的成長の相互的なプロセスを通して起こるのです。そしてこれは、今あるままに自分の感情を体験する場合にのみ起こるのです。

子供のころ、あなたは傷つけられると怒りや恨みや憎しみを持って反応したでしょう。ときにその反応は、かなり強いものであったでしょう。もし現在、あなたがこうした感情を経験することを意識的に避けているとしても、あなたはそれらを取り除いたわけではありません。あなたはそうした感情を、健康的で成熟した感情に取り換えたわけではなく、すでに在る感情を単に押さえ込んでいるだけです。感情を埋もれさせて、実際にはそれを感じつづけているのに感じていないと自分に思い込ませているのです。感じる能力を鈍らせているので、根底に存在しているものに気づけません。本当は抱いていないのだけれど、抱いているべきであると考えている感情を上から覆いかぶせているわけです。

程度の差はあっても、誰もが純粋に自分のものではない感情や、抱いてもいないのに抱くべきであると考えている感情によって行動します。しかしその下の層では、まったく異なることが起こっています。際立った危機に直面したときにのみ、この本当の感情は表面化します。ですからあなたは、そのような反応を内面に引き起したのは危機そのものだと信じ込みます。けれども、そうではありません。それは、危機が未熟なままでいる感情をふたたび活性化させたものです。内なる反応は、隠れた感情的な未熟さと解消されていない自己欺瞞とによって引き起こされているのです。

洗練されていない、破壊的で未熟な感情から成長して脱却する代わりに、それらを視野の外に追いやって、実際よりも自分はずっと統合された成熟した人間だと信じ込むという事実は、単なる自己欺瞞の域にとどまるものではありません。その事実によって、あなたはたびたびくり返される孤立、不幸、自己疎外、うまくいかない報われないパターンに、いっそう深く陥ってしまうことにもなるのです。この結果、防衛メカニズムとしての偽の解決策に、ますます頼るべきであるように思ってしまうかもしれませんが、それこそが見当違いな結論です。

子供のころ、あなたは未熟な感情のせいで罰を受けたことでしょう。その感情を表現したとき、実際に苦痛を感じたかもしれませんし、望ましくない結果が起きたかもしれません。本当に感じたことを表現したとき、特定の人の愛情など、ほしがっていたものを失くしたり、望んでいた目標を達成できなくなったりしてしまいました。これが、自己表現を押さえようとするさらなる理由となりました。結果的に、そのような感情は望ましくないものと見るようになり、さらには、視界の外に追いやってしまうまでになったのです。そうすることが必要だと思ったのです。なぜなら、傷つけられたくなかったし、不幸の痛みを感じたくないと願ったからです。また、既存の感情をこらえることも必要だと思いました。ネガティブな感情を表現すると、望ましくない結果が生じることになるからです。

ネガティブな感情をあらわすと望ましくない結果になるのは本当なのだから、自分の行為は正当なもので、それはなくてはならない自己防衛だと言うかもしれません。ですから、ネガティブな感情を実際に生きれば、何らかの形で世界から罰を受けるとあなたが言うのも当然です。それは本当です。未熟な感情は実に破壊的なものであって、不利な状況をあなたにもたらすことでしょう。しかし、**意識的にせよ無意識的にせよ、「自分が感じていることに気づくのとそれを行動にあらわすことが同じ」と考えるのは間違っています。**あなたは、二つの方向性の違いを区別できていません。自分が感じていることを、建設的な目的のために適切な場所で適切な相手に表現したり話したりするのは必要です。しかし、そのことと、不注意にも一切の抑制を失い、適切な目的や場所や相手を選ぼうともせず、洞察を得られるような表現方法を用いたいとも思わないような破壊的な態度は別のものです。しかしあなたは、その区別をつけることもできません。ネガティブな感情を規律も目的もないままにほったらかしにし、あらわにしていれば、それは実際、破壊的です。

建設的な目的と破壊的な目的との区別をつけようとしてください。感情をあらわす目的を意識しようとし、本当に感じていることへの気づきを自分に許して、意味あるときに、それを表現する勇気と謙虚さを育ててください。そうすれば、「単に抑圧から解放されたいと思い、目的や意味もないままはけ口を見つけようとして未熟で破壊的な感情をあらわにすること」と、「かつて存在し、今でも存在している感情を再体験するのを意図した行為」とのあいだには、きわめて大きな違いのあることがわかるでしょう。感情的経験に適切に吸収されずに押さえ込まれてきたものは、現在の状況に絶えず再活性化されます。それはまず、そのような経験の未消化を起こした最初の「解決策」を、状況によって何らかの方法で思い起こすことになります。思い出すきっかけとなる暗示は、実際に起きていることではないかもしれません。それは感情的な傾向、もっぱら無意識に宿っている象徴的な連想かもしれません。けれども、内面で本当は何が進行しているのかを認識できるようになると、そうした暗示にも気づけるようになります。すると実際には、自分に感じるよう強いていたこととはまったく反対の感情を抱いていたことに気づくかもしれません。

成長のプロセスを活性化させる方法

感じていることに気づき、理屈や言い訳を探すことなく直接表現する方向に試しに何歩か歩いてみると、それまで決して得られなかったような自分自身に対する理解が得られるようになるでしょう。あなたは成長のプロセスが動き出したことを感じられるようになります。なぜなら、そのプロセスに単なるジェスチャーだけで取り組んでいるのではなく、自己の最深部から積極的に取り組んでいるからです。好ましくない結果をもたらしたものが何であるかを理解するだけでなく、自分の力でそれを変えられるということを理解できるようになります。自分と人との相互作用が理解できると、無意識の歪んだパターンが、自分が最初に望んだのとはまったく逆の影響を人に与えてしまう理由もわかるようになります。そうなると、コミュニケーションのプロセスについての内なる理解を得られます。

これが感情を成熟させる唯一の道です。子供時代や青春時代に果たせなかった成長期を経験すれば、感情がついには成熟し、単に意識の外に追いやるだけでは支配できなかった感情の力を恐れる必要もなくなります。感情を信頼できるようになり、感情に導かれるようにもなります。というのもそれが、成熟した、うまく役目を果たす人物の究極の目標だからです。みなさんにも、ある程度はそれが起こっていると言ってよいかもしれません。直観の力に導かれることを自分に許しているときもあります。しかしそれは、習慣的というより例外的に起こっているものです。なぜなら、感情が破壊的で子供っぽい状態では直感を信頼できないので、そうしたことは習慣としてなり得ないからです。あなたは感情を成長させないようにしています。ですから感情は二次的な有効性しか持たず、もっぱらマインドの能力によって生きています。健康的な感情によって直観が信頼できるものになると、マインドの能力と感情の能力とのあいだに調和が生まれて両者は矛盾しなくなります。直観的なプロセスを信頼できないうちは不安になりますし、自信を持てませんので、その埋めあわせとして人や間違った宗教に頼ろうとしてしまうわけです。すると、無力で、絶望的になります。しかし、感情が成熟し、強くなると、自分を信頼できるようになり、そこに、夢にも思わなかった安心感を得られるでしょう。

痛みを感じながらも、最初にあらわれるネガティブな感情を解放した後には、有害なものが、自分にも人にも破壊的でない形で自分の言動の型から去ってしまったことに気づき、ある種の安堵をおぼえるものです。こうした洞察と理解を得ると、ネガティブな感情を押さえ込んでいるうちは表現されなかった、暖かくてよい感情が、新たに湧き起こることでしょう。純粋なよい感情と、「こうあらねばならない」という、理想的な自己像を維持しようとしてつけ足している〝偽りのよい感情〟とを区別できるようにもなります。理想的な自己像にしがみついていると、真の自己は見出せません。また、人格の比較的大きな領域が依然として子供っぽく、不十分で、不完全であることを受け入れる勇気も持てません。

真の安全とは何か

この問いに答えることが、破壊的なプロセスを壊し、しっかりとした基盤に立つ**確固とした真の自己を打ち立てる**上で欠かせない最初の一歩です。成熟した感情によってのみ、あるいは感情を成熟させ、成長させることを可能にする勇気によってのみ、内なる安全は手に入れることができるのですが、あなたは別のところで熱心にそれを探しています。

ですから本当の安全を築いてください。すでに内面にあるものに気づくことを怖れて避ける必要はありません。存在しているものから目を背けたとしても、存在しなくなるわけではないのです。ですから自己の内面にあるものを、そのものとして積極的に見よう、直面しよう、認めようとするのは賢明なことなのです！自分の感情やあり方を知ると、知らないでいるより傷つくことになる、そう信じるのはまったく馬鹿げています。しかし、みなさんは全員、かなりの程度でこう信じています。これが、自己自身を受け入れたり直視したりすることに対する抵抗の本質です。内面にあるものを直視できてはじめて、内なる行動パターンが維持するに値するものかどうかが、より成熟した知性によって判断されるようになります。自分を守ってくれているると思えるものを手放すように強いられるわけではなく、それをはっきりとした、明快な真実の目で見ることができるようになるのです。私がお願いしているのはそれだけのことなので、怖れる必要などありません。

さて、霊性の光のもとでこの問題を考えてみましょう。みなさんは当初、霊的に成長しようと思い、やってきました。けれどもたいていの人が、感情を成長させようとはせずに、霊的成長を達成しようとしていると言えます。一方をすることなしに、もう一方だけができると信じたいのです。しかし言うまでもなく、それはまったく無理な話です。あなたは、本当に感情を成長させたいのでしょうか。それとも、感情の世界を無視し、それに成長の機会を与えないで眠らせておいても霊的に成長できるだろうという子供じみた希望にしがみついていたいのでしょうか。遅かれ早かれ、そのどちらを選択するかを決心しなければならない局面に、誰もが直面することでしょう。しばらく、この点ついて検討してみます。

感情の発育が妨げられると愛は育たない

どのような宗教、あるいは霊的哲学や教えを信じていようと、**愛が第一の、最大の力であること**は誰もが知っています。究極的には、**それは唯一の力です**。ほとんどの人は、この格言を何度も使ったことがあります。しかし、いつでも感情や、反応や、体験から目を背けてしまい、空しい言葉を弄しているのに気づいたことがあるのだろうかと、私は疑ってしまいます。ところで、**感じることを自分に許さないで、どうやって**

愛せるのでしょうか。どうして愛すると同時に、みなさんが「超然」と呼ぼうと選択した態度をつづけられるでしょうか。これは、自分だけは巻き込まれないでいることを意味します。痛み、落胆、いざこざに巻き込まれる危険はおかさないわけです。そのような心地よい方法で愛せるでしょうか。感じる能力を麻痺させてしまったら、どうやって本当に愛を経験できるのでしょうか。愛は知的なプロセスでしょうか。愛は、みなさんが言う法律、言語、文字、規制、規則などのような温かみのないものでしょうか。それとも愛は、魂の深部から湧き出る感情で、無関心や無感動ではいられなくなってしまう、温かくて衝撃的な流れでしょうか。愛は何よりも感情であって、その感情が完全に経験され、表現されてはじめて、結果としていわば副産物のように、知恵や、そしてたぶん知的な洞察さえも生まれるのではないでしょうか。

愛と霊性とは同じものですが、感情的なプロセスを無視してどうやって霊性を得ることを望めるでしょう。このことを、考えてみてください。自分だけは感情の世界にかかわらないですむような心地のよい霊性を期待して、手をこまねいて待っていることに気づき始めてください。それをはっきりと直視すれば、この態度がいかに馬鹿げているかがわかるでしょう。

自分の感情の気づきと表現をいまだに拒みつづける理屈が意識的でも無意識的でも、たとえその感情が相変わらずかなり破壊的であったとしても、それらの感情はこれまでとは異なって見えるようになるでしょう。きわめて大切なことを、もう少し深い理解と真実を用いて行なうのを拒んでいることも理解できるでしょう。自己のこの部分を否定するなら、どんな霊的進化も茶番です。内面のネガティブなものを意識的に表面化させる勇気を持たないで、どうして健康的で、強い感情によって自己の存在が満たされるでしょうか。意識の外に追いやっているためにネガティブなものに対処できないなら、まさにその同じネガティブな要素は、ポジティブなものの前に立ちふさがるようになります。

今この道をたどり、きわめて大切なことに取り組んでいる人は、最初にたくさんのネガティブな感情を体験するでしょう。しかし、それらに取り組んで適切に理解した後には、成熟した建設的な感情が発達します。これまで可能だとは決して考えられなかったような暖かさ、思いやり、深いコミットメントなどを感じられるようになります。もはや孤立していると感じることもなくなります。嘘や自己欺瞞ではなく、真実を持って、現実的に人とかかわり始めます。そのとき、自己に対する安心感と尊敬とが内面に新たに加わります。自分自身を信頼し、好きになり始めるのです。

質問　感情が成熟しないままに、神や愛を信じられますか？

答え　それはできません。しばしば愛と混同される、「愛されたい」とか「可愛がられたい」という子供っぽい欲求なら別ですが、進んで人格的にかかわろうとするような本当の愛について言うのなら、不可能です。真の愛や純粋な真の信仰が存在する上で、感情的な成熟は欠かせない基礎です。愛や信仰と感情的な未熟さとは、相互に排他的なものなのです。愛する力は、感情の成熟と成長から直接に生まれるものです。偽の宗教とは対照的な、本物の宗教が言う神への信仰もまた、感情的な成熟の問題なのです。なぜなら、本物の宗教は自立的なものだからです。本物の宗教は、守られたいという欲求から父性的な権威にしがみつくことはありません。偽の信仰と偽の愛は、いつもその裏に、何かを必要とする強い感情を含んでいます。真の愛や信仰は、強さや独立心や自己責任から生じます。これらはみな、感情的成熟の性質です。そして強さや独立心や自己責任があってはじめて、真の愛、、関係、信仰などが可能となるのです。有名無名を問わず、かつて霊的成長をとげた人は誰でも、感情を成熟させなければなりませんでした。

質問　もし、このワークを行なっている人のそばに助けてくれる人がいないときに、子供時代にさかのぼる荒々しい感情を見出したら、どうすればそれに対処し、他の感情と取り換えて取り除けるのでしょうか。たとえば一ヵ月に二度、ヘルパーがいるところで感情を表現する機会を与えられたときにはそのような荒々しい感情は感じないのに、他のときにはそうした感情を感じてしまうかもしれません。一人きりでいてそうした感情が湧きあがってきた瞬間には、どのように対処するのが正しいのでしょうか？

答え　まず、いわゆるヘルパーとともに積極的にワークを行なっていないときにのみ感情が湧きあがってくるなら、そこには大きな意味があります。それ自体が、強い抵抗を示しています。絶えず抑圧してきたために、長々と影響がつづいているのです。このような抑圧によって最初に出てきた感情は時機を逸しており、本人を混乱させるほどに強いものでしょう。しかし、自己の全体像を本気で直視しようと決断する内なる意志を持っているなら、比較的短い時間のうちに、破壊的な感情は適切なときに適切な場所であらわれるようになり、それにきちんと対処して有意義な結果を生めるようにもなります。この抵抗状態は、基本的な防御メカニズムには手をつけないまま葛藤を解決したいという子供の欲求に加え、内なる闘いや憎しみが依然としてあるという事実を示しています。破壊的な感情を抑圧することなく支配できるのとは逆に、感情に支配されてしまっているとしたら、その人は癇癪《かんしゃく》に陥っています。そのとき、心はこう言っているのです。「わかっているだろうな。そっちが私にこうするようにし向けたのだ。さて、いったいどういうことになるか見ているがいい」と。もし、このような、巧妙に隠された感情を見つけ出せれば、人格が対処できないほどの力をネガティブな感情が持つ危険性を緩和できるでしょう。

第二に、自分自身について持っているイメージにあわないと思われる感情があるからといって、罪悪感を持たないことが大切です。間違った自己像ではなく自己の現実を受け入れられるようになると、ネガティブな感情の力は衰えてゆきます。もちろん、今後ともネガティブな感情は経験するでしょう。ですが、そのために「自制心がなくなってしまうのではないか」と怖れることはなくなります。つまり次のように言ってもいいでしょう。ネガティブな感情が、それにうまく対処できないのではないかと恐ろしくなるくらいに強い影響力を持つのは、その感情があること自体に原因があるのではなく、自分が理想的な自己像ではないという事実を受け入れられないためです。もし理想的な自己を捨てようと努力しながらもそれに固執しなければ、ネガティブな感情そのものは、さして騒がしいものではなくなります。ひとたび現在のありのままの自分を受け入れて、心のうちで幻想的な自己像を手放すという決断をすれば、ずっと安心していられます。ネガティブな感情を、成長を促す形で経験できるようになります。一人きりであったとしても、ネガティブな感情から洞察を得られるようになります。さらには、ワークのセッション中に感情が湧き起こるようになり、それを表現し研究するなら、さらに重要な洞察が生まれることでしょう。

ですから、守るべき規則を与えることはできません。単に、現象の背景となっている道理を示せるだけです。それをきちんと吸収し理解したいと望んで、そこから行動しようとするなら、非常に大きな助けとなるでしょう。もちろんこれは、みなさん全員に言っています。

質問　感情そのものは危険ではないけれど、それが強力で危険なものになってしまうのは、私たちが内心では落胆しているせいだということですか？

答え　そのとおりです。そう望まないのであれば、感情が危険である必要はありません。心の中の怒りを正しく理解し、この道で学ぶような建設的な方法で手放さなければ、いわゆる癇癪が起こり、内なる子供《インナーチャイルド》があらわれて人や自己を破滅させます。殴りかかろうとしている内なる子供《インナーチャイルド》を見つけてください。そうすれば、ネガティブな感情を抑圧するのではなく、建設的に表現し、それから学びながら支配して進化させることができます。面倒を見てもらえなかったとか、ほしい物すべてを与えてもらえなかったなどと恨んでいる領域をみつけてください。ひとたびこうした怒りの原因に気づけば、内なる子供《インナーチャイルド》が馬鹿げた要求をしていることを理解できるので、自分をあやしてやれます。これがとりわけ、この時期に行なうべきワークです。これは、あなたの道程における重要で決定的な道標です。この峠を越すと、ワークはもっと簡単に進めることができるようになります。自制心をなくすのが恐ろしくなったときはいつでも、実際に湧き起こっている感情と対照的に、自己についてのイメージ、すなわち自分はこうあるべきだと思っているイメージについて考えるようおすすめします。その食い違いがわかった瞬間、ネガティブな感情に脅かされていると感じることもなくなるでしょう。そうした感情にきちんと対応できるようになるからです。この問題については、以上が最善のアドバイスです。理想的な自己になるのを許してくれない世界に対して怒っている領域を、自らの内面に見つけてください。つまり、世界が干渉してきたために、本当はなれたはずのものになれなくなっていると感じている領域を見つけてください。そうした感情的な反応に気づければ、さらに大きな一歩を踏み出せます。

おわかりのように、ネガティブな感情の存在自体が有害だと考えてしまうことが誤解なのです。それは有害ではありません。真の自己を受け入れられないことが有害なのです。許してくれるならなれたはずだと感じているものにならせてくれないからという理由で、世界に非難をぶつけることが有害なのです。これが、こうした激しい、強力な感情の性質です。その性質に気づいていないあいだは、感情に脅かされなければなりません。ですから、感情の意味を調べてください。その本当のメッセージを探求すれば、もはや怖れる必要はなくなります。

これで、みなさんのもとを去ることにします。みなさんが幸せでありますように。みなさんが立ち止まらずに生きて、内的に成長するためのさらなる力と知恵を身につけられますように。なぜなら、この継続的な成長だけが、唯一人生に意味を与えるものだからです。うまく成長を成しとげることができれば、それだけ気持が落ち着きます。あらゆる力と、愛と、温かさを伴う恵みが、みなさんには与えられています。幸福であってください。平和のうちにあってください。神のうちにあってください。

Chapter 9 本当の欲求と偽りの欲求

私たちのほとんどは、人が自分の欲求を満たしてくれないから問題が起こると信じています。しかし、ガイドはそうではないと言います。私たちが求めている目標の多くは偽りの欲求にもとづいているので、決して達成されることはありません。満たされない真の欲求は、どのようにして偽りの欲求に取って代わられてしまうのでしょうか。偽りの欲求と真の欲求とを見きわめて、偽りのものを手放すにはどうしたらよいのでしょうか。そして究極的には、現在の本当の欲求を認識して、それを満たすにはどうすればよいのでしょうか。こうしたことが、このレクチャーの内容です。

§

みなさん、こんばんは。祝福と力が注ぎ込まれていますので、マインドのみならずハートを開けばそれを受け取れます。

ほとんどの人は、自分が霊的な可能性や力をふんだんに持っていることに気づいていません。では、霊的な潜在能力や力とは何を意味しているのでしょうか。その力とは、みなさんの存在領域で考えられている標準的な人間の能力をはるかに超越したもののことです。

眠っている霊的な潜在能力を目覚めさせる

人間がある程度まで浄化が進んでいない、あるいはその意識が半分眠った状態のままだと、霊的な潜在能力は使えませんし、かえって危険なものにさえなりかねません。というのも、半分眠っている状態は、強情、プライド、恐怖、貪欲、嫉妬、悪意、残忍、恨み、利己心といった破壊的な態度と結びつくのが常だからです。人間の大半は、外界と内界にあることの、九〇パーセントくらいは意識しておらず、一〇パーセントのみを意識しています。自己をふたたび目覚めさせるには、大変な努力やコミットメント、ワークが必要です。また、高くつく割には短いあいだの満足感しか与えてくれない、破壊的パターンを投げ打つ意志も必要です。そうしてはじめて、意識はだんだんと発達し、認識は研ぎ澄まされ、目覚めた真の自己のあらわれとしての新しい知識を利用できるようになるのです。

この内なる知識は、はじめは自己自身についての直観的認識にすぎないものが、さらには他者の内奥の存在についての認識を含み、ついには宇宙の真実や創造について認識するまでに広がります。そして永遠の生を経験するにいたります。それは必然です！　霊的な可能性に気づくと、周囲や内面に常に存在するあらゆる生命力に触れられるようにもなります。こうした能力は、人を癒したり助けたりすることにも役立ちますし、満足感を向上させたり自己や他者の意識を高めることにも利用できます。言うまでもなく、ちっぽけなエゴが霊的な真の自己を支配しているかぎり、そうした能力が悪用されるのは避けられません。**この新しい力を安全に使うには、人の魂のうちに、まず愛が目覚めなければならないのです。**人間の持つエネルギーの力の場が、魂が発達していないために低い振動数にあると、ずっと高い振動数の霊的能力は健康や生命を破壊し、多大な危険を生み出すかもしれません。ですから、一定のリズムのもとに進化していくことが大切なのです。いつも強調しているのですが、最も安全な方法は、何よりも浄化を進めることです。

霊的な、そしてサイキックな潜在能力や力を発達させる前に浄化を行なえば、至福感も高まってゆきます。大胆さも増してゆきます。あらゆる問題に対する解決策がどんどんやってきます。問題に直面して対処するようになるので、解決策が自ずとあらわれるようになるからです。マインドや魂や肉体のあらゆる病も癒せるようになります。

しかし、本物にせよ偽物にせよ、意識的なものにせよ無意識的なものにせよ、自己の欲求に対処しないかぎり、このようなユートピア的な状況は得られません。無意識的な感情の体験を意識にもたらすことができない人は、抑圧した問題を来世に持ち越さなければなりません。無意識に深く埋め込まれた問題は、眠ったままの未解決の問題を表面化させてくれる、来世の環境や人を探し出します。そのため、子供時代の辛い経験が、両親やある種の環境のせいであるように感じるわけです。しかし実際には、ほうっておけば休眠的で意識されないまま完全な浄化を妨げてしまうイメージを、両親が未熟にふるまうことで浮き上がらせてくれているのです。もちろん辛い経験をいつものように避けてしまい、そのくり返しをひき延ばすこともできます。しかし、辛い経験に真正面から向き合うのを避けられない日が、誰にでも訪れるのです。

現世のうちに、こうした出来事の連鎖をたどることもできます。子供時代に十分に経験できなかったことがあればあるほど、後年に同じような経験を引きつけなければならなくなります。子供時代に目を背け、そのころに本当に感じたことに気づかないでいると、今同じ経験をくり返したとしても、感じたり経験したことがわからないものです。反対に、過去の感情を意識するようになると、過去の経験がどのようにくり返されるのかに気づけるようになります。過去の感情に無感覚でいると、現在の同じ経験に対しても無感覚になってしまいます。最初、どれほど辛く感じられたとしても、自己を目覚めさせようと真剣に取り組んだり努力したりすると、そのような状態から解放されます。

子供時代に満たされなかった正当な欲求

過去と同じ現在の経験が白日の下にさらされてきちんと処理されるときにのみ、今自分に起きていることに注意を払い、それを完全に理解できます。すると、現世で残された魂の問題だけでなく、前世から持ち越した問題も同時に精算できるのです。パスワークにおいて残された問題をどんどん経験してゆくなら、そのうちの最も辛い要素は子供時代に満たされなかった正当な欲求であるという事実に出くわします。本当の欲求を否定すると、偽の欲求を創り出してしまうのです。これは気づくべき、きわめて重要なことです。

本当の欲求とは何であり、偽の欲求とは何でしょうか。まず、人生のある時期には本当の欲求であったものが、後になってまったく偽りであったり、本当のものでなかったりすることがありうるのです。子供にとっての本当の欲求は、大人にとっての本当の欲求とはまるで違います。成長過程にある人が本当の欲求を満たしていない痛みを否定しても、その欲求はなくなりません。反対に、不満足ゆえの苦痛を否定してしまうとその欲求を永続させることになり、後にそれを他の人に投影するはめになってしまいます。そのためにそれが、偽りの欲求に転じてしまうわけです。単に気遣われ、面倒をみてもらってよい気分になり、注目されて自分の独自性を認めてほしいと思っている子供を例にとってみましょう。こうした欲求が満たされなければその子は傷つきます。もし、この傷が意識レベルで受け入れられて処理されれば、ほかの大勢が何を信じたがろうと、人は麻痺した状態ではなくなります。つまり満たされなかったものを後年にでも与えられさえさえすればこの痛みは消え失せるだろうという信念が、麻痺を創り出しているのです。もちろん、そんな信念どおりにはなりません。なぜなら、たとえ大人になって、欲求不満の子供の目から見た理想的で完璧な両親の代わりが最終的に見つかったとしても、自己の外からやってきたものは本当の満足を与えてくれないからです。

自己の外側に求めているものを、大人になって内面に探し始めたときにのみ、ずっと渇望していた欲求は満たされるのです。これは自己責任を引き受けるところから始めなければなりません。いつまでも両親や人生のせいにしつづけているなら、あらゆる善きものを生み出す内なる生命の中心を見出すことはできません。自分の態度を変えるために探求し、傷は現在の自分の態度によって引き起こされていると知れば、安全を見出すようになるでしょう。それはかつて、人から与えられるもののうちに見つけ出そうとしていた安全です。現在の痛みの原因を自己の中に探せば探すほど、不安は消えてゆきます。痛みを抱えているのは、**最初の傷を否定し**、そこから派生したネガティブで破壊的な感情と思考のパターンを否定したためなのです。

本当の自己責任を引き受けるようになると、よい気分が外側からやってくるのを待つことも、次第にやめるようになってきます。人に誉められたり愛されたりすることに依存しなくなるのです。ほしがってばかりの、恨みを抱いた子供でいるときには得られなかった自尊心を、自らに与えられるようになるからです。これは真の自己の中心にいられるようになるための、さらなるステップにすぎません。すると今度は、善良で暖かい感情の流れを強く感じることができるようになり、それを意地悪く隠しておくのではなく、分かちあいたいという願望が昂じてきます。心身の内側からの喜びを感じてそれを人に与えられるようになることこそ、貪欲に人に要求する態度にとって代わるべき選択肢です。こうした能力を高められれば、子供時代に欲求が満たされなかった空虚感を埋められるようになるのです。

正当な欲求が満たされなかった痛みを解消する方法

正当な欲求が満たされていないことを感じていなかったり、中途半端に実感しているだけなら、それだけ人格はたくさんの**偽の欲求**を持つようになり、結局のところ人に対して要求ばかりするようになります。その要求が満たされないと、恨み（しばしば、他者や人生に文句をぶつける際に発揮される悪意）を抱いてしまい、ますます欠乏感が強まるのです。そのため、絶えることのない悪循環によって、絶望的な状況から抜け出せないように思えてしまいます。不満を正当化したり、罪状を生み出したりするのは、それほど難しいことではありません。実際のものであれ想像上のものであれ、また誇張され歪められたものであれ、人はいつも理由をみつけて自己の外側の責任がいかに重大かに意識を向けることができます。これは微妙で隠されていますので、そのプロセスが働いているのを見るには、とくに注意して自己を観察し、自己に正直でなければなりません。人に不合理な要求をしているのを認め、責めている人に罰を与えようとしていることに気づけたとき、その関係性を真に理解できるでしょう。

大人の本当の欲求とは何でしょう。それは、自己表現、成長、進化、霊的な潜在能力、そしてこれらから生じるあらゆるものを手にすることです。つまり喜び、愛、充実、よい関係であり、誰にでも使命を与えている大いなる計画に意味ある貢献をすることです。ある程度の成長が成しとげられると、人はこの使命を感じ、内面で経験します。そしてそれは、ついに現実となるのです。内的な成長を認識することが本当の欲求であって、それが満たされないと不幸になります。ですから、魂のうちにある障害を見つけ出して取り除かなければならないのです。障害はいつも、かつては本当の欲求であったものが偽物の欲求になりながら残りつづけていることに関係しているのです。

偽りの欲求を明るみに出すことに対する抵抗を克服する

偽りの欲求がいつまでも残っていると、魂の中に破壊的な条件をたくさん創り出してしまいます。この欲求は決して満たされないので、絶え間ない苛立ちや空虚感が希望を拭い去り、ヴィジョンを失わせて、恨みや憎悪、非難、そしてしばしば悪意を誘発することになるのです。悪意に満ちた受動的抵抗や自己懲罰は、ネガティブな状況を引き起こしたように見える相手を罰するために利用されます。こうした心の性質がひどくなればなるほど、罪悪感や自己逃避も強くなり、根本にまで問題を掘り下げて進むべき方向や意識の焦点を変えることができなくなります。すべてを転換するには、偽りの欲求を認めることへの抵抗を、精力的に克服しなければなりません。

本当の欲求は、人を従わせようとしたり、「それをよこせ」などと要求したりしません。小さな自己にとってのみ、そうする必要があるように見えるのです。魂が愛したり与えたりする準備ができてはじめて、愛や、親しさや、分かちあいに対する本当の欲求が満たされ始めます。それを、神経症的に〝愛されたい〟と思うことと混同してはなりません。ですがしばしば、この二つの欲求は混同されてしまいます。本当に人を愛したがっていると信じていても運命が好転せず、愛したい人や自分を愛してくれる人があらわれなければ、相変わらず親の代理に子供のころの欲求を満たしてもらおうと一生懸命になるのです。過去の問題を手放して今に生き始め、自己の内面を見る準備が真にできたとき、本当の愛がやってきますし、現在の本当の欲求は満たされるでしょう。

本来の感情や過去から引きずっている感情を体験すればするほど、正当な欲求はどんどん満たされます。本来の欲求が満たされず、痛みを感じたことを認めなかった結果として偽りの欲求は生じたわけですが、感情を体験するとは、こうした偽りの欲求を見つけ出して手放すことを意味するのです。子供の状態に戻ってください。内なる不合理な子供を表現してください。

この不合理な側面に言葉を与えるとしたら、常にこう言っているのに気づくでしょう。「いつでも誰からも愛され、誉めてもらわなければならない。そうでなければ、破滅だ」。人に服従を強いる手段として、こう信じなければならないと自らに言い聞かせているのです。わがままやプライドを完全に、無条件に満たそうと飽くことなく求めながらそれを実現できなければ、実際に人生は、破滅的な状況であるように見えることでしょう。あなたが多くの面で成熟しているとしても、周囲に対して一貫して不安や不快感をおぼえているなら、こうした反応が隠れていないか探してみてください。

以上を徹底的に考えて明らかにすると、それまでのように破滅を信じることはできなくなります。ですから欲求不満に対する、つまり痛みや批判や不平に対する、強い反応にとらわれてしまっている考え方あるいは誤解を見つけ出すことが必要です。そうすれば本物ではない欲求に気づき、さらにはそれを長引かせ、追い求め、正当化してきた復讐心にも気づきます。**本物ではない欲求とは、人に対する要求**ですが、それは決して満たされません。

自分自身に頼って一人ぼっちでいるか、満足のいく人間関係を築いて人に依存するかのどちらかを選択しなければならないという二元的な誤解を抱いていると、しばしば自己責任を引き受けようとさえ思えなくなります。自己責任を引き受けるには、パートナーと愛しあうという希望を捨て去らなければならないと思ってしまうからです。実際は反対なのです。感情を自己に引き戻し、内なる資源を利用して、与えようとする気持や愛そうとする気持ちの泉を開くとき、充足感は必ずや、現実に得られるのです。対照的に、人に満足させてもらうことに固執すればそれだけ孤独になり、現在の本物の欲求は満たされなくなります。そうすると、子供時代の古傷を持ちつづけなければなりません。あなたの現在の状況は、何よりも信頼できる「測定器」になるわけです。

霊的な自己が偽りの欲求を捨てて本物の欲求を表現するとき、つまり、気づきや自己実現の障害を取り除いて人と親密で近しい関係を持とうという欲求を表現するとき、驚くべき力が目覚めます。これこそが、そこから他のあらゆるものが派生するような、きわめて重要な目標なのです。このような願望をあらわにしたとしても、石をぶつけられたりはしません。本物の欲求を表現するために必要な、完全なコミットメントをする強さが今はないと感じても、それができるように助けを求めればよいのです。助けは必ず与えられます。

現在の傷は偽りの欲求を追い求めている結果である

内面でくすぶりつづけていながら長いこと忘れていた過去の痛みをどのように避けていたのかがわかれば、自分が人を責めつづけていたことにも気づくでしょう。両親がどれほどの失敗をしたとしても——両親も、欠点のある人間ですから——あなたが現在苦しんでいることに責任があるわけではありません。ましてや、あなたがこれまで経験してきた損害を償ってもらいたいと思っている他人に責任があるはずもありません。今傷ついているのは、偽りの欲求を追い求め、それを満たすことに固執している自分の歪んだ態度のせいなのです。このメカニズムは、最初はきわめて些細なものに見えます。しかし、観察する練習をすれば、非常にはっきりしたものになるでしょう。メカニズムに目を背けたままでいることを選んでいるうちは、自分の言い分を論理的に説明するのは非常にうまくできるかもしれませんが、それは単に状況を悪くするだけで、よくすることはありません。実際に人を騙して、自分の言い分が正当なものだと信じ込ませることはできるかもしれません。表層の意識的自己を騙すこともできるかもしれません。けれども、真の内なる自己や生命は騙せません。生命はその法則や規則を、非常に厳格に、公正に、偏りなく適用します。生命は、あなたが真実に気づくのを待っているのです。その真実とは、認識されていない子供時代の正当な欲求が、「十分に体験するのは気が引けたり堪えられなかったりする怖れや痛み」を創り出しているということです。けれども、その杯は飲み干さなければなりません。それをきちんと味わおうとしないと偽りの欲求を創り出してしまい、さらにはその欲求の性質や意味も隠されてしまいます。完全に明るみに出せば、それにきちんと対処できるわけです。

偽りの欲求を追いかけていると堪えがたい苦痛を味わうことになります。それは厳格で窮屈で苦々しい上に、絶望がつけ加えられた苦しみです。本当に満たされなかったり、傷ついたり、失ったりする苦しみとは、かなり異なったものです。しかし、こうした困難を本物ではない欲求と結びつけなくなった瞬間に、痛みは消え失せ、本来の、あふれる、生命をもたらすエネルギーの流れに戻ります。ひどい苦しみは、あるがままの状態に抗うことによって生じるのです。あるがままを受け入れるときの苦しみは、ささやかなものです。

本物ではない欲求の達成を求めることを手放す

とりわけ飽くなき要求や本物ではない欲求を一つひとつ手放してゆくとき、それらが実際は幻想だと気づくでしょう。「完全な承認、無条件の受容や愛、無批判の賞賛などがなければ生きてはいられない」といった前提から、あなたは出発しました。そうした要求を満たさなくても、充足感、満足、喜び、幸福は得られるかもしれないと考えてみると――はじめのうちは奇抜な発想かもしれませんが――それがまったく実現可能だと気づいて驚くはずです。古いやり方にあまりにも夢中になっていたために今まで気づきもしなかった、新しい生き方や新しい可能性が姿をあらわすのです。

人生に障害や不満足や堅い壁などがある場合には、本物ではない欲求を自分の中に探す必要があります。きっと、内面の抵抗がこう言っているのに気づくでしょう。「このやり方でなければならないのだ。人生はそれを与えなければならないし、自分はそれを受け取らなければならない」。この声を見つけ、表面化させてその欺瞞に気づくとき、瞬時に何かがほぐれます。これまで本物ではない欲求を本物として当然視してきたけれど、その正当性を疑うようになった、という事実が創造的なエネルギーを生み出すのです。存在の内奥から、**太陽神経叢の中心から、知恵の声が導いてくれるのです。**

ここで述べたプロセスを成しとげて解き放たれるエネルギーは、幸福や豊かさや楽しみをもたらす物質的なエネルギーばかりではありません。そのエネルギーは、内奥の霊的自己である真実や知恵の声を解き放つのです。

内奥の感情を掘り下げたとしても、堪えられない痛みに自己を見失う怖れはありません。子供時代がどれほど苦しいもので、どれほどネガティブな経験をし、どれほど両親が残酷であったとしても、それは痛みの本当の原因ではないからです。あなた自身が、偽りのものになってしまっている欲求にこだわり、それを要求しつづけていることが原因なのです。つまり「状況は変わるべきだし、人生はすべてを償い無条件に譲歩すべきなのであって、その間、自分はただの受取人として人生というすばらしいゲームの外に立っているべきだ」と思い込んでいることが原因なのです。そのために今、ひどく傷つき、苦しんでいるのです。あらゆる局面で、まずは自己自身を知ることから始めなければなりません。そうすれば、ネガティブで痛みに満ちた感情と同じくらいに、ポジティブな感情も深く実感できるようになります。

自らのワークに少しでも光と導きをもたらすものを、みなさん一人ひとりが今夜のレクチャーのうちに見つけ出しますように。つまり、自己を奴隷状態から解放し、分離させるのではなく統一するための、ささやかな動機づけ、希望、力、内的な自尊心などを見つけ出していただきたいのです。親愛なるみなさん、自己実現と自由への栄光に満ちたこの道を、安らぎを持って歩んでください。幸せであってください。神のうちにあってください。

Chapter 10 感情的依存によって妨げられた、経験の無限の可能性

人がはじめに想像できないものは実現できないというのは、宇宙の法則です。ガイドはこのメタフィジカルな概念から出発し、私たちが外界の承認に依存しつづけるために自らを狭い制限の中に閉じ込めてしまう子供っぽい自己へと話を進めます。幸福や充実感は、私たちの生まれながらの権利です。しかし、どうすればそれを実現できるのでしょうか。これは本当に、マインドを拡大するレクチャーです。

§

こんばんは、みなさん。今日もまた、「今滞っている場所」から抜け出せるように、お手伝いをしようと思います。

「創造の可能性は無限であり、幸福の無限の可能性を実現する能力は人間一人ひとりの内奥に存在している」

というのは、すぐれた霊的教えが口をそろえて言ってきたことです。ほとんどの人は、この教えを聞いたことがあるでしょう。少なくとも原則としては信じている人もいるでしょうし、理論として受け入れるのさえためらう人もいるでしょう。この原理を理解する上での障害のいくつかを、克服しましょう。

世界の一切のものは潜在的状態で存在している

まずはじめに、「新しいものを創造できる人は誰もいない」と理解することが大切です。あらゆる新たなものを生み出すことも不可能です。しかし、すでに存在しているものを出現させることはできます。あらゆるものは、文字どおりあらゆるものは、〝意識のほかの次元ですでに存在している〟というのが事実なのです。あらゆるものという言葉では、この概念の大きさを伝えられません。人が神の無限性や創造の無限性について語るとき、それはその意味の一部でしかないのです。あらゆるあり方も、経験も、状況も、概念も、感情も、物体もすべて、すでに存在しています。あらゆるものは、完成品をすでに含んだ潜在的状態で存在しているのです。人間にとってこの考え方が理解しづらいのはわかっています。なぜなら、この考え方はみなさんの平均的な意識レベルでの考え方、あり方、体験の仕方とはまったく反するものだからです。けれども、このテーマについて思索を深めてゆけば、これを認識し、知覚し、理解するのはやさしくなってゆきます。創造の原則とは、「すべてはすでに存在しており、人間はこうした既存の可能性を出現させられる」というものです。この原則を知り理解することが、人生の無限の可能性を十分に体験する上での、必須要件の一つなのです。

人生での新たな発展の可能性や新たな体験の範囲を創り出せるようになる前に、この創造の法則を、困難や制限、障害、閉塞などを感じている問題のある人生の領域に、あてはめられるようにならねばなりません。真の自己を健全に明らかにできるようになると、健康的な人格を創り出せます。それは、次のことを学び理解すれば実現できます。つまり、創造の法則は人格の問題領域に適用できてはじめて役に立つということです。**どんな可能性でも、想像できれば実現できます。**争いにはまり込んでしまって、抜け出せないでいるとしましょう。出口を想像できないうちは、すでに存在している解決の可能性はまったく実現できません。出口についてぼんやりと、あるいは非現実的にしか考えられない場合には、単なる可能性として思いついたその場しのぎの解決策も、ぼんやりとしたものや現実性のないものとなります。これは人生全体にあてはまります。あらゆる状況に無数の可能性が存在していることを本当に理解すれば、それまで解決策を見出せなかった状況でも、それを見出せるようになるのです。

この創造の法則を利用し、手を伸ばして無限の可能性を開花させ、人生がもたらすものを完全に享受できるようになることは、人間の特権です。自分の人生が制限されていると感じるなら、人生は制限されたものだと信じ込んでしまっているだけのことです。あなたは、今まで経験してきたことや、現在、経験していること以上のものは考えられません。これが第一の障害となっています。ですから、幸せの可能性を拡大するには、**まずは想像しなければ何も人生にもたらせない**という原則を、マインドが理解しなければならないのです。この言葉を、本当にじっくりと考えてみるべきです。なぜなら、この概念を理解できれば新たな扉が開かれるからです。発展や幸福のさらなる可能性を考えることと、夢想にふけることとは、まったく別ものであることも理解すべきでしょう。退屈な現実の代わりに空想にしがみついているような、「憧れながらもあきらめている夢想」は、ここで言っていることとはまったく違いますし、実際には、人生の可能性について適切に想像するのを妨げてしまいます。本当に実現できるものを精力的に、積極的に動的に考える必要があるのです。「生み出したいと望んでいることは原則的に存在している」とわかれば、その実現に向けた一歩を踏み出していることになります。

回避的動機は新たな展望を締め出す

ですから、自分が人生の可能性として実際に想像していることをじっくり考えてみる、これをみなさん一人ひとりにおすすめします。自己自身をよく調べてみれば、当然のことながら怖れたり、避けたようとしたり、それから身を守ろうとするようなネガティブな可能性を想像している事実にまず思い当たるでしょう。起こるかもしれないネガティブな体験から身を守るためにサイキックなエネルギーのほとんどを使っているなら、動機はネガティブなものです。

ネガティブな動機とは、必ずしも破壊的な意図を意味するわけではありません。さらに言えば、この文脈でのポジティブな動機は、きわめて破壊的な意図や目的をも意味し得るのです。精神的な、また感情的なプロセスをつぶさに調べてみれば、自分がかなり、ネガティブな動機を持っているのがわかるでしょう。これが、想像上の不必要な牢獄にあなたを閉じ込めてしまう、第一の障害の一つです。もちろんこれは、人格のあらゆるレベルについて言えます。メンタルなレベルにもあてはまります。体験にせよ、発展にせよ、刺激にせよ、この人生で達成する特権を与えられているあらゆる驚くべき、幸せな可能性の限りない展望を、メンタルなレベルで思い描けていないのです。これは感情のレベルにもあてはまります。そこでは感情が自発的に自然に流れるのを許しておらず、怖がり、心配し、懐疑的になって、引きこもってしまっているのです。これは肉体のレベルにもあてはまります。そこでは、本来体験すべき楽しみを肉体に味わわせていません。これらは、不自然で不必要なのに自己に押しつけている制限です。

ありがちな一連の誤解

あなたの人生を拡大したり、人生のあらゆる可能性のうちの最善のものを想像したりすることを妨げている別の障害は、世に広まっている以下のような一連の誤解です。

「本当に幸せになるのは不可能だ！　人生はひどく限られている。幸福、快楽、エクスタシーは軽薄で利己的な目標であって、真に霊的な人間は、霊的に進化するために、そのようなものを捨て去らなければならないのだ。犠牲と自制こそが霊的な進化の鍵だ」

これ以上説明する必要もありませんが、この深く刻まれた誤解は、意識的なものというよりは、しばしば無意識的なものです。意識的にどう信じていようとも、この一般的な考え方に固執してしまう微妙な癖を発見する必要があります。純粋な欲求や本当に建設的な目標をまったく安全に、正常に達成する手だてを講じる気になれないでいることに注目すると、この微妙な反応を見つけ出せるかもしれません。何かが足を引っ張り、努力をさせないかのようにあなたは感じています。気乗りがしないことには、他に多くの理由がある場合もよくあります――そのいくつかについては手短に扱うことにしましょう――しかし、まったく意味を成さず、望ましい目標も持たないネガティブな観念を受け入れてしまっているだけの場合もしばしばなのです。

幸福や楽しみを怖れたり、人生のさまざまな可能性を広げることを怖れたりするのは、それらが実現できることを知らないからです。あるいは、望むものを創造したりもたらしたりするためのあらゆる力や能力や資源が、自分に備わっているのを知らないためです。「快楽は悪である」とか、「個人的な成功を求めるのは利己的である」などという誤解を抱いているせいもあります。幸せを怖れるのは、「もし宇宙の力の流れを常に信頼してそれに従うと、自分は消えてなくなってしまうのではないか」と怖れているからでもあります。宇宙の力の流れを信頼するには、エゴの意志や力を手放して、自己の深い性質に備わる有益な力に身をゆだねる必要があるからです。

弱さと他者への依存とを隠す企み

この世界にいる人間は誰でも、恐怖と弱さとを持っています。人格のこの側面は強い羞恥心を引き起こすため、しばしば意識的なマインドからも隠されてしまいます。弱さと依存を隠すには、さまざまな「企み」

が考え出されます。弱さと依存があると、まったく絶望的に感じたり、自分の存在を肯定できないように感じたり、自己の真実や正直な気持をも守れないように感じたりするからです。魂のこの領域に関しては、不承認、非難、拒絶などをかわそうとして常に自己を売り渡し、裏切らないではいられなくなります。周囲に受け入れられたいという欲求は、人格が他者をなだめるために用いる手段に比べれば、恥ずべきものではありません。自己を守る方法は、心理上きわめて重要なので、それが人生でどのように働いているのかを理解すべく努力しないと、思いきった自己浄化はできません。あなたがすでに発見し、おそらく取り除こうとし始めている防御のメカニズムは、次のどちらかでしょう。一つは、明らかに生存にかかわるように思われる他者の容認を得る方法。もう一つは、恥ずべき服従を、それとは一見まったく逆であることが多い無関心や敵意、あるいは衝動的で無分別な反抗と過度の攻撃性によって隠す方法です。

内なる子供は他者の承認を求めつづけている

無力に感じられ、自分を裏切らないわけにはいかない、そう思わせる内面の怖れを持った弱い部分ほど、人間に強い苦痛と恥辱を与えるものはありません。みなさんも、人格のその領域は子供のままだということはすでに知っているでしょう。人格は全体的に成長をとげており、もはや無力なわけでもなく、また人に依存する必要もないのですが、そのことにいまだその子供は気づいていないのです。幼児や小さい子供は実際に無力ですし、親に頼らなければなりません。しかし大人になったあなたにとって、それがもはや真実ではないことを、自己の子供っぽい側面におけるあなたは知らないか、知りたくないだけなのです。

幼い子供は、基本的な生存条件のすべてを両親に頼っています。住居、食事、愛情、保護、そして最後にくるものの重要性は変わらない、なくてはならない快楽の供給です。人間は楽しみなしには生きられません。この真実を否定するのは、最も有害な誤りの一つです。肉体も、魂も、マインドも、霊も、楽しみがなければ衰えます。大人であれば、自分の努力や資源によって住居や食事、愛情や安全を見つけることができますし、楽しみについても同じく見つけられます。これらのすべての分野において、程度の差はあれ、人との接触や協力や対話があるはずです。以上の必須条件はどれも、他の人々との交流がなければ得られないわけです。しかしこの交流は、小さな子供の受動的で無力な依存とはまったく異なるものです。完全な大人は、持てる最高の力、知性、直感、才能、観察、柔軟性などを用いて人と上手にやり取りをします。公正さについて、成熟した感覚を持っているので、十分な柔軟性を持って妥協できます。また自意識が確立しているので、踏みにじられたり虐待されたりしないように、しっかりとした自己主張もできます。このように、上手なコミュニケーションのバランスをとらなければならないことが多くありますが、その方法は教えられるものではありません。それは、人格の成長を通してのみ達成されるものなのです。

子供はこのバランスを取れません。まったく一方的に要求するばかりです。なぜなら、そうする必要があるからです。楽しみにも同じことが言えます。子供たちが内奥にあるあらゆる楽しみの根源を確立して利用できるようになるには、親の許可がなければなりません。親の許可によって、子供は上手に安全に、人と意義ある触れあいが持てるように育つわけです。しかし、もしあなたが楽しみを経験する際に人の許可を必要としているなら、あなたは今でも子供や幼児の立場にあります。くり返しますが、これは誰もが他者なしに生きられるということではありません。大人にとっては強調すべき点が違ってくるということです。大人は自己の内面に、すばらしい感情のつきることのない泉を見出せます。こうした感情が活発に働くとき、心配や弱さは存在し得ません。

成長が部分的に阻まれているとき、あなたは内奥にある豊かな感情の源を利用できるようにしてくれる親代わりの人物がやってくるのを待っています。あなたはそうした楽しい気持を知っているし憧れてもいますが、自分がもはや、そうした感情を積極的に感じたり表現したりする上で誰かの許可を得なければならない子供ではない、ということがわかっていないのです。このため悪循環に陥ってしまうわけですから、これは人間の悲劇と言わなければなりません。誤解が真実として受け取られると、すぐに悪循環が始まります。そして本来利用可能なエネルギーの長所であるはずの〝喜びの流れ〟が滞ってしまいます。その結果、人生は退屈でくすんだものになってしまうのです。

生きることの強烈な喜びを否定することは、すなわち、身体と魂と霊に流れるエネルギーを感じる喜びを否定することは、生命の否定にほかなりません。このような否定にあうと、子供の心はくり返し喜びが奪われ、望みが叶わないことにショックを受けます。ショックによってその領域での成長は妨げられ、結果として、人格が全体的に偏って成長することになります。泣き叫び、要求し、怒っている無力な子供が今でも内面に存在していることを、大人の意識的なマインドは無視しています。快楽や満足を自由に追い求められるし、ほしいものや必要としているものを手に入れられる能力を持っていることに気づくのも自由なのですが、あなたはそれに気づいていません。これが、人格における最も深刻な分離の一つなのです。

悪循環と強迫的傾向

誰もが持っている「子供のままの魂の隠された領域」について、もう少し詳しく見てみましょう。あなたは、この事実をどこで見失っているのでしょう。内なる子供《インナーチャイルド》は、大人のあなたの権利や能力をどこで見失っているのでしょう。前に言った、とりわけひどい悪循環は次のようなものです。つまり、宇宙のあらゆるものはすでに存在しており、必要なものは何でも人生に出現させることができるのですが、これを知らないと、ほしいものや必要なものを手に入れるために外側の力や権威に頼りたくなってしまうということです。事実を歪んで認識しているために、間違った源に欲求を満たしてもらおうと期待してしまうわけです。そのような期待を抱いても、欲求は永久に満たされません。**満たされなければ満たされないほど、欲求は切迫してゆきます。欲求が切迫すればするほど、依存、すなわち期待も大きくなります。**そして、自分の欲求をかなえてくれそうな人を喜ばせるための努力も、常軌を逸するようになります。結果として絶望的になります。企て自体が非現実的なのですから、頑張れば頑張るほど欲求を満たせなくなるわけです。意識的には、そのことはまったくわかりません。どのような力に突き動かされているのかも、どの方向に突き動かされているのかもわからないのです。欲求を満たそうと必死になるあまり、自己を裏切り、自分の真実や最善のものを裏切ることになるので、絶望的になってしまうのです。そして、苛立ちながら努力をして、自分を裏切ってしまうことが、**強迫的傾向**を生み出します。

強迫的傾向は、かすかにあらわれたりまったく目に見えなかったりしますが、感情を完全に麻痺させてしまいます。それは必ず他にも影響を与え、合理的な当然の結果を引き起こします。**いかなる強迫的傾向も、人に抵抗を生じさせ、尻ごみさせてしまいます。**強迫された行動が、利益や喜びにつながるものであったとしてもです。こうして、悪循環はつづいてゆきます。人が協力したり与えたりするのを意地悪にも拒んでいることが自分の不満の原因だと思い込んでいるのですが、その不満が長く続いていると、怒りや憤激ばかりでなく、復讐心や、程度の差はあれ残忍な衝動さえもが魂にもたらされることになるでしょう。そうなると罪悪感が生じるので、いっそう人格を弱らせてしまいます。人生の源と見なしている人を敵に回さないためには、破壊的な感情は隠すべきだという結論に達し、混乱の網はどんどんきつくなってゆきます。なぜなら、同じような破壊的感情をくり返し抱いて、誤解、歪曲、幻想の罠に完全にはまってしまうからです。そして、あまりにも長いこと欲求不満のまま放っておかれたために憎み、恨んでいる相手に愛され受け入れられることを渇望するという馬鹿な立場に自分が身を置いている事実に気づくのです。深く恨んで、罰してやりたいと考えている人に一方的に執拗に愛されようとしていると、罪悪感は高まってゆきます。というのも、マインドは真の自己のメッセージを解釈したり、それと内なる子供《インナーチャイルド》が発したメッセージとを区別したりはできないかもしれませんが、真の自己は常に目覚めていて、自らの反応をマインドのうちに閃かせるからです。

他者によって欲求が満たされないと、「自分には強く望んでいる楽しみを味わう権利がある」という確信もゆらぎます。そしてその楽しみを望むこと自体が間違っているかもしれないとさえ、漠然と思うようになります。こうして人は、楽しみに対する本来の自然な欲求や願望を、別の方向に昇華させようとし始めます。すると別の、いくぶん衝動的な欲求が生まれます。そのあいだずっと、深く隠された本来の欲求の力と、それを満たす権利はないのではないかという疑いとに引き裂かれることになります。そして、自己の権利を疑えば疑うほど、外側の権威による再承認に依存するようになります。外側の権威とは、親の代理や、世論や、あなたにとってまったく真実ではない言葉を述べるある種の人々のことです。

この悪循環がつづけばつづくほど魂の喜びはどんどん少なくなり、不快感が蓄積されてゆきます。このような人はますます絶望的にならざるを得ず、満足などできはしないと思うようになります。心にあきらめを抱くときがやってくるわけです。

心のうちに、少なくともある程度こうした弱い部分を持っていない人間は、一人もいません。この秘密の領域では、あなたは無力に感じ、依存したがっているだけでなく、ひどく恥ずかしく感じています。そしてその恥は、どんなときでも権威の役割を果たし、喜びや安全や自尊心を得るために必要なものを与えてくれると思われる人をなだめる手段のせいで生じるのです。

強迫的傾向というものは「〜ねばならない」と言うので、あなたは人に、自分が望んだり求めたりするとおりに在り、感じ、行動するよう要求します。しかし、こういう要求を表にあらわすことがまったくないかもしれません。実際、表面的にはまったく自己主張をしないこともあり得ます。自己を健全に主張できなかったり、主張するのを難しく感じているなら、それはまさに、恥ずべき恐ろしい強迫的傾向が根底にあることを隠さなければならないと思っているせいです。強迫的傾向が恐るべきものなのは、それが明らかになれば大きな非難や不賛成を引き起こすだろうし、ひょっとするとあからさまな拒絶を引き起こす可能性さえあることをよくわかっているからです。

自己のこの領域に精力的に立ち向かいましょう。人生と自己の最善の可能性を実現したいと思うなら、そして、人生に無限に善きものを創造する自分の無限の能力を発見したいなら、この領域に取り組まなければなりません。

「～ねばならない」という気持をひそかに他者に投影する程度がひどくなるほど、自分の力を不活発にしてしまいます。その結果、あなたの肉体、魂、マインドは麻痺し、不活発になります。そうなると、自己の核には入れません。自己の核とは、あらゆる種類の満足や喜びを手にするためのすべての現実的な約束や、すべての可能性が存在している場所です。あなたは愚かにも他者に固執しており、それが心の中の憎しみを引き出すのです。反対に、自己の核に宝を探すなら自由になれます。そのとき人との触れあいは、愛を引き出す喜びに満ちた贅沢になります。

人に依存しなければならないと信じて、内なる密かな圧力を相手にかけつづけているなら、利用できるエネルギーの供給も少なくなってきます。エネルギーは、自然で、正しく、意義のある方法で使われるなら、枯渇することはありません。それはみなさんがご存じのとおりです。エネルギーは間違った使われ方をしたときにだけ、つきてしまうのです。この強迫的傾向を働かせるために人間が用いる方法は、数え切れないほどあります。たとえば、さまざまな程度の服従や、受動的な抵抗、悪意、引きこもり、協力の拒否、外界への激しい攻撃、臆病などがあります。また、権威の間違った影響で説得されたり、自ら権威の役割を果たして説得したりすることなどです。しかし、以上の方法はすべて、根底ではこう主張しています。「あなたは私を愛し、私が必要としているものを与えなければならない」と。このようなあり方に見さかいなく陥れば、ますます力を失ってゆきます。そして、ずっと必要とし、ほしがっていたものすべてを見つけられる場所であるはずの、真の内的生命の核からも遠ざかってしまうのです。

手放す――解き放つ

健康へと**魂の力を向けなおし**、その本来の性質を取り戻すには、次のことが必要です。すなわち、生きていく上での欲求を満たしてくれると期待し、そのために同時に恨んでもいる特定の人を手放さなければならない、ということです。みなさん全員が、人に期待して、自分以外には誰も満たすことのできない要求を相手につきつけていることに気づくべきです。本当の愛を含め、必要とし渇望しているものは、魂に恐れがなくなったときにのみやってきます。そして、愛を与えたり受け取ったりする際に伴う感情の力もまた、自己の内側にあることはおわかりのはずです。自分が大人であるのを否定して子供のように誰かにしがみついていると、言葉の十全な意味において自分を奴隷にしています。自分を奴隷にすればするほど受け取ることも与えることもますますできなくなり、どんな種類のものであれ、活き活きとした体験についての本当の感情も内面の居場所をなくしてしまいます。

怖れと怒りは魂のかなりの部分を占めてしまうため、パスワークで学ぶ無害な方法に従って、こうしたネガティブな感情を解き放つ必要があります。恐怖や怒りを解き放つと、よい感情のための空間ができるからです。しかし、非常に多くの人が、閉じこもった、麻痺した状態にあります。怖れや怒りを表現するというのは、最もしたくないことなのです。原則としては、そうしたネガティブな感情があることを認めるかもしれません。しかしまだまだ、ネガティブな感情を直接表現してその責任をとるよりも、無意識的にあらわにするほうがよいと思っているのです。そして都合よく人に振り向いてもらうために、今でも偽りの完全さ(自分では、そんなものが心の中にまだあるとは認めたくないかもしれませんが)を主張するわけです。同時に、ポジティブな感情を怖れているために、必死になってネガティブな感情にしがみついてもいます。これもまた同じ悪循環の、さらに別の側面です。

「幸福を生み出す権利や能力を発揮できるかどうかは自分の責任である」と認めると同時に、「ネガティブな感情を抱きつづけていることも自分の責任である」と認められないと、怖れながら生きてゆかねばならなくなります。その結果、恐怖を取り除くためにいろいろなことをしなければならなくなるのです。こうしてネガティブな動機が生じます。ポジティブな体験や喜びに満ちた、発展と成長をつづける人生を創造するのではなく、その場しのぎの逃げを打つような人生を生きることになります。ネガティブな感情を表現する恐怖を回避しようとするわけです。もしその感情を表現してしまえば、実際には自己の内面から獲得しなければならないものを、人から受け取れなくなってしまうと思うからです。つまり自己の救済を人に託してしまっているわけですが、救済が他からやってくることは決してありません。

こうした、あらゆるネガティブな要素の認識が根本的に欠かせないことはさておき、人生を新しい方向に進めるには積極的に手放すことから常に始めなければなりません。これは、依存性自体にきちんとしたやり方で気づく機会を得ていない人に強制することはできません。ですが、ひとたびきちんと気づけば、それまでしがみついていたものを手放せるようになります。魂の諸力のバランス構造に変化をもたらし、よい循環を永続させ始めるためには、この解放が起きなければならないのです。

自分の不満を正当化するように思われる理屈をこねることも、進んでやめる必要があります。なぜなら、人生を自己や人に説明する際に、自らの願望や欲求や要求がそれ自体悪いものではないので正当化されると語るばかりでなく、相手にとっても利益になるものであるかのように語るのは、いつでもうまくできるからです。語る内容自体は、まったくの真実かもしれません。原則的には、あなたが望んでいるものは実際によいものかもしれないし、自分の権利の範囲内のことかもしれません。けれども、秘められた感情の強迫的衝動に訴えるとき、間違ったやり方で満足を求め出し、自分が求めている自由は人には与えようとしなくなります。愛したり受け入れたりする相手を自由に選ぶ権利や、そのような自由を主張したからといって拒絶されたり憎まれたりしない権利を、人には与えないのです。憎まれたり完全に否定されたりすることなく間違いを犯す権利を与えようとすらしません。これは自分には与えてほしいと切に願う自由であり、与えてくれない相手をひどく憎むくせにです。この場合、一定の感情的なレベルでは自分と同じ自由を人には認めないのですから、あなたは決して妥当な自己弁護はできません。きわめて注意深く観察すれば、以上が本当のことだとわかるはずです。そしてそれがわかれば、人が自分が望むとおりに感じたり行動したりするかどうかに人生は左右されると感情的には信じつづけていても、公正さや客観性の感覚のおかげで、必死になってしがみついているものを手放せるようになります。

首枷をとる

後戻りしてしまうことは今後も避けられませんが、それが何度あったとしても、この最初の条件を満たせるようになれば、内なる自己の源へ向けて大きな前進をとげられるでしょう。その源では、弱さや不安、怖れや怒りの鎖から解き放たれます。誰もが、ある種の首枷に苛立っています。自己主張をする勇気を持てなかったり、どんな選択肢も間違っているように思われてまったく身動きできなかったり、こうした出口の見出せない状況になると、その首枷のせいで人に頼りたくなり、不安になるのです。困難な道程でさえ自分にふさわしいものとわかって乗り越えられるとき、自分自身を好ましく感じ、快活な力や幸福感を得られるものです。しかし、目に見える選択肢に頼っても、そうした感覚や力を得られないのはおわかりでしょう。みなさんのほとんどが、真の自己が内面で自由に働いているときの内なる英知の状態を、少なくとも、たまに体験したことがあります。**その真の自己を完全に引き出すことが、私たちの目標なのです。**

真の自己を解き放つには、**人生で最も縛られており、最も不安をおぼえている領域を探す**べきです。ひどく縛られて、恨みを抱き、恐れて、弱く、自分自身でいられないとき、「人に与えてもらいたいものは何か」と自問してください。首枷を実感してみてください。自分で手に入れなければならないものを人から得ようとするのをやめたときにのみ、この首枷ははずせます。人から貰いたいと思っているものを一つひとつ、**箇**

潔な言葉にしてみてください。すると、だんだんと手放せるようになってゆきます。そしてこれが、自己を奴隷にし、弱め、麻痺させる理由となる衝動的欲求だとわかることでしょう。それを手放せば、自己の内側から生じる、新たなる活き活きとした力を体験し、その力が解決不可能に見えていた問題をすぐにも調停してくれます。手放し、自由にしてやるとき、自分自身も自由になれるのです。つまり、エゴのレベルで敗者となってはじめて、善き人生を創造する力が発揮される真の自己のレベルで勝者となれるわけです。

反対に、手放したり、公平であったり、人を自由にしてあげたりできず、エゴのレベルで勝つことや自分のやり方にこだわって、「負けてなるものか」と思っているとします。その場合、エゴのレベルを含んだ自己の真の力を見出せるレベルで勝利することはできません。イエス・キリストが「生きようとする者は命を投げ出さなければならない」と言ったとき、このことを意味していたのです。レクチャーのはじめのほうの一つで、私が「手に入れたがっているものは手放さなければなりません」と言ったのも、このことを述べていたのです。

私たちはここで、意識のさまざまなレベルを扱っています。**犠牲やあきらめはまったく必要ではない**ことをはっきりと理解していただきたいと思います。必死になって外側の源に圧力をかけたところで、ほしいものや実際に手に入れなければならないものを獲得できはしないと言いたいのです。**強調点を変える必要があります。**間違ったレベルで勝たなければならないと思っているなら、本当に勝つことはできません。**エゴのレベルで負けることができれば、真の意味で勝利します。**そのとき、考えられるあらゆる力が存在している自己の核に、必ずや到達できます。自分にとって都合がよいかどうかにかかわらず、ありのままでいる権利を人に与えるとき、自分自身の諸権利も本当に見つけ出せるようになるのです。

こうした権利を見つけ出すのは、着実な成長のプロセスです。自己を裏切ったり貶《おとし》めたりしないようになると、このプロセスはあらわれ始めます。虐待されないための、本物の効果的な防御法を見つけられるようになり、それを心地よく感じるようになるのです。その後、喜びや幸福に対する自分の権利が、絶えず拡大しつづけているのに気づくようにもなります。自分が本来可能であった人生のヴィジョンに近づいていることが、つまり、存在するとは夢にも思わなかった可能性に近づいているのがわかるでしょう。にわかに、楽しむことを自分に許すようにもなります。これまで思わずやってきたように、自己を束縛して楽しみを避けることがなくなります。自然なプロセスを台無しにするのはやめて、それを信頼できるようになるのです。するとと、人生の豊かさや安心感への道が開かれるのですが、それらは真にすばらしいものです。心の中の強迫的傾向を手放して取り除くとき、自由で、強制のない人間関係の美しさを体験するでしょう。古い依存のパターンに生きているときには、自分の望むことを人にさせなければなりません。ですから、あなたがたは相互的な強迫的傾向を持っているのです。しかし結果として、自分の力を弱め、たくさんのネガティブな感情を生み出してしまいます。このネガティブな感情のせいで、よい感情だけでなく真の自己の核にも触れることができなくなるのです。優雅に負けることができれば、内なる宝物、すなわち新たな生き方を見つけ出せます。それはまったく新しい冒険であり、あなたは今それに乗り出したばかりですが、いずれは、ひどく無力で、罠に陥ってしまっているように感じている人生の領域は存在し得なくなることでしょう。

自分を縛りつけ、人生で活躍することを無駄に不必要に阻害している弱さを取り除くために、内なる存在にいたりそれと対話してください。控えめであるのをどれほど称えようと、何の益もありません。人類が何千年にもわたってしてきたように、誰もが喜びは悪であり、軽薄であり、霊性に反するといって、さまざまな方法で自分を押さえているのです。自らの無力さを美化する言い訳をひそかにすることで、利益に見えるものを得ているかもしれません。けれども、このような弁解をしているなら、真に自己とは向き合えません。自分の弱さと依存性とを直視し、人に「あなたは〜しなければならない」と言いたがる強迫的傾向を直視してください。そうしてはじめて、自分の強さや美しさに、また自己のうちに計り知れないほどに存在するあらゆる能力を直視できるのです。

今ここにある偉大なる力の祝福を受けてください。そして、自己の内側にある偉大なる力の祝福を、よりいっそう受けてください。平安のうちにあってください。神のうちにあってください。

•

Chapter 11
危機の持つ霊的な意味

人生には、突然あらゆるものが終わってしまったかのように感じられる瞬間――ときにはさらに長い期間――があるものです。気持はどうしていいかわからない混乱状態にあるというのに、難しい決断を迫る出来事によって私たちは自己の中心から揺さぶられます。どうしてこのような危機は起こるのでしょうか。そして、このようなときに直面しなければならない圧倒的な困難に、どのようにして建設的に対処すればよいのでしょうか。それが、この、魂に染み入るレクチャーの主題です。

§

こんばんは。みなさん一人ひとりを祝福いたします。

危機の持つ真の霊的な意味とは何でしょうか。危機とは、秩序ある宇宙の法則にのっとって変化を引き起こそうとする自然な企てです。意識の意志をつかさどる部分であるエゴが変化を妨げるとき、構造的な変化ができるようにするため、危機は起きるのです。

存在にそのような構造的変化がないと、バランスをとることはできません。危機は、痛み、困難、変動、不安定さ、親しんだ生き方を手放して不慣れな生き方を始めるために感じる不安、などの形であらわれるかもしれませんが、どれも究極的にはそうした再調整を意味しています。どのような形であれ危機というものは、間違った結論、すなわちネガティビィティに基づいた古い構造を打ち壊そうとしているわけです。危機は、染みつき凍りついた習慣を揺り動かし、柔らかくすることで、新たな成長を可能にしているのです。危機は一時的には痛みに満ちていても、すぐに過ぎ去り終わります。しかし、それなしに変化は考えられないのです。

痛みが大きければ大きいほど、意識の意志をつかさどる部分は変化に激しく抵抗しています。しかし、危機は必要です。人間のネガティビィティは、手放すには揺さぶらなければならないほど淀んだ塊だからです。**変化とは生命の不可欠な特徴**であり、生命のあるところには絶えざる変化があります。恐怖とネガティビィティに生きつづけ、変化に抵抗している者だけが、変化を抵抗すべきものと捉えます。彼らは生命そのものに抵抗しているのであって、そのため苦しみにますますきつく取り巻かれることになるのです。これは特定の瞬間ばかりでなく、人間の進化のプロセス全体を通して起こります。

人間は、変化に抵抗しない領域では自由に健康でいられます。そこでは、宇宙の動きと調和しています。絶えず成長をとげており、人生は深い満足を与えてくれるものだと実感しています。しかしその同じ人が、障害を抱えている別の領域ではまったく異なる反応をしているのです。自己の外界においても内界においても、怖れながら変化のない状況にしがみついてしまっています。抵抗していない人生の領域では、比較的に危機を経験せずに生きられます。しかし、変化に抵抗している領域では、危機は避けられません。

人間の成長の役割は、本来無限であるはずの人間の生まれ持った能力を解き放つことです。しかし、ネガティブな態度が滞っているところでは、こうした能力には気づけません。宇宙の真理や、愛や、至福の法則に反する前提の上に築かれた構造を崩壊させることができるのは、危機だけなのです。**危機は、常にネガティブな凍った状態を揺り起こすわけです。**

感情的な、霊的な達成感をめざして歩むには、ネガティビティから自己を解放すべく熱心にワークを行なう必要があります。では、ネガティビティとは何でしょうか。それは、「誤解」です。つまり「誤解」から生じる破壊的な感情や態度であり、行動パターンです。あるいは、擬態や防御です。以上は、それ自体としてはさしたる問題をもたらすものではありません。しかし、それぞれのネガティブな要素を人間の魂の内側で絶えず増幅させる持続力があることが問題なのです。

あらゆる思考や感情はエネルギーの流れです。意識は問題となっているエネルギーの流れを育て、方向づける性質を持っています。エネルギーは、常にその意識の性質に基づきながら、それ自体の勢いによって増大をつづける力です。ですから、根底にある概念や感情が真実と一致したものなら、すなわちポジティブなものなら、エネルギーの流れの絶えざる勢いは、その根底のポジティブな思考を暗示する表現や態度を限りなく増加させてゆくことになります。また、もし根底にある概念や感情が間違いに基づいており、それゆえにネガティブなものである場合にも、エネルギーの流れの持続的な勢いは、**限りなくというわけではありま**

せんが、形成されることになるのです。

ネガティブな感情の持続力

ご存知のように、誤解を抱いていると、それがあたかも真実であると証明するような行動パターンが生まれることは避けられません。そのため、破壊的で防御的な行動が魂の実質にいっそうしっかりと刻み込まれてしまいます。感情にも同じ原理があてはまります。たとえば、怖れは本来、それと対決し、基になっている間違った認識や行動を明るみに出したときにたやすく克服できるものです。表面化している感情がただちに根源的な感情ではないことも多々あります。怖れが怒りのふりをしているかもしれないし、憂鬱が怖れのふりをしているかもしれないわけです。問題なのは、怖れを抱くと、それに直面して乗り越えることに対する怖れがさらに生み出されてしまうことです。つまり、人はある怖れに対する怖れの……「怖れを怖れる」といった具合になってしまうわけです。こうして、怖れは複合的なものとなるのです。

憂鬱を取り上げてみましょう。勇気を持って最初の憂鬱を引き起こした根本的な原因を明らかにしないと、「憂鬱であることに憂鬱」になってしまいます。憂鬱であることに憂鬱になったりしないで、それに直面できるはずだと思うかも知れません。しかし実際には、直面する気がなかったり、あるいは直面できずにいて、さらに落ち込んでしまうのです。こうして、悪循環が生み出されます。

最初の憂鬱――恐怖など他の感情でもいいですが――は最初の危機であって、十分には意識されておらず、その真の意味も理解されていません。そして、それを避けてしまっているために、憂鬱であることに憂鬱になるという持続的な悪循環が始まります。その人の意識は本来の感情からますます離れてゆき、結果として、意識それ自体からも離れてゆきます。すると、本来の感情を見つけ出すのがますます難しくなります。このようにネガティブな勢いが拡大してゆくと、ついにはネガティブな持続力が崩壊します。

真実、愛、美といった永遠の聖なる性質とは違って、歪曲性やネガティビィティは決して永遠ではありません。圧力が充満して破裂するとき、終わりを迎えるのです。それは苦しい危機であって、人はふつう、全力で抵抗しようとします。しかし、宇宙が実際とはまったく異なって創られており、ネガティブな持続力が**永遠のもの**だと想像してみてください。それは、永遠の地獄を意味することでしょう。

ネガティブな持続力のこの原則は、不満や怒りの場合に最も顕著です。当初の不満自体は不満を持っていることに対する不満よりも我慢しやすいことは、多くの人が比較的たやすく理解できるでしょう。同じように、自分が怒っていることに怒っていたり、我慢ができない自分に我慢ができないなどという場合にもあてはまります。つまり、根底的な原因を明るみに出して、それを直視していないために、違った反応の仕方がしたくてもできないという場合です。そのため、怒り、不満、苛立ち、憂鬱などといった感情の「危機」は、ありのままに認識されないのです。すると、ネガティブな持続力はどんどんと強まってゆき、しまいには高温の蒸気が爆発することになります。こうして、危機は明らかとなるのです。

危機はネガティブな持続力を終わらせる

意識的に選択するなら、危機は、膨らみつづけてきたネガティブな持続力の終わりを意味します。爆発が起きると、その意味に気づくか逃げつづけるかの選択肢はいっそう明確になります。この爆発で気づきや内面での方向転換が行なわれなくても、もはやそのメッセージから逃れられないような最後の危機が必ずやって来ます。あらゆる爆発や崩壊や危機は、新たな、よりよく機能する構造を築き上げるために古い構造を崩壊させる目的で起きていることを、人格は結局のところ気づかずにはいられません。

神秘主義で言う「暗夜」とは、そのような古い構造が崩壊するときです。ほとんどの人間は、いまだに危機の意味を理解していません。いつまでも間違った方向を見ているのです。崩壊するものが何もなければ、ネガティビティは継続することになります。けれども、意識において一定の気づきが起きた後であれば、ネガティビティが深く刻み込まれるのを阻止することもできるのです。そのとき、ネガティビティが持続的なサイクルを始めるのを阻《はば》むことができます。はじめの段階で、ネガティビティに立ちはだかることができるというわけです。

混乱やネガティビティの最初の予兆が表面化したときに内面の真実に目を向ければ、危機は回避できます。しかし、心に強く抱いている信念に挑むには、非常に多くの誠実さが必要です。破壊的な、間違った魂の問題が臨界点にいたるまで悪化させる動力であるネガティブな持続力を、このような挑戦が止めるのです。つまり人間の魂のうちの、あるいは痛みと問題に満ちた人間関係においての、多くの悪循環を回避するのです。

「暗夜」がなくても成長できる

個人の人生におけるものにせよ人類全体の命運におけるものにせよ、困難、変動、苦痛などを、先に述べた視点で見るなら、危機の真の意味を理解でき、多くの苦痛を感じないですむでしょう。そこで、私はこう言いたいのです。「危機が爆発するのを待っていないでください」。気圧条件が変化を余儀なくされて大気の透明性が回復されようとしているときには、雷雨のように容赦のない、バランスをとるための自然現象が起きます。これこそがまさに、人間の意識内で起こっていることです。もし人格において自己に対する誠実さが優位を占めているなら、強烈な痛みを伴う「暗夜」など、なくても成長することはできるのです。慣れ親しんだ態度や観念を捨て去るとともに、真摯に内面を探求し、内なる存在に深い関心をはらう態度を養わなくてはなりません。そうすれば、熱せられた蒸気は形作られないわけですから、痛みに満ちた破壊的な危機は体験しなくてもよいのです。

死のプロセス自体も、そのような危機です。私はこれまで、深層において死が持っているさまざまな意味について論じてきました。ここで、新たに一つ述べたいと思います。表面的な死、すなわち人間の肉体の死は、意識が「もはやつづけられない」あるいは「どうしていいかわからない」と言うから起こるのです。あらゆる危機は、このような思考を含んでいます。意識は常に、「この状況にはこれ以上対処できない」と自己に言い聞かせています。その状況が特定のものであれば、人生に特定の危機が起こります。その状況が現世全体に関係する問題なら、肉体的な死が起こることになるのです。後者の場合、爆発は霊の肉体からの脱出という形を取ります。そして、霊は最終的に、同じ内面の歪みに一から対処しなおせるような新しい人生の環境を見つけるのです。爆発や崩壊や危機は常に、古い機能の仕方をやめて、新たな機能の仕方を創造することを目指しているのですから、死と再生のプロセスはまさに同じ原理を意味しているわけです。

しかし人は、別の機能の仕方や別の反応の仕方に移行することに抗うものです。この抵抗は、まったく不要です。危機の緊張や負担は、古い構造そのものを手放そうとすることではなく、実際にはこのような抵抗が創り出しているのです。必要な変化を積極的に受け入れようとしないときには、自動的に危機的な状況に陥ります。この危機が激しいものなら、それは緊急に変化する必要があることを示していると同時に、変化に対する抵抗が激しいことをも示しています。変化の必要性が大きければ大きいほど、そして変化に対する抵抗が大きければ大きいほど、危機は辛いものとなってゆきます。どのレベルにおいても変化に対して心を開き、積極的になっているほど、また個人の進化のプロセスのどの瞬間においてもその変化の必要性が低いほど、危機の厳しさや苦しさは弱くなります。

外的な危機と内的な危機

危機が激しいものや辛いものになるかどうかは、客観的な出来事によって決まるわけではまったくありません。ほとんどの人が、ためらうことなくそれを認めるだろうと思います。外的には激しい変化を経験したことのある人がほとんどでしょう。愛する人を失い、最も劇的な変化や、客観的にトラウマになるような出来事を経験したこともあるかもしれません。たとえば、戦争や革命、財産や家庭の喪失、病などです。しかし内面には、動揺や痛みは少なかったかもしれませんし、外面にはささいな出来事しか起きていないのに心の中の感情の動揺がはるかに激しかった場合もあるでしょう。ですから、内的な危機の場合よりも外的な危機の場合のほうが、心のうちではずっと平和でいられるようだ、とも言えるわけです。客観的には外傷性が強そうな出来事のほうが、弱そうなものより人を傷つけないことがあります。客観的に外傷性が強く見える出来事の場合、必要な変化は外的なレベルで起こります。ですから、内的な自己はより多くの変化を受け入れ、それによりうまく適応し、また新しいやり方で対応できるのです。一方、客観的に外傷性が弱く見える例では、内的変化の必要性は大きな抵抗にあいます。その出来事に対する主観的な解釈が、危機を不釣合いな痛みに満ちたものにしてしまうからです。また、そのような特定の感情が強く感じられる合理的な説明を見出そうとするときもあります。その説明は、合理化と呼んでよいでしょう。「内的な変化や危機」と「外的な変化や危機」の両方が、同じ内面の態度に直面することもあります。

危機のプロセスを受け入れてそれをもう妨害しないとき、すなわち、危機のプロセスとともに歩んでそれに抵抗しないとき、救いは比較的早くやってきます。沸騰状態から膿が出て態度が整えられれば、自己啓示によって平和がもたらされます。すなわち、理解によって新たなエネルギーと活力がもたらされるのです。蒸気が爆発しているあいだでさえ、癒しのプロセスは働いているわけです。

「こんなことは経験すべきではなかった。そんな必要があるだろうか。他の人に、いろいろと問題があるんだ。そうでなければ、今、こんな経験をしなくてすんだはずだ」などという内なる態度をとってこのプロセスを否定していると、苦しみを長引かせてしまいます。こうした態度は、必要な蒸気の爆発を避けようとしているのです。蒸気は、ネガティブなエネルギーが増加をつづけ痛みを伴いながらもつれてできあがっているわけですが、そのエネルギーの勢いを放っておくと、進路を変更することがますます難しくなってゆきます。ネガティブなサイクルが進行をつづけ、意識によって止められずに無益にも自動的にくり返されてゆくと、絶望が生み出されてしまいます。そしてこのくり返しと絶望を止めるには、必要な変化を避けないようにするしかありません。

あらゆるネガティブな経験、すなわちあらゆる痛みの原因は、間違った観念にあります。このワークで重要なのは、その観念をきちんと説明することです。しかし、みなさんが不幸な状況に出くわしたとき、こうした議論の余地のない事実を忘れて必要な認識を見落としてしまうことが、今もどれほど多いことでしょう。

危機を越えてゆく

歓迎できないことが起きたとき、自分がひそかに抱えている間違った先入観や破壊的な反応を最初に疑ってみる習慣を身につければ、そして真実や変化に完全に心を開いているなら、人生は劇的に変化するでしょう。比例して、痛みを感じることはだんだんと少なくなり、喜びがますます自然な状態となってゆきます。魂の本質に刻まれたネガティブな構造を壊そうとあくせくしなくても、成長のリズムが滞りなくつづくようになります。

持続力のネガティブな側面についてはすでに論じましたが、言うまでもなく、持続力は第一に、ポジティブな側面にあるのです。愛を見てみましょう。愛すれば愛するほど、自分からも人からも奪うことなく、純粋な愛情を生み出せます。人に与えたからといって、誰からも、何も取り上げる必要がないのはわかるでしょう。反対に与えれば、自己にも人にもさらなるものがやってきます。この普遍的な感情に同調していれば、愛をやり取りしながら経験するための新たな方法やより深い方法、さまざまなあり方を見出せるようになります。こうして、愛を体験し表現する能力は、発展的かつ持続的に成長してゆくのです。

他のあらゆる建設的な感情や態度も同じです。人生が意義深く、建設的で、充実した、喜びに満ちたものになればなるほど、そうした性質がますます生み出されます。人生とは、継続的で終わることのない、着実な発展や自己表現のプロセスなのです。この原理はネガティブな持続力のものとまったく同じですが、唯一異なっているのはポジティブなプロセスには際限がないということです。

内面の知恵や美や喜びとしっかりつながり、それらが開花するにまかせてください。そうすれば、それらはひとりでに増加してゆくでしょう。なぜなら、こうしたエネルギーが解き放たれ、意識に迎え入れることができたら、あとは持続力が引き継いでくれるからです。その力を最初に実現するには努力が必要です。しかし、ひとたびプロセスが始まれば努力は必要なくなります。普遍的な性質を生み出せば生み出すほど、生み出されるべき性質はますますあらわれます。

美、喜び、楽しみ、愛、創造的表現などを体験する能力は、実に無限です。この言葉は、これまでにも言われ、聞かれ、書かれてきました。しかし、それが現実だということを、あなたはどれほど深く理解しているでしょうか。自らを創造し、至福を感じ、無限の命を生きる自己の内奥の力を、どれほど深く信じているでしょうか。あらゆる問題を解決する内なる源泉を、どれほど信じているでしょうか。いまだにあらわれていない潜在的な能力を、どれくらい信頼しているでしょうか。自己についての新たな展望を本当に発見できると、どれほど信じているでしょうか。最初の困難はこれから乗り越えなければならないとしても、人生を美しい体験の連続にするような興奮を伴った平安や、冒険を伴った静けさを発達させることができると、どれほど真摯に信じているでしょうか。**これらすべてを、どれほど真剣に信じているでしょうか。**

これを、自分自身に問いかけてください。信じていると口先だけで言っている場合には、一見すると解決不能な、人との葛藤に巻き込まれて無力さをおぼえたり、落ち込んだり、怖れや不安を感じてしまいます。これは、無限に広がる自分の能力を信じていないしるしです。その能力を信じられないなら、内面で必死になってしがみついているものがあるからです。手放したり、変えたりしたくないために、それを明るみに出したくないのです。

これはみなさん一人ひとりにあてはまりますし、もちろん世界中のすべての人にあてはまります。堪えなければならない「暗夜」を経験しない人はいないからです。小さな「暗夜」が何度もきては去ってゆく人もいます。「暗夜」が薄暮である人もいます。彼らは大きな危機に陥ることはないかもしれませんが、その人生は薄暗く、比較的に変化が乏しくなります。しかし、すでに薄暮の世界からの脱出に成功した人もいます。彼らは、危機から逃れた比較的安全な状態ではもう満足しません。もっと望ましい確固とした状態を手に入れるため、一時的な変動に心の底から果敢にぶつかってゆこうとします。彼らは、深い喜びと自己表現の可能性を実現したいと思うのです。すると、「暗夜」というものがずっと明確になります。それは、変化や喜びの変動期として経験されるか、あるいは、一生のうちで、強力なエピソードの集まりとして経験されるでしょう。永遠なる歓喜の状態は最終的に実現可能であるという、信頼できる希望をもたらす黄金の光の極致が、まったくの暗闇や、喪失、苦痛、混乱に取って代わります。

危機のメッセージ

危機をどのような形で体験しようと、そこにはいつも、自らの人生を悟るためのメッセージがあります。体験したことを外側に、他者に向かって投影しないでいられるかどうかは、自分次第。これは常に、最も危険な誘惑です。ついでに言えば、破壊的なやり方で体験を自己自身に投影することは、他者に投影するのと同じく、問題から目を背けようとする行為です。「私はひどい、とるに足りない者だ」といった態度は、いつでも不正直なものです。危機の大小は別にして、それを意義あるものとするには、この不正直さをあばかなければなりません。

最終的に、日常の生活での最も小さい影を取り上げてその最も深い意味を探求できるようになれば、ささいな危機を処理して「蒸気の膨張」を防ぐことができます。腐った構造を壊すために、痛みに満ちた爆発を起こす必要はなくなるわけです。これによって、次のようなありのままの現実を理解できるようになります。

すなわち、変わることのない普遍的な生命は、美が絶えずつのっていく輝かしい喜びであるということです。最も小さい影はどれも、一つの危機です。それが存在する必要はないのですから。危機を生み出す問題から目を背けてしまっているので、影は存在しています。ですから、日常生活における最も小さい影を取り上げ、それが何を意味しているのか自問してください。見たくないもの、そして変えたくないものは何でしょう。それに直面し、真の問題に向き合って必要な変化を起こそうと本気で思うなら、危機は役割を果たしたことになります。そして問題には太陽を昇らせようとする側面があることを新たに発見するでしょうし、いったん理解しようとすれば、人生がいつもそうであるように、「暗夜」は教師であり、セラピストであるとわかるでしょう。

人のネガティビィティに対処する能力は、私がこのレクチャーで説明したことをどれくらい実行できるかに応じて発達します。人がネガティブな感情を発しているのはわかるけれど、彼らとどうかかわって交流すればよいかが心もとなく、不確かで、わからないために、その感情に対処できないことがどれくらいありますか。あるいは、人が実際に敵意を抱いているのを感じとることすらできないときがあるかもしれません。相手がはっきりと、直接に表現してくれないために混乱し、自分の本能的な反応に罪悪感をおぼえてしまいます。しかしそうなると、いっそう状況にうまく対処できなくなります。このようなことがしばしば起こるのは、ひとえに自分自身を見ていなかったり、自分が変化に抵抗しているのを見ていないせいです。過去のネガティブな体験のすべてを人に投影しているとき、彼らのうちで実際に起きていることを正確には認識できなくなり、結果としてそれに対処もできなくなるのです。自分を苛立たせている内なる原因を正直に見つめる能力を成長させて変化を起こそうとするなら、きわめて大きな人生の変化を体験することでしょう。ほとんど意識されることもなく、あたかも自分の努力とは関係がないかのように、新たな能力が内側からあらわれます。自分を自由なままにしておきながら人のネガティビィティを見られるようになります。それは、ネガティビィティを直視できる方法であり、効果的な方法です。それによって悪影響を受けることはありません。長い目で見れば、相手が望む場合、その方法は彼らにとっても利益をもたらすものなのです。

変化に抵抗するとき、恐怖は大きくなります。危機や爆発や崩壊が避けられず、確実に近づきつつあることを内奥の自己は知っているからです。しかしあなたは、危機を回避する行動をとることに抵抗しています。私がここで言っているのは、人間の生の物語です。ここにおいてこそ、人間の性質は理解されます。変化に対する幻の恐怖が間違ったものであると明確にするまでは、レッスンをくり返さなければなりません。私が話したとおりに危機を理解してください。危機を理解すべく、また、しがみついているものを手放すべく、真剣に瞑想をしてください。そして、問題に自ら付け加えていた限界に真剣に挑んでください。そうすれば、ほとんどその場で人生は開かれることでしょう。

変化は、エゴのみによっては実行されないことにも気づくべきです。やる気のある意識的な自己だけでは、変化は起こせないのです。変化を難しく感じたり、それに抵抗してしまうのは、かなりの程度、聖なる助けがなければ変化できないことを忘れてしまうせいです。こうして、間違った極端から、反対の間違った極端へと走ってしまうわけです。一方の極は、自分こそが内面の変容を成しとげるべき者だと考えることにあります。しかし、自分にはそれができず、そのための道具も持っていないと心の奥底では知っているので、あきらめることになります。そして自分を変えることが絶望的に感じられ、実際に試してみようともしなくなり、さらには、変化への願望を短い言葉であらわすことさえしなくなります。

自らを、単に「意識的で意志的なエゴの自己」と考えるときに変化の能力が失われると信じるなら、それは正しい認識です。抵抗は、実現できないことを求めたときに失望しなければならなくなる欲求不満を避けようとする態度のあらわれでもあります。この極端な反応は、人間の魂の最深の層で起こります。自分のためにあらゆることをしてくれると思う高次の力や神への信仰を表明するような、正反対の極端な反応も、同じ層で起こります。これもまた、完全に受動的な状態にとどまり、待っているだけです。この場合も、意識的な自己は行動すべきところで行動しません。間違った希望と間違ったあきらめとは同じコインの表裏にすぎません。つまり、どちらも絶対的な受動であるわけです。けれども、自己の力量を超えようとする押しの強いエゴも、結局は同じ受動的状態に終わることになります。つまり、誤って待ちつづけるか、誤って希望を捨ててしまうかなのです。この二つの態度が同時に存在する場合もありますし、どちらか一方だけが存在する場合もあります。

ポジティブな変化を起こそうとするには、それを求めなければなりません。誠実であろうとし、変化しようとしなければならないのです。それから、魂の深部の聖なる働きに、「変化を起こしてください」と祈らなければならないのです。その上で信頼し、自信を持って、忍耐強く変化が起こるのを待つのです。変化にとってこれは絶対に欠かせません。このような祈りの態度をとろうという気にもならず、「私は変化したいが、エゴにはそれができないのだ。神が私を通して変化を起こしてくれる。私は、変化を起こすための積極的で受容的なチャンネルになろう」などと言っているとします。その場合には、実際には変化したくないか、内面に高次の力が本当にあることを疑っているかのどちらかです。あるいは、その両方かもしれません。

このような自信を持ちつつも忍耐強く待つ態度は、身につけられます。つまり、「真実を直視しようと十分に意図するとき、助けはやってくる」という確信や信頼は、**必ず**身につけられるのです。自分に代わって権威に変化を起こしてもらおうとすることは、子供じみた態度ではありません。まったく逆です。このようなアプローチは、自己に直面しながら行動する大人の自己責任の態度と、エゴが自らの限界を認める受動的な態度とを調停するものです。受動的に真実や変化を求める態度によって、自己の深奥から魂のうちに神を導き入れるのです。それが起こるように、自らを開くわけです。

このような態度をとるなら、誰にとっても**変化は生きた現実となります**。もし、自分を通して聖なるものが実現するという信頼や信念を持てないなら、それは、このプロセスをありのままに経験する機会を自分に与えていないせいです。この変化を、経験しないで我慢してきたのです。経験したことがないのに、どうして信じられるでしょうか。

みなさんはまた、逃げ道をしっかりと用意しているため、人生に十分に、積極的にかかわることができず、内なる宇宙霊の驚くべき真相を体験できないでいます。人生に対して誠実でないので、宇宙の知性の力を信じられないのです。その知性は絶えず内面にあって、場所をあけた瞬間に働いてくれるはずなのに、です。宇宙の知性に、遠慮なく完全にコミットする必要があります。その知性が実在しているのを見出すには、それにコミットすることが絶対に必要なのです。結果がどのようなものになるかはわからなくても、また神のやり方に賛成かどうかも別にして、コミットしなければなりません。今のところ完全な答えがわからないことも、神のやり方の一部なのです。完全なコミットメントを避ける方法について思案すると、古くて歪んだ、偽りの生き方にしがみついたままになってしまいます。そのくせ同時に、内面の分離に苦しんでいる状態ではなく、全体として生きられるような、新しく、解き放たれた、自由なあり方を手に入れたいとも思っているのです。しかし、二つ同時というわけにはいきません。**究極の創造主へのコミットメントは完全なものでなければならず、日常の生き方やあり方の最もつまらなく感じられる要素にも適応されなければならないのです。**真実に、完全にコミットしなければなりません。そうすれば、宇宙霊にもコミットすることになるのですから。

もしこのようにコミットするなら、慣れ親しんだ古い岸から離れて、不確実に見えるものの中に一時は漂わなくてはなりません。しかし、それは気にならないでしょう。古い岸、すなわち崩壊すべき偽りの構造にしがみついているときに比べて、ずっと安全に感じるはずです。怖れることは何もないと、すぐに気づくはずです。そうするには勇気を呼びさます必要があるかもしれませんが、本当はこれが最も安全で、安心して生きることができる方法だとわかります。実際のところ、勇気はまったく必要ありません。古い岸から離れたときにこそ、そしてそのときにのみ、「暗夜」は光の道具となるのです。

質問　このレクチャーは、私の立場によくあてはまります。危機の意味について気づき始めたところなのです。どこかに避難するか、嵐に完全に乗ってしまうかのどちらかを選ばなければならないと

•

感じていますが、後者が今、私がしていることだろうと思います。

答え その認識はとてもよいですね。それは古来からの、避けるか、切り抜けるかという問題に関連しています。これはおそらく、あらゆる存在の進化にとって最も重要な問題でしょう。あなたは死と再生、苦痛と葛藤、対立と紛争のサイクルにとどまっています——霊的に、また心理的にばかりではなく、肉体的にもとどまっています。それはまさに、問題を切り抜けることは避けられるし、逃げればよいことがあるという幻想にしがみついているからです。実際には避けてもよいことはありませんし、反対に、危険な緊張を高めてしまいます。目先の救いは、最も深刻な性質の幻想です。危機は後に必ずやってくるのですが、そのときには原因と結びつけられないので、いっそう苦痛に満ちたものとなるからです。けれども、「逃げたりしないぞ、切り抜けてやる」と言って覚悟を決めたとき、ほとんどすぐに、人間の魂のうちにある源泉を利用できるようになります。まだ逃げてしまいがちな人にとっては、この源泉は隠れたままです。ですから、自分を無力に感じ、宇宙霊の無限の力を実現する能力を持っていることも信じられません。自分の潜在力、すなわち生じるべき力、来たるべき霊感を知らないのです。危機を切り抜けようと決意し、瞑想をして助けを求めるなら、この資源を使えるようになります。すると意識的なエゴは、一人ぼっちではないという信頼が目覚めるのを感じるようになるでしょう。問題に対処する上で、エゴだけが唯一の能力ではないのです。

みなさんを祝福いたします。そして、深奥の存在、完全な魂、サイキックな力を開いてくださいますようお願いします。それによって、真実や変化を否定し、結果として自己表現と光を否定してしまう束縛を手放してください。この方向に歩み出して、内に絶えず存在している祝福された力を自己の存在全体に浸透させてください。

祝福はやってきます。それはこれまで述べてきた力に合流して、あなたを二倍に力づけます。成長をつづけてください。すると、あなたの完全性、すなわち宇宙との一体性も成長し、生まれながらの権利として備わっている喜びをいっそうもたらしてくれます。幸せであってください。平和にあってください。

Chapter 12
悪とそれを超越することとが持つ意味

地上に悪があるのは否定できません。人類が現在の痛みに満ちた状態を超越するためには、私たちは悪に対してどのような対処法をとればよいのでしょうか。もし統一された意識をめざして努力するなら、悪を統合しなければなりません。けれども、意識的に目指していることとまったく対立するものを、どのように統合すればよいのでしょうか。大いなる現実では悪は存在しないと知っているために悪を否定したとしたら、私たちの現実化の次元でもそれは存在しなくなるのでしょうか。全員のうちに悪が存在し得るなら、それにどう対処したらよいのでしょうか。

§

古い友人、そして新しい友人のみなさんに、ご挨拶を申し上げます。そしてみなさんを祝福します。
自己と他者のうちに存在する破壊的な力をどのように扱ったらよいかという深い問いに、人類は直面しつづけてきました。この問いに終わりはないようです。なぜなら、人類の起源以来、それについての思想や哲学が打ちたてられてきたからです。直接的にせよ間接的にせよ、みなさんの探求はいつもこの大問題にかかわってきました。

悪は存在するか

悪の存在についてはふつう、二種類の答えがあります。宗教的なものと、哲学的なものです。一方は、悪は善より切り離され、善に対立する力であると考えます。もう一方は、悪の存在をまったく否定します。

人間の意識次元で悪を否定するのは、「善と悪という二つの別々の力が究極の現実において存在している」と信じるのと同じくらいに非現実的です。そのような信念は、悪の力を破壊するか払い去るかしなければならないものだと、ほのめかしているのです。まるで宇宙に消し去れるものがあるかのように! この二つの選択肢のあいだに真実を求める人のみが、答えを見出せます。

ほとんどの宗教は、悪の大問題を二元的に捉え、善に対立する力として捉えます。その二元的な捉え方は、自己自身に対する恐怖や罪悪感を強め、単に魂の内部にある裂け目を広げてしまうだけです。そして恐怖や罪悪感のエネルギーは、善であるよう自己に強制するために利用されます。このような強制を伴う無分別さや衝動性、また生命についての見せかけの概念などは、無制限に続くパターンを創り出し、多くのネガティブな問題を派生させてしまうのです。

他方で、悪は存在せず、幻想にすぎないという前提に立った哲学もあります。反対の立場をとり、悪の危険性やその命を否定する力、また悪がもたらす不幸や苦痛などを認識する宗教と同様に、このような哲学も部分的には真実です。唯一の偉大な創造力しか本来は存在しないという意味では、悪は幻想であるという仮定も正しいのです。**統合がある**のです。なぜなら、二元性を超えた者の意識には、すべては一つだからです。

しばしばそうであるように、この対立する教えの両方ともが偉大な真実をあらわしているのですが、それぞれは排他的に構想され、維持されています。この排他性のために、結局のところそれぞれが持っていた真実は真実ではなくなるのです。現実の悪を否定すると、空想的に考え、さらなる無分別に陥って、自己を否定する結果になります。気づきを拡大するどころか、縮小してしまうのです。こうして誤った像が生み出されて、人類の現状として現実化するわけです。

悪に対するどちらの見方も抑圧にいたります。しかし、悪を承認することも、いっそうの破壊を引き起こす可能性があります。独善的なふるまいのようなまったく望ましくないことを正当化したり、大目に見たりするようになるかもしれません。この場合、抑圧され、さらなる分裂や二元性を生み出すのは罪悪感です。そこで、どちらの落とし穴も避けて、悪に対する二つの一般的なアプローチを調停する方法を探ってみましょう。

悪の正しい受け入れ方

どのような名前で呼ぼうとかまいませんが、自分自身の破壊性、ネガティビィティ、悪からのみ、あらゆる痛みは生じます。自分の望ましくない態度、特徴、性格に目を向けなければならなくなったとき、どれほど恐ろしくなったり、不安になったり、不快感をおぼえたりするかは、誰もが経験しています。このような反応は、もっと深く理解しなければなりません。そのような不快で不安な反応が生じたなら、明らかに「そのようなものは自分には存在すべきではない」と言っているという意味です。あなたが苦心して築き上げている防御は、人の悪からばかりでなく、主に自分の悪から身を守るために役立っているのです。不安に感じるたびにその原因を調べれば、どれほど人や外界の出来事が危険に見えたとしても、最終的には、常に自分が持っている悪を恐れていたのだと分析できることでしょう。その上で、この不安を明確な言葉に翻訳するならば、すなわちある種の態度や感情は「持つべきではない」と心のうちで考えていることを言語で表現するならば、悪に対する自分の態度にもっとうまく直面できます。なぜなら、悪自体は、それに対する態度の半分も有害ではないからです。これについては、後にまた戻ります。

これからは、いつものように逃げて感情的な病や問題や痛みを生み出すのではなく、自分が抱いている恐怖や、その恐怖の背後にある「このようであってはいけない」という思考を捕まえてください。この恐怖を無視すると、問題は悪化します。

歪んだ創造力としての悪

この道で私たちが目指しているのは、悪を知り、それを受け入れることです。「受け入れる」という言葉は、それ以上によい言葉がないためにずいぶんと使われてきました。ですが、しばしば言葉の背後にある意味を見失ってしまうので、この受け入れがどのように生じるかについてもっと注意深く見なければなりません。正しく受け入れてはじめて、悪は言葉の本当の意味において組み入れられ、取り除かれます。それにより、歪んでしまった力を変容させられるわけです。ほとんどの人間は、自分たちのうちの最悪のものが本質的には最も望ましい創造力であり、宇宙の流れやエネルギーであることをまったく忘れているか無視しています。そのことに真に気づいたとき、自己のあらゆる側面に対処できるようになります。

ごくごくわずかな例外をのぞけば、人間のほとんどが受け入れ、知っているのは、あるいは単に知ろうとしているのは、自己の人格全体のうちの比較的小さな部分のみです。もちろん、このような限界は非常に大きな損失です。現状において望ましくないあり方が内面にあることに気づかないと、すでに明確で、解き放たれ、浄化された、善なるものに触れることができなくなってしまうからです。しかも、自分の聖なる権利についてきちんと認識できないのですから、ほとんどの人が自己自身を愛したり尊敬したりできなくなります。内面の破壊的な要素と取り組むことを拒否するため、すでに明らかになっている自分の真の善良さは非現実的に感じられ、偽ものにさえ見えてしまいます。しかし、いっそう重要で根本的なのは、この望ましくない部分を遮断してしまうと、それは頑固で麻痺したままにとどまり、変えられなくなるということです。

自己の破壊的な悪の側面を認識して受け入れる代償は高いように思われますが、実際には違います。対照的に、それを否定する代償のほうが大きいのです。破壊的な衝動や願望を容認せずに受け入れる方法がわかるまでは、混乱しつつ、手探りで進まねばならないかもしれません。内面に悪いところがあると、自分のすべてが悪だと信じてしまうからです。必要なことは、自己のうちの、観察している主体の部分と同一化することであって、観察されている客体の部分と同一化することではないのです。客体の部分と同一化しないで、それを理解してください。他に責任を投影したり自己を正当化したりする罠に陥ることなく、ネガティブな衝動や欲望を現実主義的に評価できるようにならなければいけません。それを理解するには、内なる高次の力に絶えず霊感を求めなければなりません。そして、この破壊的な要素やそれにきちんと対処する方法に目覚め、その気づきを維持できるような助けを意図して求めなければなりません。

不快な気分、差し迫った状況、混乱、暗闇にあるときはいつも、外的な環境とは関係なく、自己の破壊的な態度や、その態度にどう対処したらよいかわからないことを、否定したり怖れたりするために問題が生じていると確信できます。それを認めてしまえばただちに安心できますし、そのネガティブな力をほとんど瞬時に不活性な状態にできるのです。ですから、ネガティブな力を締め出してしまうのではなく、どうすればそれを統合できるのかを学んでください。

最初のステップは、破壊性すなわち悪が、決定的に分離された力ではないという理論をあてはめることです。これを単に、一般的な哲学上の概念と考えてはいけません。そうではなく、罪悪感や恐怖をおぼえる自己の特定の要素を調べるべきであり、自己や他者のうちできわめて嫌悪感をおぼえるものすべてに、この知識を適用すべきです。残忍さ、悪意、傲慢、軽蔑、利己心、無関心、貪欲、欺瞞など、あらわれている性質にどれほど醜いものがあろうとも、**これらの性質はすべて、本来は善良で美しく、ポジティブな生命エネルギーの流れである**ことが認識できるようになります。

この方向に探求を進めると、それぞれの敵対的な衝動が本来は善良な力であることを理解し、また実感するようになるでしょう。それが理解できれば、敵意の変容に実質的に取り組み始めたことになります。そして、まったく望ましくない破壊的な方法で伝えられたエネルギーや、凍りつき停滞しているエネルギーの解放にも着手したことになります。こうした醜い性質を、望む方法で使用できるという洞察を明確に表現してください。この力は、敵意、嫉妬、憎しみ、怒り、辛辣さ、自己憐憫、非難などとしてあらわれているエネルギーと同じものですが、自己と周囲の人にとっての幸福、喜び、愛、発展を築く創造力ともなり得るのです。

言い換えれば、「力のあらわれ方は望ましくないけれども、そのあらわれの背後にあるエネルギーの流れ自体は望ましいものである」と認められるようになる必要があるわけです。なぜならそのエネルギーは、生命の実質そのものでできているからです。それは、**意識と創造のエネルギー**を含んでいます。生命を現実化して表現するあらゆる可能性を、すなわち新たな生命を創造するあらゆる可能性を含んでいます。あなたが体験しているような、そしてそれ以上の、生命の最善なるものをすべて含んでいるのです。よって同時に、目の前にあらわれる生命の最善なるものは、最悪なるものの可能性をも含んでいるのです。**生命は絶えず流れ、動き、継続するプロセスなのですから、**そのあらわれ方のあらゆる可能性をイメージできれば、誤りや混乱や二元性を創り出す決定的状態にとどまってしまうことはあり得ません。

内面の悪を否定すれば、人格全体と、あらわれている霊性に、予想以上の害を与えてしまうことがわかるでしょう。悪を否定すると、自己のエネルギーや創造力の本質的な部分を不活発にし、停滞させるからです。停滞は腐敗につながります。物質は停滞して動かなくなったとき腐敗しますが、意識にも同じことが言えるわけです。

物質は常に、意識とエネルギーが濃縮して出現したものです。エネルギーがどのように流れるか（あるいは流れないか）、濃縮したときにどのような形をとるかについては、創造の個々の要素の「背後にある」、もしくはそれに内在している意識の態度によります。

破壊性とは、間違った意識形態です。それを直接的に行動に移したり表現したりするかもしれませんし、否定による、つまり停滞をまねく間接的な方法をとるかもしれませんが、いずれにせよ破壊性は生命の否定にいたります。ですから、ネガティブに思われる感情が実際には望ましい場合もあるわけです。たとえば、怒りは生命の働きを助け、生命の否定に対抗するために用いられることもあるからです。怒りを否定すると、それは敵意や、残忍さ、悪意、自己嫌悪、罪悪感、また、他者への非難と自己への非難との混乱などに姿を変えてしまいます。つまり、怒りを否定すること自体が、破壊的なエネルギーの流れになってしまうわけです。

悪は本来、聖なるエネルギーの流れであって、特定の間違った観念や概念や認識のために一時的に歪められたものだと理解するなら、それは本質において拒絶されなくなり、同化されることになります。これこそがまさに、実践するのが最も難しいことです。実際、あまりにも難しいので、歪みや悪や破壊性からすでに自由な内なる側面、つまり解き放たれていて清らかな側面、あるいは善良で美しく聖なる側面すらも忘れてしまいがちなのです。

みなさんのあらゆる努力や善意は美しいものです。罪になど値しないにもかかわらず感じてしまう良心の呵責も、意識の最も善良で美しい出現から生じています。自己のうちの悪を体験するのを否定し、無視し、怠るなら、最善のものを体験するのも否定し、無視し、怠ることになります。自己の部分を、それが現在どれほど醜い形をとっていようとも否定するなら、自己自身について歪んだ考え方をしています。

悪を完全に統合する上でなくてはならない鍵は、その本来の性質を理解することです。さらには、悪がふたたび本来の性質であらわれる内在的な可能性を理解することです。これを目標にしなければなりません。悪を否定して善になろうとするなら、「いまだになってはおらず、しかも実際になれもしないもの」になるように自己に強制しているにすぎません。そうしているかぎり、部分的に自己を否定した、内面に分裂を抱えた苦しい状態にあり、内なる生命力は麻痺したままです。私が「なれもしない」と言ったのは、もし自己に欠かせない部分を破壊するか魔法をかけたように捨て去って、すべての創造的エネルギーの本性的なすばらしさを受け入れないままでいようと思っているなら、統合された状態にはなれないからです。創造的エネルギーは、自己の最も破壊的な要素にさえ含まれているのです。ですから、この変容した態度を育んでください。

受け入れるという新しい態度は、望ましくない自己の要素を大目に見たり、弁解したり、正当化したりすることではありません。反対に、言い訳を探したり人を責めたりすることなく、望ましくない要素を完全に認め、正直に表現しつつも、絶望的になったり自己を拒絶したりしないという意味です。これは無理なようく身につきます。

に思われますが、真摯に努力しつつ、目的達成のために導きがほしいと本気で祈れば、この態度は間違いな

内なる美を解き放つ

自己の醜さを否定しなくなると、美しさを否定する必要もなくなります。みなさん一人ひとりに、すでに解き放たれている多くの美があります。自らが完全に否定し、無視し、認識したり体験できていない美を、あなたは実際に表現しています！　私が言っているのは、これから発達すべき単なる可能性としての美ではありません。実際にあらわれている美について言っているのです。

「内面の醜いものを見せてください」と祈るとき、この美について考えることができるし、「それを自己のうちに見せてください」と祈ることができます。どちらか一方だけでなく両方を見ることができたとき、生と自己についての現実的な認識に着実に一歩近づいたことになるのです。現実的な認識が持てれば、現在自分をばらばらにしているものを統合できるようになります。

自己の美と醜の両方を常に意識していれば、**人の中にも両方を見ることができるようになるでしょう**。人が破壊性を持っているのに気づくと、相手を完全に拒絶したり否定したりしがちです。またそのような相手には、自らに対するのと同じやり方で反応しがちです。自己のうちに二元性が存在しているのをいまだ十分に把握できていないので、人のうちにもそれを見ることができないのです。そのため、絶えず葛藤や紛争が

生じてしまいます。そして、このような認識の歪みや欠如によって、創造的なプロセスそのものを否定したり麻痺させたりしてしまうことになるのです。二元性を真に超越するには、それを受け入れなければなりません。

変 容

明らかに破壊的に見える態度は決して真の悪ではありません。それを認めれば、生命の流れのうちにいられます。最大の憎しみでも、最も激しい復讐心でも、最悪の残酷な衝動でも、正直に、正しく認めてしまうなら、すなわち、無責任に行動に移すことも抑圧したり否定したりすることなく完全に受け入れてしまえば、決して害になることはありません。見つめ、直視し、認める程度によって、そうした感情は弱まってゆき、遅かれ早かれ必ず、生命を与えるエネルギーの流れに転じます。憎しみは愛に、残忍さは健康的な自己主張に、停滞は喜びや楽しみに変わるのです。

ですからみなさん、これこそが学ぶべきことです。その秘訣は、破壊的な力に出会い、それを本来の性質に戻すことです。そうすれば、その力を自己の存在の全体に組み込み、生命エネルギーを自由に使って創造できるようになるのです。

何か質問はありますか？

質問　レクチャーでも言っているように、正しくなく感じられるもの、つまり悪く感じられるものが自分の中にあります。しかし、私はそれを楽しんでいます。それは楽しく感じられるのです。でも、罪悪感もおぼえます。たとえば、私はお金を使いすぎてしまうのです。そして、その部分を完全に否定しています。アドバイスをいただけますでしょうか？

答え　よい例ですね。あなたが述べたことは、きわめて典型的なものです。あなたは解決できない苦境に直面しています。つまりあなたは、まともで成熟し、現実的で責任感のある安全な状態を手にするために、使いすぎや無責任さと結びついた楽しみをすべて捨てるか、ネガティブな性格からいくらかの楽しみを得る代わりに、罪悪感や欠乏感、不安やまともに人生をやってゆけないといった怖れなどの大きなつけを払うか、そのどちらかを選択しなければならないからです。

浪費をして無責任にふるまってしまう衝動の背後に、楽しみ、発展、新たな経験に対する正当な憧れなどがあることに一度気づいてしまえば、その苦境は存在しなくなります。言い換えれば、この願望の持つ破壊性を行動に移さずにその本質を取り込めるわけです。すると、その願望をずっと簡単に、後に問題を引き起こすことのない現実的なやり方で実行できます。今あなたは、典型的な「あれかこれか」という問題の一つと戦いつづけています。もし責任というものが、限られた楽しみを頼りに生きることや自己表現の制限を意味するなら、どうして本気で無責任さを捨てようとするでしょうか。あなたは本当のところ、無責任さを捨てたいとは思っていないので、罪悪感をおぼえるのです。結果として、自己に欠かせない部分を拒絶してしまうわけです。このようにあなたは、その部分は創造の喜びを十分に経験したいと正当に願っているものの、人から奪ったり人に寄生したりすることなく経験する方法がわかっていないのです。しかし、無責任さの根底にある「十分な喜び」を求めている美しい力を完全に受け入れて、ありのままに評価できれば、人の権利を侵害することなく、また自分のバランスの法則も破ることなく、その力を表現できるのです。心配したり、不安になったり、罪悪感をおぼえたり、またきちんと管理ができなくなったりといった不必要な代償は払わなくてもすむようになります。短期的な楽しみのために心の平安を犠牲にするときにだけ、そのような代償は支払わなければなりません。

楽しみの正当性と自己規律を一つにすれば、楽しみは深くて長つづきするものとなり、罪悪感をまったく伴わなくなります。そして、楽しみに対する欲求と自己規律や責任感とを調和させることができれば、内なる知恵を表現できるようになります。それはこう言っているのです。

「私は人生を楽しみたい。宇宙には、いかなる出来事にも無限の豊かさがある。可能なことに制限はない。経験すべき驚くべきことはいくつもあるし、自己表現の美しい手段もたくさんある。新たな、自己破壊的ではない方法でそうした手段を使ったり手に入れたりできるなら、私はそれを見つけて人生にもたらせるだろう」

「楽しみや自己表現を増やす目的で規律を用いるのは自分の完全な権利である」とわかっていれば、規律を身につけるのはずっとやさしくなることでしょうし、身につけようとする意欲も膨らんでゆくことでしょう。

みなさん、私は大いに注目していただきたい新たな情報をもたらしました。それを自分の置かれている状況を改善する上で役立ててください。この情報を自分にあてはめるために、自己の内奥の存在を開いてください。これを単に、理論的な、一般的な概念として適用しないでください。恐怖や罪悪感から内面にあるものを否定してしまい、自己のうちの最善のものを麻痺させてしまっている個所をきちんと見てください。

やる気を失い絶望的になっている人には、このように言うことしかできません。「そのように感じているなら幻想と誤解に陥っています」と。それに気づき、真実を求めてください。つまり、絶望的になる理由などないのです。困難な時期を理解し、切り抜けて、人生をいっそう解放し、さらなる光と自己表現をもたらすための踏み石にしてしまえばよいのです。それが真実です。

愛と祝福を受け取ってください。そして、平和のうちにあってください。

•

Chapter 13 自尊心

ガイドはかつて、人間が自分を嫌ったり拒絶したりするとき「天使は泣く」と言いました。私たちはそれを聞きましたが、自分たちが肉体に宿った魂としてあらわれた神聖な存在であることは、あまりにも簡単に忘れてしまうのです。そして、自分の性質のうちの最も好きになれない部分を、真の永遠の自己であると思いがちです。ガイドが説明するように、このような決めつけは悲惨な結果を招きます。気分を大きく高揚させてくれるこのレクチャーでは、絶えず変化しつづける生きた自己の核において、真のアイデンティティーを見出す方法をガイドは教えてくれています。ポジティブな変化を起こす可能性を自己のうちに発見すると、私たちは自らを尊敬し愛するようになるのです。

§

こんばんは、みなさん。一人ひとりを祝福いたします。みなさんが心を開き、注意を集中させて、この時間のレクチャーをできるだけ吸収できますように。

不確実さ、恐怖、不安、罪悪感、無力さ、疑い、ネガティビィティ、力不足、劣等感などを経験している人は全員、自尊心、自己愛、自己評価などが（それをどう呼んでもよいですが）ひどく不足しています。直接には認識されていないだけであって、そのような感情があればあるほど必ず自尊心は失われてゆきます。そうすると問題に直接取り組むことができないので、このような無知がいっそう有害なものになります。自己についてのかなりの洞察があってはじめて、「私は自分を好きではないし、尊敬してもいない」と思っていることに直に気づけるようになるのです。

自己を「甘やかすこと」と「否定すること」との内なる葛藤

人はこの認識についての内なる葛藤に、ほとんど意識しないまま絶えず向き合っています。この葛藤は、人間が二元的に認識する傾向を持っていることによって生じます。誤解によって、真実が対立する二者に分離し、その結果あなたが混乱したり満足のゆく選択ができなくなるプロセスについては、これまでにもしばしばお話ししてきました。あなたは引き裂かれて、内面に不一致や葛藤を抱えてしまうわけです。その場合、次のようなジレンマが起こります。すなわち、「いくら隠そうともすべての人間が持っている破壊的な性質を、大目に見たり正当化したりしないで自己を受け入れたり好きになったりするにはどうすればよいのだろうか」というものです。あるいは、もう一方では、「しばしば復讐心や愛情の欠如の原因となる自分のネガティビィティ、破壊性、弱さ、ちっぽけな利己心、残虐さ、虚栄心などを直視し、受け入れ、認めながらも、自尊心を維持するにはどうすればよいのだろうか」というものです。破壊的な罪悪感や自己否定や自己欺瞞の危険に陥らないようにするには、どうすればよいのでしょうか。

これは根の深い葛藤であって、気づいているかどうかにかかわらず、ほとんどの人はそれと闘っています。「不愉快な真実を認めること」と「自己を受容すること」とが相容れない対立者のように見えてしまうのは、この典型的な二元性の混乱のせいなのです。

これについて、さらに詳細に論じて分離を統合するための鍵を示す前に、この葛藤そのものについてもう少しお話しさせてください。内面で激しい戦いが行なわれているのに最近になって気づいた人は、私の言っていることがはっきりとわかることでしょう。自己否定をしていることにまだ気づいていない人は、それに徐々に気づかなければなりません。自己を嫌っていたり過小評価していることに気づく直接的な方法はないと思われます。しかし、劣等感や無力感ばかりでなく、恥ずかしさ、不確実さ、不安、拒絶されたり批判されたりするかもしれないという心配などは、確かに感じられるはずです。ところどころに、まったく理解できないような奇妙な罪悪感があることにも気づくかもしれません。この罪悪感はたいてい他の態度の背後に隠れていますが、いったんそれを探し始めると、きちんと認識できるときがまったくないほど遠くにあるわけではありません。あなたはおそらく、人生で至福の達成感を得られる秘めた可能性に自分が心を開いていないことに気づいているでしょう。つまり、本来経験できることよりずっと少ないもので我慢していることに気づいていると思われるのです。人生で控えめになっており、少なくとも特定の領域において、何となく自分はふさわしくないと感じて自らの可能性をネガティブに捉えているのをおそらく認識できるはずです。

こうした現象はすべて、自己否定や自己嫌悪を示しています。現象の背後には、もっと深い本質、すなわち自己を尊重していないことがあります。その本質によって現象と現象とを意識的に結びつけるのは難しいかもしれませんが、不可能なほど難しいはずはありません。ある性格や態度のせいで自分を嫌っているかもしれませんが、このような特定の理由は意識からいっそう隠されてしまう可能性があります。自己を軽蔑しているぼんやりとした感覚は確認できるけれど、自分の性格のどこが嫌いかわからないというのはおおいにあり得ることです。

しかし、どれほどぼんやりとではあっても、自己を尊重しておらず、人間として尊敬したり認めたりしていないのを感じることができれば、その態度をより明確にしてゆくことが次のステップになります。その態度が実際にどのようなものであるかについての認識はきわめて間接的にやってくるとしても、真剣に求めれば得られることでしょう。道が働くのは、しばしばこのようなやり方でなのです。

一方で、本当に残念な望ましくないものを、内面にきわめてはっきりと見る可能性もあります。その場合、誤って挑戦的な態度をとったり、自己弁護の態度をとったりするかもしれません。なぜなら、望ましくない性質を認めると、自己の全体を嫌ったり否定しなければならないと信じているからです。自分であれ人であれ、「ある性質を否定すること」と「人物自体を否定すること」との区別があなたにはできないのです。そのため、非常に望ましくない破壊的な性質を正当化したり、否定したり、偽証したり、合理化したり――美化さえ――する過ちを犯してしまうのです。こうして、完全な混乱を抱えることになります。

自尊心をもたらすものは何か

自尊心を少しも失わずに、あるいは「自分は価値ある人間だ」という感覚を失わずに、望ましくない態度に正しく対処する鍵を見つける方法があります。まず、新しいやり方で生命を認識し、体験しなければなりません。あなたは生きているのだから生命なのですが、あなたの生命は、すべての生命、すべての自然を代表しています。生命の目印の一つは、変化や発見の隠された可能性です。もっと詳しくお話ししましょう。生命をありのままに認識すると、破壊的な生き物のうちの最も低級なものでさえ、変化や、善きもの、偉大なもの、そして成長へのあらゆる可能性を持っているのがわかります。いつ考え方が変わって、新しい態度やふるまい、新しい感情や存在の仕方が生み出されるかもわかりません。今はそうしたことが起きていなくても、違いはまったくありません。なぜなら、いずれ物事は変化するようになっており、あなたの本当の性質は最終的に必ずあらわれるからです。自己の本当の性質は遅かれ早かれあらわれると知っていれば、すべてが変わります。自己に対する絶望感が変わります。自己の可能性を知るための扉が開かれるからです。今はどれほど悪意に満ちていても、善良になる可能性があることを知ります。今はどれほど意地悪でも、寛大になる可能性があることを知ります。どれほど利己的でも、愛情深くなる可能性があることを知ります。どれほど弱く、最善の自己を裏切りがちだとしても、力と統一性を持つ可能性があることを知ります。どれほど哀れでも、偉大になる可能性があることを知ります。

自然をよく見てください。生命のあらゆる現象をよく見てください。絶えず変化しているのがわかるでしょう。絶えず死に、再生しています。絶えず大きくなったり小さくなったりして、脈動しています。常に動き、枝を広げています。このことは特に、意識的な生命にあてはまりますし、自己意識的な生命にはいっそうあてはまります。思考と意志と感情の力は、無生物の力にくらべて無限に大きなものです。しかし、電気やさらには核エネルギーの無生物などの力があまりにも強いので、思考と意志と感情の力が、善良で建設的な目的にも、破壊的な目的にも使われる可能性については、あなたはほとんど感づき始めてさえいません。しかし、生命と意識のあるところ、両方の可能性が存在しているのです。

意識的なマインドの力を利用する

肉眼では見ることもできない最小の原子核にさえ、建設したり破壊したりする莫大なエネルギーを放出する力が存在しているなら、マインドの力、つまり思考と感情と意志の力にはどれほど大きな力があることでしょう。この重大な事実についてじっくりと考えさえすれば、新たな展望が開かれます。どうして、無生物の力がマインドの力より大きいなどと思い込んでいるのですか?

考え、意志を持ち、表現し、行動し、決定する力は、意識がある証です。人はそれらをかなり過小評価していますが、生きている意識は筆舌につくせないほどの尊敬に値します。意識がどのようにあらわれるかは問題ではありません。現在のあらわれ方がどれほど望ましくなく破壊的であったとしても、一時的な破壊性から生じる生命は建設的なチャネルに切りかわるあらゆる可能性を持っています。なぜなら、生命の泉は本当につきることがないからです。

生命の本質とは、動くことであり変化することなのですから、状況やマインドの状態がどれほど絶望的に見えようとも、それは筋の通った現実的な希望を与えてくれます。ひどい落ち込みや絶望状態にある人は、この生命の本質を否定しているので、誤っていることになります。あまりに悪く、許しがたく、破壊的で、ネガティブであるという理由で自分に絶望している人は、生命を固定的に認識したり体験したりする過ちを犯しているわけです。つまり、今の状態が常につづくと思っているのです。「これはそういうもので、そうするよりほかはないのだ」という、生命を死んだようなものとして捉える過ちです。そのような考え方は、本当の生命が流動しているのを無視したり、否定したりしています。生きているなら流動性こそが本質なのであって、あなたは実際に「流れて」いるのです。

流動しつづけられず、現実的な希望や光の状態へと転じられないのは、つまり生命そのものの本質に転じられないのは、単に閉じこもってこの真実を見ようとしないせいです。それは、一時的な意識状態のせいなのです。生命や自分の人格的特徴は静的なもので、同じ状態でありつづけるはずだという確信に、意識状態が現在のところ凝り固まってしまっているわけです。あなたが他の可能性を知らないかぎり、意識状態はこの暗い牢獄にとどまりつづけます。

ここで話していることを個人的な状況にあてはめてみることもできます。どこで絶望的になってしまったのですか？　どうして絶望的になっているのですか？　生命それ自体のせいで絶望的になっているのですか？　それとも、発展や幸福の可能性がひどく限定されているので、十分な機会は与えられないと信じているせいでしょうか？　もっと意義深い、充実した人生経験に値せず、それを持つことができないと感じているから絶望的なのですか？　そのような考え方が、生の限界に対する認識の根底でひそかにくすぶっているかもしれません。

こうした捉えがたい印象にもっと意識的に気づくことができれば、次のように自問できるでしょう。「かなりもっともに思われる理由で自分の性格が嫌いだから、幸福を手に入れる資格はないと絶望しているのではないだろうか」と。しかしだからといって、そうした性格が自分という人物を特徴づけ、定義していると信じてはいけません。これこそが大きな葛藤なのです。あなたは「自分にとっていちばん不愉快なのは自分である」と、誤って信じているのです。これは同時に、人間が生来持っている、挑戦することへの大きな抵抗を引き起こす原因ともなります。なぜなら、嫌いな状態以外には本質的になれないと信じており、しかも自己の存在は失いたくないとも思っている場合、その嫌いな状態に固執しなければならなくなるからです。これは二元的混乱の難題です。そして、破壊的な性格に不条理にも固執してしまう理由なのです。

あなたはそれが自分だと純粋に信じているために、その思い込みにしがみついています。内面にあらゆる可能性があることに気づいていないので、固定的な状態にあって変化できないのです。工夫し苦労して、自分の性質を無理やり歪めて創り出さなければならないと思っている状態に、あなたはすでにあるのです。でも、それが信じられないものだから、嫌いでたまらない特徴にしがみつくことをやめられません。それが、自分の本質のあらわれだと思っているからです。

•

これは本当に悪循環です。言うまでもなく、真の自尊心とは愛する能力、すなわち自己を惜しみなく与える能力が自分にあるのを理解することによってのみ生じるからです。けれども、そんなものは存在しないのは当然だと思っているなら、その能力には気づけません。今表現している状態以外は自分と相容れないものだと信じているなら、すなわち、本質的に異質で、自分の本当の、最終的な、固定的自己は嫌うべきものだと信じているなら、その能力に気づくことはできないのです。

この循環から逃れるには、生命の本質を理解しなければなりません。生命がどれほど固定的なものに見えようとも、それは物語全体のほんのわずかな部分にすぎません。固定的で決定的なものと信じ込んでいる人格的特徴の下には、雪の下の水流のような流動的な生命があります。流動的な生命は絶えざるものです。そこから感情が、自然な、しかも驚嘆するほどの絶えざる自己革新をつづけながら、あらゆる方向に派生してゆきます。その生命は活き活きと鼓動しています。それは運動そのものです。何よりも、新たな、異なった生命の表現や人格を創造するのは、生命そのものなのです。生命においては、いつでも新たな異なった思考を自由に抱けるからです。

おわかりでしょうか。生命の真の状態、すなわち自らの真の状態を無視しているかぎり、人間として値すべき基本的な尊敬を自己に与えることはできないのです。生を死と、あるいは無生物と混同しているかぎり、絶望することになります。今では現代科学でも知られているように、ひとたびこの生命が解き放たれれば、無生物さえも固有の命を持ち、信じられない動きを見せるのです。これを考えてみてください。死んでいるように見える物も死んではおらず、生命と運動と完全な変化を有しています。まったく命がないように見える物のすべての原子における、運動や生命や変化について考えてみてください。

つまり、実際のところ、宇宙には生命を持たないものは何一つ存在しないのです。ましてや、意識が生命を持たないはずはないのです。あなたの思考は、絶え間ない運動です。問題なのは、習慣的なネガティビティや自己否定や不必要な限定などばかりを考えるように自らを条件づけてしまっていることなのです。けれども、いったん思考を新しいやり方で利用すると決心すれば、生命の希望に満ちた可変性（絶えず新たな方向に変化する可能性）を実感できるでしょう。絶えず思考を広げ、新しいアイディアを取り入れて新しい認識を抱けるのですから、新たな志向、新たな発展、新たな目的、新たなエネルギー、新たな感情をもたらせるわけです。これはすべて、人格の変化です。さして気づいてはいなくても、こうした新しい考え方や感じ方は、あなたが今、嫌いでたまらない諸々の態度を変化させます。

私が新しいあり方について語るとき、それが眠れる本質としてあなたの内面に存在していなかったという意味ではないことを明確にしておきたいと思います。それは、気づいていたかどうかという点に関してのみ新しいのです。なぜなら、そのすべてが、求められればいつでも使えるように存在しているからです。しかし、すでに存在しているとしても、自己や生命を限定的に認識し、その狭い枠組みに閉じこもっているかぎり、使うことはできません。自己を、種を植える前の肥沃な土であると考えてみてください。肥沃な土には、生命の新たな表現を生み出す驚くべき力があります。種は実際に植えられていなくても、可能性はそこにぎっしり詰まっています。意識と活気の全体は、想像できる中で最も肥沃な土です。それは、思考、感情、意志、エネルギー、作用と反作用の可能性などによって生命の新たな表現をもたらす驚くべき力を持って、常に存在しているのです。

あらゆる状況には、新たな反応の可能性が含まれています。常に選択肢が与えられます。新たな状況にあるとき、自分がしていることに注意せず、古い条件反射、すなわちネガティブなアプローチに自動的に陥ってしまうかもしれません。おそらくあなたは、嫌なことがあれこれと起こったために人生は惨めだと嘆き、その一方で、自分の不満や失敗と、ネガティブで自動的に起きる別の反応との関係を決して理解できないのです。このような習慣的な反応だけが可能なものだと考えているあいだは、人生における可能性や力を把握することはできません。

ですから、不幸に感じたり絶望したりしたときには、次のように自問してください。「どこからともなく降りかかったこの状況に、私はネガティブかつ破壊的に反応することを選んで、絶望的になったり、不満を言ったり、怒りをおぼえたりしている。けれども、他の反応の仕方はできないものだろうか」と。選択するのはあなたです。世界に怒りや不満を向けるのはエネルギーの浪費です。なぜなら、そのエネルギーを適切に使えば、新しい人生を築き上げるために相当のことができるからです。人は変えられませんが、自分の態度や思考は確実に変えられます。そのとき、人生は無限の可能性をもたらしてくれるのです。

まず、思考と態度が変わります。それから、感情がそれに倣うようになります。すると、行動や反応が新しい自然な衝動に対応し始めます。こうして、新たな人生の経験が生み出されるわけです。このプロセスの連鎖反応を経験すればするほど、自分が生命の表現の、生き、動き、絶えず変化する単位であることを認識するようにもなります。どのような性格的特徴も、自己の全体を評価したり拒絶したりするほどの理由にはなりません。それがわかれば、自己を嫌うことなく望ましくない醜い特徴を穏やかに認められるという、安心を伴ったすばらしい愉悦を味わえるのです。その特徴がどのようなものであろうと、「自分が聖なる表現である」という感覚を失うことはありません。そのときにのみ、本当に望ましくない特徴を変化させられるのです。

逆説的に思われるかもしれませんが、今論じている完全な自己否定や破壊的な罪悪感では何も解決できません。自分のことを、〝固定的で変わることのない愚鈍な人間〟だと信じているうちは何も克服できない、とわかるまでは、その理由は理解できないでしょう。信念のとおりに経験することになるという話を聞いたことがあるはずです。しかし、間違った信念体系を築いてしまった場合には、それを超えて認識することはできないのです。ですから、自分の信念がどれほど間違ったものであろうと、現実には選択肢が他にどれほどあろうとも、行動はその信念によって決定され、かつそれが正しいことを証明するものとなります。

こういうわけで、自分は変化できないと信じているなら、変化に向けての意義ある第一歩を踏み出すこともできません。その結果、変化を経験できず、〝変われない〟と信じなければならなくなるのです。ネガティブな確信を持っていると、変化を起こすための必要な努力を呼び起こすことすらできなくなります。ですから、自分は〝変われる〟と理解してください。そして変化とは、単に自分の眠っている性質を引き出すことだとわかってください。そうすれば、効果的に変化を起こすために欠かせないエネルギーや規律、スタミナ、積極性を奮い起こすことが比較的やさしくなるからです。それがわかれば、性格がどれほど醜くても、自分は愛されるべき者ではないと絶望することなどなくなります。その力を、前進するために使えるようになります。どんな破壊的な性格も克服できる、内奥の存在の資源を利用できるようになります。

あなたのあらゆる要素を含めて存在する一切とともに宇宙を創造した力は、すべてを変える能力を持っています。なぜなら、変化すべきものも同じ力によって創造され、それは本質においては現在の姿とは別のものであるはずだからです。その力はあなたでもあって、あなたが意図的に触れれば姿をあらわします。そして、あなたが自らのうちにある、無限の可能性を持って永遠に変化し、動き、発展する内面の源泉について知っているときにだけ、それは可能になるのです。

本能的な生命とふたたびつながる

自然に本来ある生命は、あなたの中にもあります。おわかりのように、単に意志と知性があるだけでは不毛です。実際には、生命の感情、つまり自然な生命が充実感をもたらしてくれるのであって、この充実感がなければ、生はまったく辛い出来事になってしまいます。それが、私たちがこれまで語ってきたことであり、この道で目指してきたものです。さて、人類は自らの生命の源泉との結びつきを、どうして失ってしまったのでしょうか。すなわち、生命の感情の源泉、生命の本能の源泉、自己の深奥にある自然の源泉との結びつきを、どうして失ってしまったのでしょうか。その理由は、自分のネガティビティを非常に怖れ、それにどう対処してよいかわからないためです。ですから文明は何千年にもわたって、本能的な生命がもたらす危機から自らを守るためにそれを否定してきたのです。しかしながら、それによって、人類は生命そのものの本質との結びつきを断ち切ってしまったのです。人類は、歪み、ねじ曲がってしまった自然の力を他の方法で取り除けることに気づけなかったのです。生命そのものを否定する必要のない方法に気づけなかったのです。本能的な生命は、いつも誤って破壊性と見なされてきました。人類が成長するまでは、「悪を避けるのに本能的な生命を否定する必要はない」ということが理解できません。実際、それを否定してはならないのです。なぜなら、否定すると、恐るべき悪だけでなく生命のすべてをくじいてしまうことになるからです。本能の深部の核においてのみ、神を見出せます。そこにおいてのみ、本当の生気が見出されるからです。ですから、ネガティブな本能をあらわにするのではなくても、それと同じくらいに致命的な方法をとって絶滅したくないなら、人類はそうした破壊的な本能に対処する別の手段を探さなければならないわけです。

このレクチャーでは、自己の破壊的な面に対応する別の手段について述べてゆきます。あなたは、いつもまったく信用してこなかった深層の本能の価値を認め、それを育てられるようになります。またその本能のうちに、かつそれを通して生きる創造的な霊の真実についても発見するようになります。それによって、喜びのうちに本能的な生命の働きを促し、展開し、統合するようにもなるのです。そのとき、本能的な生命が主張することを信じ、それに頼るでしょう。自分の望ましくない破壊的な特徴を受け入れたり直視したりすることを今でも難しいと思っているとしても、本能的な生命を否定したり恐れたりしないでください。真に公平に、客観的にその特徴を見ることができれば、恐怖や否定は諸本能の生命にまったく対立するものであると必ずわかります。本能自体は単純で無垢なものです。破壊性は常に、プライド、身勝手さ、恐怖、虚栄心、貪欲さ、孤立、非情さ、人を出し抜こうとする態度などによって生じるのです。

こうして、どれほど醜くても内面にあるものを直視し、認識し、許容し、受け入れられるようになってゆきます。それでいて、本能の美しい活気の感覚や、自尊心を持つべきであるという感覚を失うことは一瞬たりともなくなります。このような内なる状態が、変化を引き起こす跳躍台となるのです。これは単に抽象的な可能性ではなく、日々の効果的な生き方であり、絶え間ない成長運動なのです。

この重要な課題を自分が現在置かれている状況に本当にあてはめられれば、一つの重要なハードルを越えることになります。多くの人が、まさにこの辛い内面の混乱から抜け出せないでいるかもしれません。そのことに意識的に気づいていない人や、ぼんやりと感じているだけの人もいることでしょう。その葛藤に、かなりはっきりと気づいている人もいるかもしれません。しかしほとんどの人は、内面でこのような戦闘が激しく行なわれているのにまったく気づいていません。この闘いが原因となって、本能を制限し怖れたり、自己を疎外したり、魂を不毛で貧しいものにしていることに気づいていないのです。自己を拒絶する風潮の中では、魂が栄えることはできませんから……。二元的な分離が癒されて統合が見出されれば、「自己を好きになること」と「身勝手にふるまうこと」は混同されなくなり、真摯に自己に向き合ったとしても自己嫌悪に陥る必要はなくなります。そうしてはじめて「愛せよ」という宗教的な戒律が満たされるのですが、そのことに、人々は気づいていません。内面の最も醜いものを真に受け入れつつも自己の本質的な美を見失わないでいられるときにのみ、平安は見出せるのです。

さて、質問はありますか。

質問　自尊心の問題で、現在、ひどい闘いが行なわれているのを感じます。まるで、核爆発のように感じられます。自分で設けた限界にとらわれていることにも気づいています。快楽に耐えられないのです。習慣的に不快な状態にあるので、快感はほとんど不自然なことに思えます。

答え　自己を、驚くほどのあらゆる力や可能性や固有の能力を持った生命の本質と見なせれば、自分が尊敬され、受け入れられるべき存在であるのが本当にわかるでしょう。嫌いな特徴を見ながらも、自分の本質的なあり方を見失わないようになります。

かなり役に立つ可能性のある、特別なエクササイズも提案しましょう。まず、自分の嫌いな点をすべて書き出してください。すべてをきちんと紙に書き出しましょう。書き出したら、その特徴をよく見てください。そして、内面の感覚を探りながら、自問してください。

「自分はこれだけの存在だと本当に信じているのだろうか。死ぬまでずっと、自分はこの特徴のままだと本当に信じているのだろうか。自分には愛すべき可能性があると信じているだろうか。想像しうるすべての善きものを有している力を、内面に閉じ込めたままにしておくのだろうか」

このような問いを真剣に立てれば、単なる理論的な概念を超えた深い感情のレベルで答えを受け取れます。怖れる必要のない新たな内なる力や、敵意などの防御を必要としない優しさや柔らかさを体験するのです。そのとき自分の内面に、愛すべきものや尊敬すべきものがどれほどあるかがわかることでしょう。

愛と喜びを一つにする

みなさんは個人的なパスワークにおいて、それを抱いているあいだは愛が不可能になる特別な誤解に最近出会いました。愛することと、完全に貧しくなり命さえ奪われてしまうような恐るべき危険とを誤って同一視するならば、どうして愛したいなどと思うでしょうか。どのように愛せるというのでしょうか。このような間違った考え方によれば、自己を惜しみなく捧げると、与えたものを奪われるばかりで補ってもらうこともありません。もしそれが本当なら、愛することはまったく不可能であり愚行になります。今なら「そうではない」と、「現実は違う」とおわかりなのではないでしょうか。愛があらゆる生命と同じように、知恵なる無尽の泉から生ずるのがわかれば、自然な本能を否定する必要はなくなるのではないでしょうか。本能は手を差し伸べたがっており、愛、あるいは温かさを感じる喜びや自己を惜しげもなく与える喜びを求めています。さらには、連鎖的に、他を愛せれば必ず自己を愛せるようになるという、自然で有機的なステップも予見できるのではないでしょうか。これが、喜びを怖れる理由です。自分は喜びに値しないと思われるばかりでなく、愛と喜びは互換的なものであるからです。真の喜びとは愛することであり、愛なしに喜びはあり得ません。愛を抱いているとき、全身は至福の波動にあります。確信、安心、平安、刺激、最もリラックスした心地よい興奮などの状態にあるのです。単に受容的であるときに与えられたものを通しては、至福の波動はやってきません。愛の感情と同調しているときにやってくるのです。だからといって、愛を受け取れないということを意味しているのではありません。与えることと受け取ることはきわめて互換的なものであるので、しばしばどちらがどちらかわからなくなるほどです。両者は一つの運動となり、区別できなくなるわけです。

今のところ、あなたの性質が愛を感じるのを許していないなら、至福を怖れています。なぜなら、至福と愛は同じものであるからです。「与えることは失うことだ」という誤解があると、自然な本能が発揮される可能性のある状況で閉じこもり、畏縮してしまいます。そして、愛と喜びを否定するときには、必ず自尊心も否定しなければならないのです。上手に愛せないとしても、それが自分だけの固有の性質であり永遠に変えられないわけではないと理解することが鍵となります。感情的経験の深いレベルに存在している、ある間違った前提のために、一時的に愛せなくなっているだけなのですから。真に十分に直視すれば、この誤解はすぐにも変えられます。

幸せであってください。そして、平安のうちにあってください。内面に神がますますあらわれるように、正直にありのままの自分でいてください。

•

Chapter 14

エゴ、ローワーセルフ、ハイアーセルフ：三つの声のための瞑想

とくに自己変容をめざしたこの瞑想では、意識的なエゴの力によってハイアーセルフ（高次の自己）とローワーセルフ（低次の自己）とのあいだの対話を活発にします。それは、無意識にあるものを意識的なマインドにもたらすためです。この瞑想を行なうことと、それによって表面化した、認めて変容すべきものを書きとめることは、貴重な日課となるかもしれません。これにより得られた力を使えば、人生をポジティブに創造する技術を身につけられるからです。

§

みなさん、こんばんは。愛と祝福、援助と内なる力がやってきて、みなさんを励ましています。そして、みなさんが深奥の自己を開くのを助けています。このプロセスをつづけ、育んで、自己の全体を生命へともたらしてください。内面に完全性を創り出してください。

瞑想の種類にはさまざまなものがあります。宗教的な瞑想は、決められた祈りを唱えることで成り立っています。主に集中力の向上を目指す瞑想もあります。霊的な法則について熟慮し、考え抜くタイプのものもあります。エゴを完全に受動的な、意志を失った状態にし、聖なるものがあふれるにまかせる瞑想もあります。そうした瞑想法や、他の瞑想法にもそれなりの価値はあるでしょう。しかし、私とともにワークをするみなさんには、使えるエネルギーと時間のすべてを、幸福や充実感や完全性を破壊してしまう自己の部分に直面することに使うよう提案します。この直面を避けようとすれば、真に熱望している完全性――この目標を明確な言葉で捉えているかどうかは別にして――を創り出すことは決してできません。どのような理由であれ幸福や充実感や美を否定する、利己的で破壊的な自己の反抗的要素に発言させることも、ここで提案するアプローチには含まれます。

瞑想の力学や意義やプロセスを真に理解してそこから最大の利益を引き出すには、いくつかの心の法則を明確にしなければなりません。その法則の一つは、瞑想が真に効果的である場合には、人格の基本的な三層が積極的にかかわっているというものです。

この人格の基本的な三つのレベルを次のように呼んでもよいでしょう。

1　意識的な知識や意志のすべてを持った意識的なエゴのレベル
2　全能であることを無視して、破壊しながらも、それを主張している利己的で無意識的な子供のレベル
3　卓越した知恵や力や愛を持ちつつ、人生の出来事を包括的に理解している超意識的な宇宙的自己のレ

ベル

効果的な瞑想では、意識的なエゴは、無意識的で利己的な破壊的自己と、超意識的で卓越した宇宙的自己との両方の働きを活発にします。この三つのレベルで絶えず相互作用が為されなければならないのですが、その際、意識的なエゴの自己にはかなりの慎重さが要求されます。

仲介者としてのエゴ

意識的なエゴは、無意識の利己的な自己が自らを開示し、発展し、意識にあらわれ、自己表現するのを許すという決心をしなければなりません。それは思ったほど難しくないかもしれないし、簡単でないかもしれません。人には、そうありたいと思い、またそうであるようにふるまってさえいる理想的な自己像があります。その結果、意識の表層では、エゴは自らをその理想像であると信じ込むほどです。今言った意識的自己の決心が難しいのは、単に自分が、その理想的自己ほど完全でも、進化しても、善良でも、合理的でも、理想的でもないのを怖れるからにすぎません。表層的な確信は、「その理想像は真実ではない」という無意識の知識によって妨害されます。よって、全人格は自分が嘘をついているとひそかに感じ、それが露見するのを怖れるわけです。人間が、利己的で不合理な、まったく破壊的な部分が内面の意識にはっきりとあらわれるのを許し、その細かい特徴の一つひとつまで認識するなら、それは自己受容と成長の重要な証です。それだけでも、その人の意識が気づいていない危険で間接的な現実化を防げます。意識が気づけないのは、それと結びつけられていないからであって、結果として望ましくない結果は外界からやってくるように思われるのです。

ですから、意識的なエゴは深層へと降りてゆき、こう言わなければならないのです。「自分のうちにあるもの、自分について知るべきことで隠れているもの、そこにあるネガティビティや破壊性は、すべて明るみに出すべきである。虚栄心がどれほど傷つこうともそれを見たいし、見ることにコミットする。苦境に陥ったとき、どれほど自分の役割からことさら目を背けようとし、人の過ちに意識を集中しすぎているかに気づきたいと思う」

これが瞑想への一つの方向です。

もう一つの方向は、意識的自己の限界を超える力を持つ、高次の宇宙的自己に向けられたものでなければなりません。この高次の力は、小さな破壊的自己をさらけ出して抵抗を克服するためにも求めるべきです。エゴの意志だけではそれは成しとげられないかもしれませんが、エゴは意識的に自己決定できるのですから、高次の力に助けを求められるし、求めなければならないのです。破壊的な子供の表現を無視してそれを怪物にする状態にいたることがないように、その表現を正確に誇張なく理解する上でも、宇宙的な意識に助けを求めるべきです。人は、外側への自己拡大と内側に隠された自己卑下とのあいだで簡単に揺れ動きます。ですから、破壊的な子供が姿をあらわしたとき、この破壊的な自己が究極の悲しむべき現実なのだと信じ込んでしまうかもしれません。利己的な子供があらわれたとき、それを完全に認識するには、宇宙的自己の導きを常に求めなければならないのです。

エゴが子供の自己表現に批判的にならずに関心を持ち、心を開いて耳を傾け、それを許し受け入れるようになったために、その子供がよりいっそう自由に自己表現し始めたなら、さらなる探求のためにこの情報をよく考えてみてください。あらわれるものは何でも、起源、結果、さらなる波及効果について探求しなければならないのです。憎しみ、恨み、悪意などのネガティブな感情を表面化させた根本的な誤解は何なのか、自問してください。誤解を認識すると、それに比例して罪悪感や自己憎悪は減少します。

さらに問われるべきなのは、一時的な満足のために破壊的な衝動に屈してしまったときの影響はどのようなものかということです。こうした問いを解き明かせれば、破壊的な要素は弱まります。ここでも、特定の原因と結果についてどれほど理解しているかに応じてですが。パスワークのこの部分がなければ、作業は半分しか為されていないことになります。瞑想は、無意識的なネガティビティのすべての問題を一歩一歩処理してゆくものでなければならないのです。

この相互作用は三層になっています。まずは観察者としてのエゴが相互作用を求め、ネガティブな側面に触れてそれをさらけ出すことにコミットしなければなりません。同時にエゴは、宇宙的自己の助けを求める必要があります。そして、子供が姿をあらわしたら、エゴは、さらなるワークをするために「意識を強化してください」と宇宙的自己に**もう一度**助けを求めなければなりません。そのワークとは、根底的な誤解とそのために払っている大きな代償とを探求することです。もしあなたが許すなら、宇宙的自己は破壊的衝動にたびたび屈してしまう誘惑を克服する手助けをしてくれます。このような誘惑への屈服は、必ずしも行動にあらわれるとはかぎらず、感情的な態度にあらわれます。

瞑想的な態度

このような瞑想をするには、非常に多くの時間と根気、忍耐、決意が要ります。あなたが満たされないでいる場合、問題がある場合、人生で葛藤がある場合には、悲しみながら人や環境などのコントロールできないものに心を向けるのではなく、内面にいたり、利己的な子供のレベルに根ざした原因を探求すべきであるということを忘れないでください。その際、瞑想は絶対的に必要です。それは**自己を収穫する**ということであり、特定の環境とその原因の真相を穏やかに、静かに知ろうとすることなのです。ですから、静かに**答えを待つ**必要があります。マインドがこの状態にあると、まず平安が訪れ、次に、特定のネガティビィティを持っている理由を完全に理解します。人生に対してこのような真摯なアプローチをとるだけで、苦しまなければならなかった責任を人に押しつけているうちは得られなかった、平安や自尊心を、ある程度得られるからです。

このような瞑想の練習をすれば、それまで知らなかった自己の側面を発見するでしょう。実際、二つの要素を発見することになります。つまり、宇宙の高次の力がやってきて、洞察や浄化や変化を必要としている最も破壊的で無知な、内なる側面を発見するのを助けてくれるわけです。ローワーセルフを受け入れようとすれば、ハイアーセルフが真の存在感を内面で強めていきます。そして実際、次第にそれが本当の自己であるように実感するにいたるのです。

瞑想をする人は多いですが、その試みの二面性を無視しているので統合の機会を逃しています。実のところ、人格が十分に自由で、ポジティブで、開放的である場合に作用する宇宙の力の一部は実現しているかもしれませんが、不自由で、ネガティブで、閉鎖的な領域は無視しているのです。実現された宇宙の力そのものは、未発達な自己の部分との統合を強制することはありません。意識的なエゴの自己が〝統合しようと決めて〟努力しなければならないのです。そうでなければ、宇宙的自己は閉ざされた領域に働きかけられません。宇宙的自己との統合が部分的なものにすぎないと、いっそうひどい自己欺瞞に陥ることもあります。すでに聖なる力と統合している部分を全体と思い違いし、統合されていないネガティブな側面を見過ごす傾向が強まる場合があるからです。そうすると、偏った発達の仕方をすることになります。

パスワークの瞑想によって引き起こされる変化

このプロセスを完全にやりとげれば、自己の全体が途方もなく強化されます。人格の内面で、さまざまなことが起こり始めるのです。第一に、意識的なエゴの人格それ自体が、強く、健康的になります。リラックスしたよい意味あいで強くなるので、決意、気づき、意義ある方向づけ、一点から注意を逸《そ》らさない集中力などが可能になるのです。第二に、自己の受容や現実に対する理解がはるかに深まります。非現実的な自己憎悪や自己嫌悪は去ってゆきます。同時に、特別さや完全さを非現実的に求めることもなくなります。間違った自己卑下や羞恥心と同時に、間違った霊的なプライドや虚栄心も消えうせるのです。高次の力を着実に活性化してゆくと、自己は段々と惨めさや無力さ、当惑、絶望、空しさなどを感じなくなります。この拡大した世界の現実が破壊的な内なる子供《インナーチャイルド》を受け入れて変容させる方法を教えてくれるので、あらゆる驚くべき可能性を持った宇宙の完全な感覚が自己の内面からあらわになります。

このように段々と変化してゆくと、すべての感情を受け入れることができるようになり、自己の存在を通してエネルギーが流れるようになります。自己のちっぽけで、哀れで、卑劣な側面を、一切の、決定的な現実であるなどと考えずに受け入れるとき、優越した自己の美、知恵、愛、無限の力はいっそう現実的なものになるのです。ローワーセルフにきちんと対処すると、バランスの取れた進化や統合、自分の現実に対する深くてしっかりとした理解を得られるわけです。また必ず、現実的で十分な自己愛も生じます。

自己のうちに真実を見出し、さらにその真実を求めてコミットすることが第二の性質となれば、それまで見ることに強く抵抗してきた内面の醜い側面をも探すようになります。同時に、自己のうちにあり、実際には自己そのものである偉大な宇宙的霊力をも探します。逆説的に聞こえるかもしれませんが、自分には価値があるという感覚を保ちながらもちっぽけで卑劣な内面の生き物、すなわち無知な子供を受け入れればそれだけ、内奥の存在の偉大さもますます認識できるようになるのです。その際、小さな自己を見つけたからといって自己非難の理由としないようにしなければなりません。ローワーセルフは意識的なエゴをそそのかし、神経症的な自己非難や絶望や、病的な降伏の狭い限界に閉じ込めておこうとします。そうした限界は、表現されていない憎しみを常に覆い隠すものです。意識的なエゴは、あらゆる知識と能力とを使ってこの戦略を阻止しなければなりません。自己非難し、絶望し、降伏する内なる習慣を観察し、それに対抗してください。その習慣をふたたび地下に押し込めることによってではなく、知識を活用することによってそれと対抗してください。自己のこの部分に語りかければ、意識的なエゴが持つあらゆる知識をそこに向けられます。もしそれで不十分であれば、意識を超えた力に「助けにきてほしい」と頼んでください。

内に存在する最低次のものと最高次のものの両方を知るようになると、意識的エゴの働きや能力と同時に、その限界も発見します。意識的なレベルにおけるエゴの働きとは、内面の最低次のものと最高次のものの完全な真相を見ようとすること、つまり、全力をつくして破壊性を変化させ、手放すことです。限界は、意識としてのエゴが自分だけではそれを行なえず、宇宙的自己に助けと導きを求めなければならないということ、そして、疑ったり焦ったりして無理な努力をするのではなく、忍耐強く待たなければならないということです。待っている際には、助けがどのようにあらわれるかに対して自らを開いた態度をとる必要があります。先入観が少なければ少ないほど、助けがあらわれるのは速くなります。宇宙的意識の助けは予想していたのとはまったく違うやり方で訪れるかも知れず、そのことが障害になることもあるかもしれません。心を開いた、待機的で受容的なポジティブな態度もまた必要です。しかし、そのような態度でないことに気づくのが、「現在、自己がどこにいるか」についての建設的な認識となる場合もあります。

破壊的自己の再教育

これまで、瞑想のプロセスの二段階について論じてきました。第一は、無自覚的で破壊的な利己的自己に気づくこと。第二は、根底的な誤解や因果関係や意義を理解すること、さらには現在の破壊的な態度の代償を理解することです。**第三の段階は、自己の破壊的な部分に進路の修正と再教育をほどこすことです。**破壊的な子供は、今や完全に無意識ではありません。その子供は間違った信念や、頑固な抵抗、恨み、人を殺しかねない怒りなどを抱いていますので、進路を修正してやらなければなりません。しかし、破壊的な子供の信念や態度のあらゆる要素に十分に気づかないと、再教育は行なえません。ですから瞑想の最初の部分、すなわち明るみに出して探求する段階がきわめて重要なのです。この第一の段階は、第二、第三の段階を始めるために済ませるものではないのは言うまでもありません。これは継起的なプロセスではなく、それぞれの段階は重なりあっているのです。

これから私が述べることは慎重に吟味されるべきです。そうでなければ、そこに含まれた微妙な事柄が伝わらなくなるからです。再教育は非常に安易に誤解され、その結果、表面化しかけた破壊的な部分を新たに抑制したり、抑圧したりしがちです。ですから十分に注意をして、慎重にそれを避けなければなりません。しかし、破壊的な部分に飲み込まれないようにもしなければなりません。表面化し始めた破壊的な部分に対する最善の態度は、距離をとって観察する態度、すなわち正誤を判断せず、急ぎもせずに受け入れる態度です。破壊的な部分が明るみに出れば出るほど、その部分が存在している事実もその破壊的な態度も決定的なものではないことを思い出す必要があります。それだけがあなたの態度ではないし、それはまた絶対的なものでもないわけです。何よりも、あなたは生まれながらにすべてを変える力を持っているのですから。自己の破壊的な部分を認めないでいる場合、人生に与えてしまう損害に十分に気づいていないと、変化を起こそうという気にはならないかもしれません。ですから、破壊的な部分が遠回しに表面化する方法を深く広く探すことは、この段階のパスワーク瞑想におけるもう一つの重要な面です。表現されていない憎しみは、人生にどのようにしてあらわれるでしょうか。おそらく、自分にはふさわしくないとか恐ろしいなどと考えるように仕向けたり、エネルギーを抑制したりすることによってでしょう。これは一つの例にすぎませんが、すべての間接的な表面化を探求する必要があります。

ここで、生命のあるところには絶えず運動があることを思い起こすのが重要です。運動は一時的に麻痺しているときでさえ存在しているのであって、物質も生命の原料が麻痺したものです。体内で凍結したエネルギーの塊は、一時的に堅くなって動かなくなった生命の原料です。この生命の原料はいつでもふたたび動かせますが、それができるのは意識だけです。なぜなら生命の原料は、エネルギーと意識で満たされているからです。このエネルギーが一時的に閉塞して凍りついているかどうかや、意識が一時的に霞《かす》んでいるかどうかは問題ではありません。瞑想は何よりも、すでに意識的で実際に動いている自己の部分が、滞ったエネルギーをふたたび動かそうとして、霞んだ意識をふたたびはっきりしたものにしようとすることなのです。そのための最善の方法は何よりも、凍りついて霞んでいる意識に自己表現させることです。そのとき、「表面化するのは破壊的で破滅的なものだ」などという反応をするのではなく、すべてを受け入れる態度をとる必要があります。内面の破壊的な子供が表面化したときにパニックを起こしていると、その子供自身がもたらす以上の損害を生み出すことになるからです。耳を傾けて、その子供を理解してやらなければなりません。自己を憎んだり子供を押しやったりすることなく、静かにその表現を受け入れなければならないのです。このような態度をとってはじめて、根底的な破壊性の原因を理解できるようになります。そしてそのときにこそ、再教育のプロセスは始まるのです。

いつものようにネガティブで、混乱し、怯《おび》えて、自己拒絶し、完全さを要求する態度をとっていると、この瞑想はあらゆる点で不可能になります。そのような態度は表面化を許さず、表面化しようとしているものの原因を探求するのを許しません。そして、再教育を許さないのは確かです。ひどく破壊的で停滞した心の問題に対して意識的なエゴが慈悲に満ちた支配をほどこせるのは、受容的な、理解のある態度を通してなのです。何度も述べてきたように、優しさや確固たる態度や深い決心を持って自己の破壊性に向き合うことが必要です。これは逆説的なのです。すなわち、破壊性と同一化しなければならないのですが、同時にそれと距離をとらなければならないわけです。破壊性は自己であることを受け入れてください。そして同時に、もしあなたが選択するなら、最終的な決断の言葉を述べられる自己の別の部分もあることを知ってください。そのためには、意識的なエゴの表現の範囲を拡大して、いつでも次のように主張できるようにしなければなりません。

「私は自分の破壊性より強くなれるし、それに妨げられはしない。人生を最善最高のものにすると決意し、かつ自分を不幸なままにとどめようとする内面の障害を克服できるし、克服すると決意する。そのように決

•

意すれば、高次の力がやってきて、ますます喜びを経験できるようにしてくれる。なぜなら、ネガティブであることがもたらすいかがわしい喜びを完全に認識しており、それを手放せるからだ」

これが、意識的なエゴの仕事です。そのときになってはじめて、導きや知恵や支えなどの力を、さらには宇宙的自己に浸透されることで生じる内なる新たな愛の感情を作用させられます。

破壊的な側面を目覚めさせてその深い意味を探求する上で、相互に作用する三つのレベルの関係が必要であるように、再教育もまた、その関係を通して為されなければなりません。再教育は、無知で利己的な子供に指示を与えてその子供と対話しようとする意識的なエゴの努力と、宇宙的な霊的自己の介入や導きとによって達成されます。それぞれがそれぞれに子供の段階的な成長を促すのです。エゴはネガティブな内なる子供《インナーチャイルド》の意識を変えたいと思い、また変えることにコミットして、それを自己の目標とします。これはエゴの仕事です。この仕事を完全に行なえるようになるには深部の人格からの霊的エネルギーの流れがなければなりませんが、その人格は意図的に活性化される必要があります。ここでも、意識は二重のアプローチをとらなければなりません。一つは、対話を主導し、穏やかながらも断乎として無知な子供に指図を与えながら、その自滅的な要素を変容させたいと思っていることを明確にする活動です。もう一つは、宇宙的な力が最終的にしかも常に徐々にあらわれるのを、より受動的に忍耐強く待つことです。感情が新たな、より弾力性のある反応を引き起こすとき、内なる変化を引き起こすのはこの宇宙的な力です。こうして、よい感情が、ネガティブなあるいは死んだような感情に取って代わるわけです。

抵抗している部分を攻撃したり抑圧したりするのは、その部分がちょっとした変化をもあからさまに拒絶しているのを許すことと同じくらい、無駄で効果がありません。意識的なエゴが、健康や発展や善き人生に向けてのあらゆるステップを拒絶する自己の部分が実際に存在していることに気づいていないとき、対抗的な運動はあわただしく落ちつかない圧力の運動になるかもしれません。どちらも、自己嫌悪から生じているからです。挫折感や絶望感をおぼえているのなら、「内面に〝変わりたくないし、建設的にもなりたくない〟と言っている部分を探すべきである」というサインだと捉えてください。探求を始めて、この声を見つけてください。内面の最悪のものを探してそれに自己表現を促すために、ここでも瞑想的対話を用いてください。

ネガティブな部分を表現したり、その意味や原因と結果を探求したり、その部分を再教育するのは揺れ動くプロセスであって、それらは交代で行なわれることもあれば同時に行なわれる場合もあるのはおわかりでしょう。浄化や統合をめざして努力するとき、相互に作用するその三つのレベルがどのように融合するのかを理解してください。このとき瞑想は、以前には表現できなかったものを絶えず表現する作用を持つのです。これは三重の交流であり、三重の対立です。一つはエゴから破壊的自己に向けられたものであり、一つはエゴから宇宙的自己に向けられたものであって、それにより、宇宙的自己はエゴと破壊的な自己との両方に働きかけられるというわけです。こうして進化の道のそれぞれの地点において、まさに必要なことを感じ取れるように、あなたの感受性は日増しに発達してゆきます。

瞑想を始める方法

日々、新しい仕事、興奮させられる仕事、美しい仕事が生じます。それを片づけてしまいたいと思い、片づけてしまわなければ人生が始まらないかのように、そうした仕事に取り組むべきではありません。反対に、瞑想のプロセスこそが「最大限に生きる」ことなのです。瞑想のたびに、自らに「その問題やあの問題に対して、この瞬間、自分は実際のところどう感じているのだろう。どの点で、不満をおぼえているのだろう。私が見ないでいるものはいったい何なのだろう」と問うことから始めるのもよいでしょう。そして、内なる宇宙霊に答えを見出すのを助けてほしいと求めるのです。あらわれるであろうものを信頼して待ってください。自己のある部分が表面化してこそ、直接にその部分と対面したり交流を持ったりできます。あるいはその部分に指示を与えることができるだけでなく、そこと対話し、またそこにさらなる問いかけができるのです。忍耐と決断があれば歪んだ部分を改められますが、その前にまず、その部分に十分な自己表現をさせなければなりません。完全に正直になろうとすることで、つまり、完全に建設的で、愛に満ち、開放的になろうとすることによって、停滞した心のエネルギーを形成しなおし、その方向を修正できるわけです。この点で「やる気のなさ」があるなら、それこそが直視され、探求され、再教育されるべきです。

これが、瞑想によって人生を問題解決や、成長と充実、最高の可能性の開花へと向けて前進させる唯一の意義ある方法です。それを実践するとき、人生への信頼が、個人的な行動にあてはめられない、ぼんやりとした、夢のような理論でなくなるときがやってきます。人生への信頼や最も健全な意味での自己愛が、希望的観測ではない現実的な考察に基づきながら満ちあふれるようになるのです。

人生の逆説を調停する

意識が拡大すると、人生で絶えず悩まされる逆説や対立が調停されます。まず、欲望の逆説を検討してみましょう。欲も無欲も、どちらも重要な霊的態度です。二元的で分離したマインドにとってのみ、どちらが正しいかについての混乱を引き起こす対立者のように見えます。

人間には欲望があります。なぜなら、欲望だけが瞑想の持つ第四の要素をもたらすからです。これは新たなよりよい人生の内容、すなわち人生経験を創り出すための意識的概念の拡大です。よりよいあり方やいっそうの充実感を欲しないなら、人生の内容を創り出したり改造したりするための材料がないことになります。完全な状態の視覚化には欲望が必要条件です。このような概念は意識的なエゴによって心に抱かれなければならず、より拡大した状態の創造を助けるために宇宙的意識が介入しなければなりません。

欲と無欲が相容れないものだと考えているなら、必要な態度を把握したり感じ取ったりすることはできません。新しい可能性を信じて、充実と自己表現を伴った偉大な状態に発展するには、欲望はなければならないものです。しかし欲望が緊張し、差し迫った、収縮したものであると障害が生じます。このような欲望は暗に、「望んでいることが起きるとは信じられない」と言っているのです。そして、これはおそらく、誤解や不合理な恐怖、代償を払いたくないなどの気持を抱いているので、根底では「本当はそれを望んでいない」と思っている結果です。この根底での否定は、あまりにも緊張した願望を創り出します。ですから、次のようにあらわされるある種の無欲さがなければならないわけです。すなわち、「今のところ、特定の形では実現できていないかもしれないけれど、それを持つことはできるし、必ず持てるだろうとわかっている。宇宙と自分の善なる意志とを十分に信頼しているので、待っていられるし、この欲望がもたらす一時的な苛立ちにきちんと対応しながら自己を強化するだろう」というものです。

瞑想を、そして実際にはあらゆる生命の表現を現実的で美しいものにする、「健康的な欲望」と「健康的な無欲」との共通の特徴は何でしょうか。まずは、怖れずに信頼しているということです。挫折や願望の不充足を、さらにはその影響を怖れていると、魂の動きは張り詰めて願望の実現を妨げます。そして結局は、願望をすっかりあきらめてしまいさえするでしょう。すると、無欲は歪められて誤解され、悪しき種類ののとなります。なぜなら、過度に緊張した欲望が存在しているからです。つきつめて考えれば、このように緊張した欲望の原因は、「望んでいるものを手に入れることができなければ自分は消滅してしまう」という子供じみた信念によって恐怖を抱いていることなのです。ですから、願望が達成されないことを過度に怖れており、それにうまく対処できるとは信じられません。こうして、悪循環がつづきます。恐怖は痙攣を引き起こし、それが欲望の否定につながるのです。意義深い瞑想の第四段階に到達するには、瞑想を通してこうした非常に微妙で曖昧な態度を探求する必要があります。第四段階では、願望の不充足と充足との両方に対応できるという自信を持って願望をあらわせます。そしてそのために、切望しているものをもたらしてくれる慈愛に満ちた宇宙の力を借りつつ、願望を表現できるのです。究極の至福状態はいずれにせよ自分のものになると知っているとき、途上の障害は乗り越えられます。ですから、欲と無欲とは調停できない逆説ではなく、相互に補う形の態度となるわけです。

同様に、健康的な心には関与と超然との両方があるものだなどと言ったら、逆説的に聞こえるでしょう。この、一見の矛盾を理解するにも、二重のアプローチをとらなければなりません。もしあなたが人とかかわることを恐れ、痛みを感じたがらず、愛するのを怖がっているために、人と距離を置くことがあなたにとって無関心でいることを意味するなら、それはあなたの本当の態度を歪めたものです。人とかかわることが単に、「望むものはすぐにも手に入れなければならない」という子供じみた主張によって生み出された、過度に緊張した意志の表現を意味するなら、健康的で生産的な意味でのそれとは逆のものです。

歪められなければ包括的な全体を作り出す一見の対立の、三つ目の例を選んでみます。内なる**受動的**態度と**能動的**態度を取り上げてみましょう。二元的次元では、この二つは相容れないように思われます。どうしたら調和的に、能動的でありかつ受動的であるなどと言うことができるのでしょう。正しい内的相互作用は、この内なる運動の両方を含むのです。たとえばここで説明したように、瞑想はこの両者を含まなければなりません。内なる意識レベルを探求するとき、あなたは能動的です。抵抗を認識して克服することにコミットし、努力するとき、能動的です。以前は認めていなかった破壊的側面に自己表現させるために自問するとき、能動的です。自己の子供っぽい無知な要素と対話しそれを再教育するとき、能動的です。エゴの意識を用いて霊的意識の助けを求めるとき、能動的です。人生の経験についての古くて限定された概念に対して、新しい概念を創造するとき、能動的です。エゴが他の二つの「宇宙」に働きかけて結びつきを確立しようとするとき、能動的です。しかし、このエゴ以外の二つのレベルが姿をあらわし自らを表現するのを、あなたは受動的に待てるようにならなければなりません。そのとき、魂の中で能動性と受動性の正しい融合が広がります。能動的な動きと受動的な動きとの両方が同時に存在するようになってはじめて、宇宙の力は人間の内面で実現するのです。

これらは自己の内面で理解し、用い、観察すべききわめて重要な概念です。それがどこで歪められ、反対にどこでうまく働いているのかを見つけ出してください。自己のうちで三者間の相互作用が働くとき、常に調和的な融合が為されています。すなわち、欲と無欲との、関与と超然との、そして、能動性と受動性との融合があるのです。このバランスが安定した状態になるとき、**破壊的な子供は成長します**。子供は殺されるわけでも、消滅するわけでもありません。追い払われるのでもありません。その凍りついた力がとけ、活き活きとしたエネルギーに変化するのであって、あなたは実際にそれを**生きた力**として感じることでしょう。子供を殺してはなりません。救済され、解き放たれて、成長できるように導いてやるべきなのです。その目標に向けて努力をするなら、エゴのレベルと宇宙的自己との統合に確実に近きます。

これは説得力のある情報です。みなさんに至福を。平和のうちにいてください。神とともにいてください。

Chapter 15
エゴと宇宙の力とのつながり

エネルギーと意識は、宇宙の分かつことのできない力としてあらわれます。この力は、私たち全員のうちにある創造的な生命の原理です。しかし人間は、この創造的で神聖な力との意識的なつながりをしばしば失い、内なるハイアーセルフよりも、限定されたエゴを信頼してしまうのです。この分離の背後にある恐怖とはどのようなものでしょうか。内面の最善のものに対する羞恥心をどうやって探し当てたらよいのでしょうか。わたしたちはどのようにして、内なる宇宙の力に身をゆだねるのでしょうか。

§

親愛なるみなさん、こんばんは。このレクチャーがみなさんに新たな洞察と力を与えますように。そしてそれによって、自己を——すなわち本当のあなた自身や、あなたが属する場所、自己を満たす方法を——見出そうとする試みが、少しでもやさしいものになりますように。おそらく以前に聞いたことはあるけれども、今のところ個人的な体験に基づいた真実にはなっていない観念の新しい要素に気づき、私の言葉に一条の新たな光を見出してくださいますように。

宇宙の生命原理と「忘れやすい」エゴ

つきつめて考えれば、人生が意義深くて満足のゆくものになるかどうかは、もっぱらエゴと宇宙の生命原理との関係によります。この原理は、「本当の自己」と呼ばれることもあります。両者の関係のバランスをとれば、すべてがうまくいきます。宇宙の生命原理は生命そのものです。言葉の最も深く、最も高遠な意味での永遠の意識です。すなわち、永遠の運動であり、無上の喜びであるのです。生命である以上、死ぬことはあり得ません。それは呼吸をし、動き、振動する、あらゆるものの本質です。それはすべてを知っています。なぜなら、自らの本性に反することはできないので、絶えず自己を創造し永続させるからです。

すべての個々の意識は宇宙の意識です。それは、宇宙の意識の部分という意味ではありません。なぜなら、部分は小さいものを意味するからです。しかし、意識が存在するところにおいては、どれもが独自の意識なのです。独自の意識すなわち創造的な生命原理は、さまざまな姿形をとります。意識が個別化するプロセスにおいて、その存在が源とのつながりを記憶する限界点を超えると、分離が起こります。個別の意識は存在しつづけ宇宙的な意識を含んでいますが、自己の本性や法則や能力を忘れがちになります。要するに、これが全体としての人間の意識状態です。そして、生命原理とのつながりを忘れてしまった部分を、私たちは分離したエゴと呼ぶのです。

生命原理に気づき始めると、それは常にあったのに、「自分は分離した存在だ」という幻想のせいで今まで気づかなかったことに気づきます。ですから、宇宙の意識が「あらわれる」というのは、完全には正確ではありません。「あなたがそれに気づき始める」と言ったほうがより正確でしょう。あなたは絶えず存在する生命原理の力を、「自律的な意識」として、あるいは「エネルギー」として認識するかもしれません。分離されたエゴの人格には、そのどちらの面もありますが、あなたが宇宙の知性に気づいているか、またそれを利用できるかどうかはさておき、エゴの知性は宇宙の知性よりもはるかに劣っています。エネルギーについても同じことが言えます。**意識もエネルギーも、宇宙の生命の異なる要素ではありません。両者は一体なのです。**

自律的な意識としてあらわされているにせよエネルギーとしてあらわされているにせよ、宇宙の生命原理の基本的特徴の一つは自発的であるということです。骨の折れるプロセスや、束縛された、過度に集中した状態にあると、姿をあらわしてはくれません。それがあらわれる際には、努力は常に間接的な要因でしかありません。努力が必要なのは、自己の真実を見て、特定の幻想を手放し、破壊的ではなく建設的になろうとするのを阻んでいる障害を克服するためであって、よい気分になるのを約束する自己実現という名の、言葉倒れのプロセスのためではないのです。

生命の創造的プロセスに建設的に参加したいと真摯に望みながら、内面の真実を見るための一つひとつの

•

ステップを踏めば、自己は解き放たれます。これが、自発的なプロセスの始まり方です。そのプロセスは意識的な意志によるものではありません。体内の未知のもの、自律的なもの、つまり不随意的なプロセスを恐れるほど、自己のうちの自発的な生命原理を体験できなくなります。

生命原理は、個人的な問題を解決したり創造的な才能を育てたりする際に、かつては想像すらできなかった知恵としてあらわれるかもしれません。生を活き活きと経験する新たな方法となるかもしれません。すなわち、人が行なうことや見るものすべてに新たな趣《おもむき》を与えるかもしれないのです。生命原理は常に安全であり、裏切られることのない正当な希望を与えつづけてくれます。この新しい生の経験は恐怖を一切含みませんし、努力や強制によって生み出されるものでもありません。不随意的なプロセスというエゴの直接的な支配が及ばない「内なるメカニズム」を恐れないでいる程度に正確に応じて、その経験はもたらされるのです。

真の自己に対する憧れと恐れとの葛藤

人間は、この不随意的なプロセスがもたらす成果を心底求めながらも、そのプロセスを恐れてそれと闘ってしまうという逆説的な立場にあります。この葛藤は激しくて悲劇的なものであり、恐怖を手放してはじめて解消できるものです。

子供時代に個人的に経験した人格的困難は、後に内的な問題や誤解の原因となりますが、結局のところ、それよりもはるかにこの非常に深い実存的葛藤からあらゆる心理的問題が生じているのです。すべての生命はこの基本的な葛藤を解決すべく動いています。しかし、その解決が為されるには、まず個人の神経症的な葛藤が見つけ出され、理解されなければなりません。自己にとって、他者にとって、生命にとって、現実であり真実であるものを理解して受け入れられるようになる必要があるのです。誠実さが勝利し、どんな些細なやり方であっても生命をごまかす試みは挫かれなければなりません。あらゆる性格的欠点を取り除くには、絶望したり欠点を否定したりすることに陥らずに、それを完全に認めて客観的に観察しなければならないのです。本来この態度こそが、何よりも効果的に欠点を永久に取り除いてくれます。そのときはじめて、エゴと宇宙的意識とのあいだの実存的葛藤を認識できるようになるのです。

宇宙の生命原理に対する宗教の間違った解釈

自発的にあらわれる宇宙的意識は、隔てられた神や、肉体的な命を超えた命などといった宗教的な教えとは関係ありません。これは、宇宙の生命原理を感じとった人が、エゴがその原理と対立している人に自分の体験を何とか伝えようとする際に生じる間違った解釈なのです。そのような誤解は、本来の身近な自己からも実際的な日常生活からも、あなたを遠ざけます。

手に入れられる可能性が存在しているのを内奥で感じ取っているために「真の自己への憧れ」は生じるわけですが、その憧れと「真の自己に対する恐れ」との妥協を見出したいと人は願います。そしてその妥協は、自己や日常生活から神を引き離し、人間の本性を霊的存在と肉体的存在とに分割するあらゆる形式的宗教において作られてきました。こうして完全な充足は、やむを得ず今から引き離されて、死後の生へと追いやられたのです。生命に対するこのような見方やアプローチは、「存在するかもしれないと感じているもの」と「恐れているもの」とのあいだでの妥協以外の何ものでもありません。この恐怖は、誤解と個人的に体験されたトラウマとによって生じた神経症的恐怖をはるかにしのぐものです。

表層的なエゴを手放し、宇宙のプロセスを表面化させて、それに自己をまかせることに対するこの根底的な恐怖は何なのでしょうか。それは、「エゴをあきらめると、存在することをあきらめなければならない」という誤解によるものです。この問題をもう少しよく理解するために、エゴがどのようにして宇宙の生命から自己を形創ったのかを考えてみましょう。

個別化は宇宙の生命力に欠かせない特徴です。創造的生命は絶えず動き、延び、大きくなったり小さくなったりして、新たな経験の分野を見つけ、新たな領域へと分岐してゆきます。創造的生命は、自己を体験するための新しい方法を絶えず見出します。個々の意識は源から離れていくに従って、自己の本質を「忘れ」、自己の原理や法則を見失い、ついにはあたかも完全に分離した存在であるかのようになってしまいます。個別の存在は、現状では、分離した存在としか結びついていません。ですからエゴを手放すと、独自の個的な存在が**消滅する**かのように見えてしまうわけです。

これが人間の現状です。「私は在る」という意味での生は、「分離した」存在にのみ見出されるという幻想のもとで生きているのです。この幻想によって、人類の世界に死がもたらされました。なぜなら死とは、この幻想の馬鹿馬鹿しさが極点に達したものに他ならないからです。

「分離したエゴの存在は幻想である」と悟ることは、人類の進化の上できわめて重要なステップとなります。自己実現のワークはどれも、この問題に非常に明確に焦点を当てています。個別的存在としての自己の、すぐにも利用できる真実を深く観察すれば、あなたと創造的な生命原理とは一つであることがわかるでしょう。自己の真の姿を見て自己にまつわる幻想を取り除いてゆけば、創造的な生命原理の無意識のプロセスが優勢となり、それがエゴの働きと一体となるのにまかせたとしても、個的存在がのっとられるわけではないのがわかるようになるはずです。

「エネルギーを新たにすると、この大いなる生を即座に手に入れられる」ということを経験し始めた人は、逆説的ながら、自己のエネルギーを惜しみなく与えれば与えるほど、新たになったエネルギーで内面が満たされることに気づくのです。なぜなら、それが宇宙の生命原理の法則だからです。分離の状態は二元的に機能するので、与えれば与えるほど持っているものが少なくなり、どんどんと枯渇してゆくのが「論理的」であるように見えます。これは、「個別性を支えるのは表層的なエゴだけである」という幻想から生じています。エゴによるしっかりとした防御を手放すことに対する恐れの根底には、まさにこうした誤解があるのです。

この力とエネルギーを体験し始めた人は、霊感によって情報が流れ込むのにも気づき始めます。内なる知恵とは対照的な表層の知性で知ることができるものに比べ、その情報は、はるかに膨大なものに思われます。しかしこの情報こそが、本質的に「最善の自己」なのです。はじめはなじみのない力に感じられるかもしれませんが、そうではありません。無知のためにチャネルがふさがれてしまっているので、なじみがないような感じがするだけです。この膨大な情報は、霊感や導き、あるいは新たな形式の直観としてやってきます。

その情報はぼんやりとした感情としてやってくるのではなく、理解しやすく、しかも日常生活に応用できる簡潔な言葉や明確な知識としてやってくるのです。

個別の存在であるということと、他者と一体であること（全体に欠かせない部分としてあるということ）は一見対立するように思われますが、その対立は、この新たな生の発見によって調停されます。二つはもはや調停できない対立するものではなく、相互依存的な事実なのです。そうしたあらゆる対立するもの（一見したところ相容れないあらゆる選択肢）は人間にひどい心痛をもたらしますが、エゴが宇宙の生命とつながるとき、収まるところにうまく収まるのです。

エゴを手放す方法

私が「エゴを手放す」と言うとき、それはエゴを消滅させるとかその重要性を認めないという意味ではありません。自己の内面深くには宇宙の生命を見出すことができますが、その生命の分割された部分として、エゴは自らを位置づけてきました。エゴが自らをふたたびその源に結びつける準備ができたなら、望むだけですぐにも宇宙の生命に触れることができます。エゴは、限定された意識的な能力以外の力を信頼する危険を冒せるほどに強くなったとき、それまで夢に見たこともない新たな安心を見出すでしょう。

この新しい一歩を踏み出す前にエゴは、押しつぶされ、無に陥り、消滅してしまうのではないかと恐れてしまうのです。動かない、鈍くなった心の状態のままでいることにしがみつけば、この恐怖は軽減されるかに見えます。動かないものは安全で、動くものは危険に感じられるのです。けれども、しがみつきたがっていると、生は怖いものになります。なぜなら、生命は永遠に動くものだからです。動くことは自分をどこかに運んでくれるのだから安全なのだとわかれば、そこに唯一の、本当の安心があるのもわかることでしょう。それ以外の安心、すなわち静的なものを信頼し、学ぶことによって得ようとする安心は、幻想であって永久に恐怖を生み出しつづけます。

重力の法則との類似性

この原理は、惑星を動かしている原理と同じです。その原理のために、惑星は宇宙空間に落ちてしまうことはありません。人間の経験する苦境の核には、「自己にしがみついていなければ、自己を危険にさらしてしまう」という感情が常にあります。この感情に気づければ、重要な鍵を手に入れられます。それが誤りであるかもしれないと考えられるようになるわけですから。本当は恐れることは何もないのであって、押しつぶされたり、消滅したりすることはあり得ません。単に惑星が宇宙空間を運ばれているように、運ばれるだけなのです。

もう何度もくり返しているように、人類の現在の意識状態が、物理法則も含めてみなさんの住む世界を創り出しています。みなさんは、原因を最初に置き、結果を後に置くことにあまりにも慣れきってしまっています。なぜなら、マインドが二元的状態にあるとき、全体像は見られず、「あれか、これか」という考え方をする傾向にあるからです。みなさんはこの星に追放されてきたわけではありません。この惑星はそこにあるものも含めて、人類の全般的な意識状態が表現されたものであるというのが真実です。この意識状態をあらわしている物理法則の一つが、重力の法則です。これは、二元的意識にのみ属する特殊な法則です。個別的存在の唯一の形式としてのエゴを手放すと落下して潰れてしまうように感じるとき、重力の法則はその感情的な反応や不安に対応しており、それらを物理次元で表現しているのです。この次元の二元性を超越した意識の星では、全体的な意識に応じたまったく異なる物理法則があります。宇宙の科学はそれを証明しています。宇宙空間には重力はないのですから。地球は究極的な唯一の現実ではありません。

この類似性は、単なる象徴を超えています。それは、現実の新たな範囲について考えたり内面で経験したりする視野を広げ、恐怖心や孤立したエゴという幻想の存在を減少させられるかもしれないという印なのです。

みなさんのほとんどが真の自己を探し求めている場所に、これをどのように適用したらよいのでしょうか。自分の意識のさまざまな層を見ていただきたいと思います。以前には意識していなかった要素を意識し、結果としてその要素の間違った反映を修正するのにどれだけ成功できるかに応じて、内なる宇宙の生命原理の現実に近づいていくことができます。すると、宇宙の生命原理はより自由に姿をあらわすようになり、あなたも恐怖や羞恥心や偏見からますます自由になります。最終的には自己を開いて、その原理を自由に使えるにいたります。勇気をふるって自己の裸の真実を直視すればするほど、より大きく、安全で、喜びに満ちた内なる生命と結びつくのがやさしくなることを、誰もが確信できるでしょう。そして、あらゆる不安や葛藤を取り除いてくれるものと強く結びつくほど、それまでは内面に存在していることなど知らなかった安心や行動力を感じられるでしょう。そこには力の作用があり、エネルギーの作用があります。知力の作用があって、あらゆる葛藤を解消し、一見解決不可能な問題に解決策を与えてくれます。実際的な日常生活で「もし」とか「でも」などという言い訳もしなくなりますが、それは外的な魔法の手段を使うからではなく、出来事のすべてを、自己の必要不可欠な部分として扱う能力が高まっていくからです。その上、本来値すべき喜びを体験する能力も大きく発達します。今まで宇宙の生命と自己とを切り離してきた人ほど、このような生き方に憧れることでしょう。

これまでの議論の中で、私たちはこの三層構造が持つさまざまな要素に向き合ってきました。たびたび見られる現象、すなわち人が、自己のうちの最善のものであるはずのハイアーセルフをしばしば恥ずかしがる現象についても、以前に語りました。ハイアーセルフに対する羞恥心は、真の自己を明るみに出すことに対する恐怖と結びついた、非常に重要な感情です。この種の恥ずかしさを、もっぱら善良な性質に関して、すなわち与えることや愛することに関して感じるタイプの人格もあります。このような人は、社会の要求に従うのを拒みます。もし従えば、完全な個性を保つことができなくなると信じているからです。それで人の意見に屈服したり依存したりするのを恐れ、人を喜ばせようという純粋な衝動を恥じてしまうのです。敵対的で、攻撃的で、残酷であるとき、より「自分らしく」感じられるというわけです。

真の自己に対する人間の反応——羞恥と偽造

真の自己に対して、人間はみな同じような反応をします。そのことは、実際の善性や愛に満ちた寛大さに対してだけではなく、それ以外のあらゆる本当の感情や、あり方に対してもあてはまります。この奇妙な羞恥心は、本当の自分らしさについての当惑や、それが暴露された感覚としてあらわれます。裸のままさらされているように感じてしまうのです。それは、欺瞞や破壊性についての恥でもなければ服従についての恥でもありません。この恥は、まったく異なるレベルにおける異なる性質についての恥なのです。思考でも感情でもふるまいでもかまいませんが、そのうちの善きものにせよ悪しきものにせよ、恥ずかしくも本当の自分をあらわすものが裸にされたと感じられるのです。そのときの自分らしくふるまおうとすると、恥は最も激しくなります。

この感情のために、人は「ふり」をします。これは、高潔さの欠如や破壊性や残酷さを覆い隠すのとは異なる種類の偽装です。この偽装は、もっと深刻で微妙です。実際に何かを感じている振りをするかもしれません。本当に愛を感じているけれども、この真の愛をあらわにするのは裸になるような感じがするので偽もの愛を創り出すのです。本当に怒りを感じているかもしれませんが、真の怒りは裸のように感じられるので偽りの怒りを創り出します。本当に悲しみを感じているかもしれませんが、その悲しみを心の中で認めることすら決まりが悪く感じられるので、他人に見せやすい偽りの悲しみを創り出します。本当に喜びを感じているかもしれませんが、しかしこれもさらけ出すのは屈辱的に感じられるので偽りの喜びを創り出します。

これは混乱や困惑といった要素にもあてはまります。つまり、本当の感情が裸のままであからさまに思われるので、偽りの感情を創り出すわけです。この偽造はふつう、無意識的な最深部の自己のみが知っている防護服のようなものです。この「防護服」のせいで、生の鮮やかさや活気は感じられなくなります。このような模造物は、あなたとあなたの生命の中心との間に遮蔽物を築いてしまいます。すると、現実とも切り離されることになります。なぜなら、我慢できないので模造物を作らなければならないと感じているのは、人生の現実だからです。つまり、その現実を模造することで、自己の存在そのものを模造しようとしているのです。生の絶え間ない流れは、自己の安全に関係するばかりでなく、プライドや尊厳に影響を与えるという点でも危険に感じられます。しかし、これはまったくの悲劇的幻想です。内面にあるすべての生命の源と一体になったときにのみ真の安全は見出されるように、本当のあり方に対する恥を克服したときにのみ真の尊厳は見出せるのです。それは、本当のあり方がその時々でどのような意味を持つかにかかわりません。

奇妙な羞恥心をおぼえたり真の自己が暴露されるよりも、消えてなくってしまったほうがましに思われるときもあります。けれども、この羞恥心に気づいたとき、それをとるに足らないものとして押しやったりしないなら、非常に大きな一歩を踏み出したことになります。この恥を感じることが、絶望や欲求不満の原因となる麻痺を見つける鍵となるのです。なぜなら、羞恥心は特定の種類の自己疎外や分離にいたるものだからです。その感情は論理的な言語では表現できません。経験しその性質を味わってはじめて、本物と偽物との区別ができるからです。模造の感情はしばしば微妙であり非常に深く浸透しているので、第二の本性になってしまっています。ですから、発見したものに対する鑑識眼を持ちたいと思う必要があると同時に、きわめて敏感にそれを解放し、ありのままの自己でいて、ありのままに感じる必要があるのです。真の感情によって内面に引き起こされた、あたかも無防備にされて裸にされたような感覚を強く意識する前に、ありのままでいることが必要です。この微妙に模造された感情は、実際の感情とは違った反対の感情をあらわしているばかりでなく、しばしば同じ感情も再現しています。そこで、次のステップは、偽物の感情を現実のものに見せるための感情の強化です。

瞬間的な真の自己に出会っても、それは「完全」からはほど遠いものです。ですから、それは劇的な経験ではないかもしれません。しかしそれは、とても大事な経験です。なぜなら、深く活き活きと生きるために必要な種のすべては、今のありのままの自己が持っているからです。

あなたはすでに宇宙の生命力なのです。真の自己であろうとする勇気を持てば、内なる生への新たなアプローチが開かれます。そしてその後には、すべての偽装は途中ではがれ落ちていきます。

裸であることについての聖書の象徴表現

今のありのままの自己を見せるとき、裸になるような恥ずかしさをおぼえることは、アダムとイヴの物語の深遠な象徴表現によってあらわされています。**裸でいることは実際には楽園なのです。**裸をさらすのを否定しなくなると、至福に満ちた新たな経験が始まります。それは、超越的な世界の別の人生においてではなく、ここで今すぐに始まります。羞恥心に気づき、赤裸々な内面を覆い隠す微妙に浸透した習慣に気づいた後には、それに慣れようと努力しなければなりません。けれども、ひとたび自己をさらけ出せるようになれば、ついには防御の殻から踏み出して、もっと正直になれるでしょう。ありのままの自分よりよくなるわけでも、悪くなるわけでも、異なるわけでもありません。今のありのままの、裸の自分のままでいるようになるのです。模造をやめ、偽りの感情や偽りのあり方をやめるでしょう。そして、ちょうど今の自分のあり方で、世界へ冒険に出るでしょう。

このレクチャーに関連して、何か質問はありますか?

質問　感情が本当のものかとってつけたものかは、どうやって見分ければよいのですか?

答え　それを見分けられるのは、あなただけです。そのためには詳細な調査を真剣にしなければなりませんが、まずは、感情がとってつけたものである可能性を考えてみなければなりません。そして、その可能性を恐れないようにしなければなりません。なぜなら、人は自分の感情が偽りのものであるという考えに怯えるからです。偽り方が微妙なものであったとしてもです。もし感情が本物でないとすれば、自分は感情を持たないのではないかと恐れます。自分がからっぽであるのを恐れるのです。この恐怖はあなたを圧倒します。そして、偽装をつづけるように微妙な圧力をかけます。けれども常に、「いやだ、もう感じたくない」と言っている個所が内面にあるのです。それは、子供時代のトラウマの個人的体験から生じたのかもしれませんし、このレクチャーで論じた誰にもあてはまる人間の根源的な問題と関連しているのかもしれません。しかしいずれにせよ、感じたくないという願望が常に、必ず存在します。この願望はまったく意識されないことが多いので、人はそれから切り離されてしまい、結果に対して無力になります。その結果とは、もちろん感じなくなることです。感情を欲している意識的自己が感情を恐れている自己の側面に気づいていないとき、恐怖は無限に大きくなります。感じられない恐怖は、他の恐怖とでは比べものになりません。ですから、本当に感情のない者などいないし、感情が永久に死んでしまうなどというのはあり得ないと気づくことは、大きな救いとなります。生命と感情は一つなのであって、仮にどちらかが一時的に不活性状態にあったとしても、一方があるところには必ずもう一方が存在します。それを知っていれば、内面を探求して「どこで感じないと決めてしまったのだろう」と問うことができます。感じるのを恐れていることにしっかりと気づいた瞬間に、感情がないことを恐れなくなります。そのとき、理性を用いて環境を現実的かつ合理的に評価することをとおし、感情をふたたび活性化できるのです。

考えてみるべきことをたくさんお話しました。これはかなり重要な事柄であり、パスワークをつづけてゆく中で効果的に利用できます。

みなさん、幸せでいてください。みなさんの努力が実り、真実でいられますように。偽りの仮面なしに、裸の自分自身でいられる勇気を見出せますように。本当に望むなら、あなたは成功しないではいられません。動かず、成長せず、自己を解放しない人は、成功したいとは思いません。そのことを知って、動くのを拒んでいる内なる声を見出すことが大切です。みなさんの偽りの層が崩れ落ちますように。なぜなら、それがみなさんの本当に望み、決意したことだからです。そのとき、生きることの栄光を発見するでしょう。平安のうちにいてください。神のうちにいてください。

Chapter 16
意識：創造の魅力

ガイドは、意識によるポジティブな創造を支配している宇宙の法則を教えるばかりでなく、どうしてネガティブな創造が実現するのかも説明しています。「堕天使」の寓話も、ここでは現代のマインドにもわかりやすく述べられています。本来の神の意識を取り戻し、自己の資源をポジティブな創造に役立てることが私たちの目標ですが、ガイドはこのレクチャーで、その回復に必要なステップを示します。

§

確かな祝福を受け取っているみなさんにご挨拶申し上げます。その祝福は、意識や力を含むエネルギーの流れの形をとっています。それはみなさんに向かって流れてきて、みなさんに浸透します。それは、意識が成長し、冒険に乗り出すときに認識できる現実なのです。

創造の枠組みにおける、意識とそれが持つ影響力との諸側面についてお話したいと思います。一般的には逆に考えられていますが、創造とは、実際には意識の結果なのです。**意識に生じないものは、何も実在できません。**その源が宇宙的自己であっても個別的自己であっても、違いはありません。あなたの意識が認識し、創造し、述べることが、世界を形成するほど重要なことであれ、単に些細な一時的態度であれ、原理は同じです。

意識的な創造が非常に大きな影響力を持っていることを理解する必要があります。意識的な創造と切り離されていると、深刻な苦しみが引き起こされるのです。自分の体験は自らが創り出したものだと知らないでいるときに感じる痛みほど、激しいものはありません。このことはいくぶん、ポジティブな体験にもあてはまります。なぜなら、自分で体験を創り出していることを知らないでいると、無力にも常に理解できない力に翻弄されているかのように感じるからです。しかし、その力は、実際にはあなた自身の意識なのです。

創造的意識の道具としての知性、感情、意志

意識が持つ最も顕著な特徴のいくつかについて、もう少し理解を深めましょう。意識が単に考えたり、弁別したり、選択したりする力ではないことは明らかです。単に知ったり、認識したり、感じたりする力でもありません。意識は志す力でもあるのです。意志を持つことは意識のきわめて重要な側面です。志していることに気づいていようが意志と自己を切り離していようが、違いはありません。意志は意識の要素であって、それゆえにあなたが絶えず創造しているものの要素なのです。知覚や感情がそうであるように、意志も継続

的なプロセスです。意識の存在するところには、知覚、感情、意志が常に存在するわけです。

いくつもの矛盾する意志の流れが、外面上「ショート」を起こし、意識の欠如や感覚の麻痺としてあらわれるときがよくあります。意識は表層では弱められていますが、その下ではもとのままです。意識が創り出したものは、人生の具体的な経験としてあらわれます。そのとき、人生がもたらすものは自分の意志や知性とはまったく関係がないと信じているなら、当惑をおぼえることになります。本物の進化の道は、混乱したり矛盾したりしている欲望や、信念、内なる知覚を表面化させるものでなければなりません。それによって、人生の環境が自己の創造物として、その本当の光のもとであらわれるようにしなければならないのです。これに気づくと、再創造の力を持てるようになります。

意志、決意、構想、知覚、認識などはすべて、創造的な意識の道具です。この事実を知ってその道具を意図的に、創造的に、建設的に使う人、この事実に気づかずに知らないうちに絶えず破壊を生み出してしまう人、人間はこの両者に分けられます。

進化の階層において、人類は意識を用いて意図的な創造を成しうる第一の存在です。自己の真のアイデンティティーを探求するみなさんは、自己の創造力を経験するようにならなければなりません。特に、何かを持っていたりいなかったりする現状を、どのように創り出したのかを体験しなければならないのです。すると、自分が創り出したものと闘うことが、いかに自己の存在の痛みや緊張を増大させるかがわかるでしょう。しかし、人生がマインドの活動の結果であることに一般的にも具体的にも気づいていないうちは、この闘いを避けることができません。実際、自己をさらに引き裂いてしまうのがわからないまま、好きになれないことにいつも反抗してしまいます。その反抗自体も完全には意識的でないかもしれませんし、人生に対するぼんやりとした不満や絶望的な憧れ、無価値観、出口の見えない苛立ちとしてあらわれるかもしれません。ですがこの不満も、ある種の反抗なのです。

意識の性質をさらに深く理解するには、それがどのようなポジティブな傾向やネガティブな傾向をとるのかについて知る必要があります。自己の内面には最も純粋な知恵があり、永久に拡大をつづける至福に向かって、すなわち無限の多様性を持つ新たな生の経験に向かって、流れています。これは宇宙霊です。私は宇宙霊があなたのうちにあると言っているのではありません。**あなたは宇宙霊そのものだ**と言っているのです。しかし、ほとんどいつも、あなたはそれに気づいていません。そればかりか、創造的意識の歪んだ表現を内面に抱いており、ネガティブで破壊的な結果を意図しています。これを神と悪魔、善と悪、生と死との永遠の闘いと言うこともできるでしょう。しかし、そうした力をどのように呼ぼうと、大した問題ではありません。どう呼ぼうとも、みな自己の力なのですから。あなたは誰かに操られている無力な駒ではありません。このことは、自己認識と生きることに対する態度とを、本当に完全に変えてしまう非常に重要な事実です。この事実を知らないために、支配できない環境の犠牲になっているようにいつも感じてしまうわけです。

自己を宇宙霊として経験するための三つの条件

宇宙霊である自己の本当のアイデンティティーを認識し経験するには、三つの基本的な事柄が欠かせません。

1　**それに同調すること。**耳を傾けようと意図して、宇宙霊を活性化させるのです。内面をごく静かにして、それが起こるのを許さなければなりません。これは言うほど簡単なことではありません。なぜなら、落ち着きなく働くマインドの騒々しい「静電気」が、邪魔しつづけるからです。意図せずに思考を創り出してしまうことなく、マインドを十分に静められるように練習をしなければならないのです。ある程度それができるようになれば、空虚さを体験できるでしょう。すると、無の声を聞くような感覚をおぼえます。その無は恐ろしいものや落胆させるものにも感じられるかもしれません。しかし最終的には、宇宙霊は姿をあらわし始めます。これは、あなたが昔から「よい子」で、今では「ふさわしくなった」ので、宇宙霊が姿をあらわすことに「決めた」からではありません。宇宙霊が絶えず臨在していることを、あなたが認識し始めたからなのです。あまりにも近すぎて認識できなかったと言ってもよいほど、それは常にそこにあり、すぐにも触れられるものであったことに気づくことでしょう。

それは最初、直接的な声や内なる知覚としてはあらわれないかもしれません。遠回しのやり方で、人の言葉や突然に浮かんだ一見偶然に見えるアイディアとしてあらわれるかもしれません。もし、現実に同調しながら注意深く敏感であるなら、これは宇宙的自己との接触が確立された最初の徴候であることがわかるでしょう。後に、空虚さは言葉では表現できない、圧倒的な充実であることが明らかとなります。そのあまりの身近さが、宇宙霊の絶え間ない臨在の認識を妨げもするわけです。もちろん、身近であるというのはすばらしいことです。自己の内面に絶えずそれが臨在していることを悟ったなら、安心感や力で満たされるでしょうし、二度と不十分だとか無力だなどと感じる必要がないのを知るでしょう。なぜなら、生きる上で大切なものはどんなに些細なものであってもすべて、あらゆる生命の源が与えてくれるからです。この内なる源が、豊かな感情で満たしてくれます。それはあなたを刺激し、静めます。問題にどのように対処すべきかを教えてくれます。良識と正直さと自己の利益とを統合する解決策を与えてくれます。愛と楽しみ、現実と至福を与えてくれます。自由を少しも奪われることなく義務を果たせるようにしてくれます。しかし、このすばらしい身近さが、最初は問題をもたらすのです。なぜなら、あなたがこれを、はるか遠くに求めなければならないものだと信じているためです。宇宙霊を遠い現実として体験しようとしているあいだは、その身近さを体験できないのです。

2　破壊的になった意識のネガティブな部分を十分に体験して、理解することが必要です。これは簡単ではありません。なぜなら、ここでもまた、「人生は一定の型であり自分はそこに押し込まれていて、考えたり、意志を持ったり、知ったり、感じたり、認識したりする内なる力と無関係に、人生に対処できるようにならなければいけないもの」と、あなたが信じているからです。人生に対する全体的なアプローチにおいて、このような重要な転換を行なうことへの抵抗を克服するには、大きな誠実さと規律と努力が必要になることを、今ではご理解いただけるでしょう。それは、無力に感じている状態から、人生をあらゆる点で自らの創造物と見る状態への転換です。自ら創造したネガティブなものに目を向けないでいるなら、宇宙的自己の存在は活性化させることができません。たまたま障害が取れて一部の通路が開くこともときにはありますが、障害や無知や創造上の無力さがとどまっている場所では宇宙的自己に触れることはできません。

3　意識的な思考のプロセスは、宇宙霊に触れる最初のきっかけです。無意識的な思考や意志によっても意識的な思考によっても、創造は同じように行なわれます。思考能力は、宇宙のマインドの創造的プロセスと実際のところまったく同じなのです。あなたの意識は分離された全体の断片ですが、全体と同じ力と可能性を持っています。分離というのも現実ではありません。分離が存在するのは、あなたが今、自己をそのように体験しているからにすぎません。宇宙霊の臨在の身近さを見出せば、自分の思考とその偉大なる存在の思考との分離は感じなくなるでしょう。最終的に両者は融合し、しかも二つとも常に一つであったことに気づくでしょう。これまで生来の力を利用していなかったことが明らかとなります。その力を使わないままにしていたか、あるいは無分別な状態で悪用さえしていたのです。

意識的な思考を慎重に建設的に用いれば、最終的に自己を宇宙霊として体験し始めることができます。それは二つのステップで可能となります。まず、どのようにして気づかないうちにマインドのプロセスをネガティブに使い、破壊的な創造を行なってきたのか、はっきりと理解しなければなりません。そうすれば次に、人生で創り出したいことを明確に表現できます。それが可能であると明言し、リラックスしてそれを認識し、知覚し、意図すればよいのです。そこには、間違った不誠実な内的態度を変えようとすることも含まれなければなりません。さもないと、ほしいものがやってくるのを妨げてしまうからです。

創造的な思考を作り上げれば、自己の存在のうちにある豊かな源を利用できます。意識的に考えることから始めるわけですが、その際、自己の思考プロセスに注意を集中させる必要があります。さらに、その思考プロセスをどのように使用しているのか、そのプロセスがどのようにして自分が持っているものや持っていないものを創り出すのかを観察する必要があります。そして、このプロセスを逆にたどることができるなら、創造の方法を発見したのです。そのときあなたは、真の自己になります。なぜなら、あなたは世界を創造する宇宙霊となるからです。あなたは今この瞬間にも、自分の世界を絶えず創造しています。ですから人生とは、あなたが主導するものなのです。

三つのレベルにおける自己観察と浄化

内なるプロセスに注意をはらえば、無意識的であると考えていたものの多くが、実際のところまったく隠されてはいないとわかるでしょう。特に混乱した状況にあるときに、内なるプロセスを観察してください。見てわかる態度のうわべを飾り立てるのを、自分がどれほどあたりまえと考えているのか、見てください。その態度は、自己の創造力がどのように働くかを理解する糸口を与えてくれるものでしょう。もちろんこの場合には、その態度は逆に、ネガティブにあらわれています。状況の詳細を考察し、新たなアプローチに注意を向ければ、それまでなかった洞察が得られるでしょう。

このように自己を知ることは、本当の意味での浄化です。なぜなら究極的には、自己を知れば、自らの人生を創造する力に気づくことになるからです。自分がこれまで破壊的に創造してきたことに気づいたとしても、それは決して、まったくの悪い体験というわけではありません。というのも、自分には美しい人生の経験を創り出す力もあることが、すぐに明らかになるのですから。無限に広がる力を持った自己の永遠の性質に、すぐにも気づくようになります。

ですからおわかりのように、私たちはここで三つのレベルを扱っています。そのすべてに触れられなければなりません。認識するには、三つとも同じように難しいものです。「破壊的な意志」や「無限の力と知恵を伴った聖なる性質」よりも、「日常的な思考プロセス」のほうが認識しやすいと信じているならそれは誤りです。どれも同じように近くにありながら、遠くにあるように感じられます。なぜなら、それらから眼を背けているからにほかなりません。故意の破壊性や、あなたが本来それである偉大な創造的霊が「無意識的」であるのは、両者を発見する最初のステップとして、それらが存在しているかどうかの判断を留保する態度を取らないからです。実際、同じことは日常のマインドの活動にもあてはまります。それを批判的な評価なしに観察していないので、自分の思考がネガティブなチャネルに同調しつづけているのにまったく気づけないのです。同時に、そのような不注意を継続させて、ある種の満足を得つづけていることも理解していないのです。

ネガティブな思考を観察するとき、次の点に気づくことが大切です。(A)ネガティブな思考は何をもたらすのか、それは、人生で最も嘆き悲しむべき結果とどのように結びついているのか。(B)自分には、その思考を変化させ、新たな思考の表現方法を見つける力があること。この(A)と(B)の二つに気づければ、世界は大きく変わるでしょう。なぜなら、真の解放と自己発見が、すなわちこれまで何度も話してきた本来の自己自身に到達するという体験がもたらされるからです。真のアイデンティティーを発見すると、実際に嬉しい知らせがもたらされます。しかしまずは、自分がネガティブな思考を追い求めているのを理解しなければなりません。同じ悪循環のうちで考えていることに気づかなければならないのです。つまり、ほとんど意図的に同じ迂回路を、すなわち狭く限定された思考のチャネルを辿っており、それを超えて旅立とうとはしていないことを知っていただきたいのです。

人生において、いくつかの限られたネガティブな現象しか体験できないと信じているとします。当然視しているこの頑固な考え方をひとたび観察すれば、「本当にそうだろうか」と問うことができます。この問いを立てた瞬間に、ドアをほんの少し開け始めることになるのです。けれども、この狭く限定された可能性しか体験できないと信じていることに気づかないと、ほかの選択肢は想像することもできません。あなたは実際、選択肢のうちへと冒険の旅に出られるわけですが、それにはまず、創造の青写真として思考を形作るところから始めなければなりません。すると、世界は花開き始めます。この開花こそは何よりも成しとげられるべきものですが、それには次のように考えて自己に言い聞かせなければならないのです。

「そうである必要はなく、ほかのやり方もあるはずだ。別の、このやり方でやりたい。自分と、もっと望ましいそのやり方のあいだに立ちふさがるものはすべて取り除こう。私にはそれに直面する勇気や、今までそれ以外のやり方などあるはずがないと考えてきたために自己に与えてきた人生の経験を、乗り越える勇気があるのだ」と。

いかに特定のネガティブな現象を経験しなければならないと信じ込んできたかを、この意識的なレベルで理解しなければならないのです。

おそらくあなたはポジティブな結果を望むでしょうが、同時に、望むものから生じる論理的な影響は受け取りたくないとも思うでしょう。それは、その影響が自分にとって望ましくないものだと誤解しているせいです。自己を惜しみなく与えることに子供のように抵抗しているのです。すなわち、人生をごまかして、与えたいもの以上を手に入れようという歪んだ企てをなそうとしているわけです。しかし、人生はこのような不公正な願望に従うことはないので、かえって騙《だま》されたと感じて怒りをおぼえることになります。それは、問題を本当に明らかに調べていないせいです。また、自己を惜しみなく与えるのに抵抗するとき誤った推論をしていることにも、あなたは気づいていません。そのため、自己の可能性が表面化するのをはばむ誤解や歪曲を作り出してしまうのです。

ですから、意識的な思考のレベルは、自己の破壊的側面と宇宙霊との両方に影響を受けていることが見てとれます。思考の習慣的なパターンに気づけば、思考をどちらの方向に形成するかを意識的に選択できるようになります。この自己決定が解放への鍵となります。

破壊的な側面も、自分に降りかかったものでは決してなく、自ら選んだものであることが段々とわかるでしょう。この道で真に進歩をとげたとき、最終的にあなたは、破壊的な態度を意図的に望んで選択していたことを認められる段階にいたるでしょう。自分が不幸だということ、実際には、幸福、充実感、至福、実りある人生などを捨て去っていたこと、それを理解できます。結果にひどく不満足であるかもしれないのにネガティブな意志にしがみつこうとしつづけているのを発見することが、どれほど大切かを理解できるのです。

「罪」あるいは悪の起源

はるか昔から、次のように問われてきました。何がこんなものを生み出したのか。どうして人間は、こんなまったく無分別な欲望を抱いてしまうのか。マインドはどうしてこの方向に進みたがるのか。宗教はそれを罪や悪と呼びます。心理学はそれを特に、神経症とか精神病と呼びます。どのような名前で呼ぼうと、実際にそれは病ですし、治療するにはある程度それを理解する必要があります。治療は主に、感情とそれが生み出す意志の方向性とに対する間違った想定や信念を追跡することによって為されます。同時に、ポジティブな意味でもネガティブな意味でもマインドの創造性の力学について理解しないと、治療はある程度までしかできません。

人はしばしば、「どうして悪は生まれたのか」とか「なぜ神は我々に悪を植えつけたのか」などと尋ねます。まるで、誰かが何かをどこかに「置いた」かのようです。自己自身を十分に意識し、自ら幸福を拒絶していることが表面化すると、「私はどうしてこんなことをしているのだろう。なぜよい気分になることを望めないのだろう」といった、同じように難しい問いが生まれる可能性があります。これはここでも問われましたし、世界のほかの場所でも問われてきました。霊的な教えが説かれたあらゆる場所で、何度も問われてきました。ずいぶん前になりますがこの接触が始まったころ、私も一度、いわゆる堕天使について寓話的に説明したことがあります。かつてはまったく建設的で光と至福に満ちた永遠の偉大な領域にまで拡大していましたが、その方向から逸《そ》れてしまい、内奥の神なる自己から切り離され、分離した状態になってしまった霊にまつわる話です。この暗い破壊的なチャネルに、その霊はどのようにして入り込んでしまったのでしょうか。私がした説明であれ他で為されたものであれ、あらゆる説明は簡単に誤解されてしまいます。なぜならそれが、常に時空に起こる歴史的な出来事と解釈されてしまうからです。完全に建設的な意識にどのようにして破壊性が生じるのかについて、今、思いきって別な説明をしてみようと思います。ひょっとすると、あるレベルではみなさんに届きやすく、しかもこの問題についてのより深い理解をもたらすかもしれない別な説明を探してみようと思います。そうすれば、新たな理解を持って自己の破壊性に直面し、最終的にはそこから抜け出せるでしょう。

至福と、意識的に創造する無限の力、これしか含まない意識、あるいはそのような存在の状態を思い浮かべてみてください。意識は何よりも思考の装置です。ですからそれは考えます――すると見てください、何かが生まれました。それは志します――すると見てください、志し、考えたものが存在しています。生命は、このような可能性に無限に満たされているのです。創造は思考によって始まります。その思考は形を帯びるようになり、エゴの限界を超えた生命、すなわち自由に流れて漂う意識での事実となります。そこで、思考の内容は即座に形象を持ち、行為となります。思考が形象や行為と分離しているように見えるのは、人間のエゴにおいてのみです。存在が目覚めていないほど、思考と形象と行為は分離して見えます。まるで、形象が行為からまったく独立しており、行為が思考や意志からまったく独立しているようさえに見えます。つまり、この三つの段階がまったく結びついていないように思われるのです。

意識を高めるには、まさにこの三つを結びつけることが必要です。時空においてどれほど離れて見えようとも、思考や意志、行為や活動、形象と顕現はすべて一つの単位だからです。そして、限界がなく、しっかりとした構造のない存在状態では、この単位は生きた現実として経験されます。この経験には、言いあらわせないほどの喜びや魅力があるのです。宇宙全体は、探求のために開かれています。つまり永久に、さらなる世界、さらなる経験、さらなる結果に形象を与えながら、新たなやり方で自己表現をしたり自己発見したりするために開かれています。ですから、創造の魅力がつきることはありません。

可能性は無限なのですから、意識もまた、いわば「何が起きるかを見るために」自らを限定し分割できるわけです。自己自身を経験するために、拡大する代わりに縮小するのです。暗闇を感じ、経験するのはどのようなことかを知りたいと思うわけです。**創造とは純粋な魅力です。**創り出されたものが最初のうち、楽しさや至福や輝きにいくぶん欠けるからといって、それだけで創造の魅力がなくなることはありません。こうした中にさえ、特別な魅力や冒険があるかもしれません。こうして、創造はそれ自体の力を持ち始めます。というのも、創造されたものにはエネルギーが投入されており、そのエネルギーは自らを永続させるものだからです。このエネルギーには、それ自体の勢いがあります。このような進路を創り出した意識的存在は、その時点では、進路を逆戻りする力が残されていないので、実験を長くやりすぎて「安全」な領域を越えてしまうこともあります。そのため、意識は自らの勢いに迷ってしまい、立ち止まろうという気をなくしてしまうかもしれません。そのうちに、止まる方法もわからなくなります。こうしてネガティブな意味あいでの創造が起こります。創造の結果があまりにも不快なので、意識的存在が自己管理をしようとし、他の可能性についての知識を「思い出して」その勢いに対抗しようとするまで、ネガティブな創造はつづきます。いずれにせよ、創造それ自体は本当の危険などないことを知っています。なぜなら、人間のみなさんが感じているいかなる痛みも、究極的にはまったくの幻想であるからです。内なる真のアイデンティティーを見出せば、それがわかるでしょう。創造は遊びであり、魅力であり、実験です。そして、本気で試みるなら、それによって真の存在状態を取り戻すことができるのです。

しかし今は、人間の多くが本気で試みようという状態にありません。少なくともある程度は、まだネガティブな創造の探求に魅力を見出しているのです。自己のありのままのあり方や探求の方向を変化させる自らの力について、直接的な認識を失う地点を超えたことのない分離された存在もいます。その認識を一時的に失ってしまっている存在もあります。けれども、本気で望めばその認識は取り戻せるのです。すべての方がこのことを思い出してくだされぱよいのですが。

創造の勢いには、信じられないほどの力強いエネルギーが含まれています。そのエネルギーには影響力があって、全体に行きわたっている創造の実質に印象を与えるのです。その実質は、創造的なマインドに反応します。それは形象、出来事、物質、マインドの状態など、何にでも形作られます。魂の実質の刻印は非常に深いものです。ですから、人生の出来事を支配する〝間違った刻印〟を消し去れるのは、マインドの強力な形成力以外にありません。マインドあるいは意識が〝印象を与え〟、生命の実質が〝印象を受ける〟わけです。決定し刻みつける意識が持つ「男性的原理」と、形作られ反応する生命の実質が持つ「女性原理」との両者に、外界と内界のすべてが関係しています。この真実を自己のうちに見出してください。そうすれば、かつてそうであったように、宇宙はもう一度あなたのものとなるでしょう。

ですから創造的な意識は、ある段階でその進路を変えないなら、それ自体のプロセスのうちにとらわれることになります。「自己模倣」の性質も、意識の力や勢いを構成する部分だからです。創造的エネルギーのこの側面を伝えるのは非常に難しいことです。人間は他人の真似をしようという衝動をしばしば経験します。この衝動はさまざまな形をとりますし、自己模倣にもあてはまります。これが、生命の実質に何かを深く刻印するプロセスなのです。

模倣し、新たな経験を創造する力について例をあげてみましょう。足の不自由な人や顔が痙攣している人などを見たとき、その身体や顔の障害を真似たいという奇妙な衝動を多くの人が経験しています。自分にとってきわめて好ましくないことを真似したいという、抗いがたい欲望を経験したことはありませんか？　同時に、真似することにはある種の嫌悪や恐怖もあります。なぜなら、くり返しくり返し真似をしているうちにやめられなくなるのではないかと、何となく感じているからです。創造の力やエネルギーはこのような持続的な効果を持つのであって、意識だけが、知覚と意志と決断でその効果を変えられるのです。創造とは非常に包括的なものであり、創造の喜びは心を奪われるほどのきわめて強いものです。ですからその喜びは、ひとたびネガティブな方向に設定されると、意識が意図的な対抗力を持って介入するまでは、魂をその呪文にかけられたままの状態にとどめておくのです。よって、ポジティブな創造もできるということを無視しているかぎり、たとえ創造されたものが痛みに満ちていても、その〝ネガティブな創造の喜び〟を捨て去るのが難しいのです。

ネガティブな創造がつづくうちに、意識がどんどん分割されていくように感じられます。実際に分割されるわけではありませんが、世界霊――それはすなわち、あなたなのですが――との結びつきを認識できなくなるのです。

どの程度、こうした言葉を理解していただけるのかはわかりません。しかし、もし理解できれば、それについて瞑想したり考えたりするときに大いに役立つことが明らかになるでしょう。理解を助けてくれるだけでなく、内面の破壊性を取り除く正しい方法を見出すのも助けてくれます。ネガティブなものを創り出しているのはマインドの力です。その力は、ポジティブなものを創り出すために使われたときのほうが強くなります。なぜなら、ネガティブなものには葛藤、相反する願望、力を弱める方向への意志が常にあるからです。ポジティブで拡大的な方向へ進む場合には、そうである必要はありません。いったん転換が行なわれれば、マインドに「ピンと来る」ものがあるはずです。ネガティブな創造が常に伴う苦悩などなしに、あなたの意識はずっと簡単に、自然にあらわれた新しい方向へと流れてゆくでしょう。

意識は全体から自らを切り離せば切り離すほど、すなわち分割された断片になるほど、大きな構造を創り出します。しかし、全体としての意識は構造化されたものではありません。それは、まったき至福のうちにある状態です。分裂が起きると、迷える意識は徐々に自己意識の状態に向かいます。その状態は、ネガティビティや破壊の混沌から身を守るために構造を必要とします。ですから、ネガティビティに直面してそれを取り除いたとき、構造化されていない喜びに満ちた意識を取り戻せるのです。

ネガティブな創造からの出口

制限をもったエゴは、存在が自らの破壊的創造から身を守るための構造です。それは破壊的な衝動を抑制しているのです。意識が至福と真実のうちに拡大するときにのみ、その構造は取り除かれます。ですから、進化のある点においては、あなたは混沌とした構造化されていない状態だったわけです。成長し進化するにつれて、構造化によってこの混沌を排除するにいたります。なぜなら、そうすれば少なくとも一時的にせよ意識は内なる混沌から守られるからです。

そのとき、思考のプロセスを利用して、ネガティブな創造や限定的な構造化からの出口を明らかにできます。構造物を越えて混沌を覗き込み、それを理解し、絶えず利用できるマインドのプロセスの力に気づくと、下降曲線を上向きにできるのです。すなわち、生命、愛、喜び、幸福を否定し、腐敗、浪費、痛みを求める方法をいつも探してしまう傾向を反転させることができるわけです。一切のままでいる宇宙的自己の部分は、痛みとは一時的なものであり、かつ幻想であることを知っています。しかし、混沌のうちにある部分はそのことを知らず、傷ついているのです。

振り返ってみましょう。意識のプロセスは、破壊的な創造から本来の意識状態すなわち拡大する至福の創造へと振り子を戻せるのです。制限を加える構造は解消し、究極の存在状態、つまり構造化されていない意識と経験、あるいはエネルギーと至福に満ちた存在が復活して、あなたの存在そのものになります。すべては、その究極状態で起きているのです。一方で、マインドは自己に熱中し、自己を見失い、自己のうちに迷い込みますから、このマインドの作用の混乱に秩序をもたらす方向での努力もしなければなりません。混乱をもたらすのは自己の外界ではなく、自己の意識の内界なのですから。

今では、創造的建設を意図して志す方法について考え始められます。幸福、活気、達成、真実、愛、成長などの状態を、一般的にも具体的な詳細においても意識的に明確に表現し、考え、志せば、意図による創造的建設は可能です。その雰囲気は、はじめは奇妙でなじめないものに感じられるかもしれません。ですから、それに自分を慣らす必要があります。自分がそのような状態にあるところを思い描き、不可欠の創造的エネルギーによって意識的なマインドを強化するために宇宙の力の助けを求めてください。不幸の原因を見出して取り除けるように、幸福への意志は強いものとならなければなりません。このこともまた、本気で望まなければならないのです。そのとき、創造力は成長します。聖なる自己が霊感をもたらして、道を示してくれます。あなたは意識的な脳によってそれを認識し、受け取れるようになります。

ここで私が述べたことを使ってください。それは、積極的に使ってくださいという意味です。美しい理論として読むだけではなく、その即効性を知って日常生活に応用していただきたいのです。自分が破壊的な創造を行なっているのに気づいた日に意図してそれを変えれば、実際あなたは、すばらしいことをしたのです。人生で幸せになり成長しようとする意志は、創造力の基礎です。この意志を簡潔に表現するほど、そして、その結果をはばむ態度を取り除こうとする気持が強いほど、創造は効果的なものとなります。

幸せでいてください。流れてきている力を受け取ってください。そして、意識的で、思慮深い、意志的な表現や言葉によってそれを増加させてください。成長し、幸福になり、建設的であろうとする志を表現してください。その際、緊張して、固執した、締めつけられている方法ではなく、リラックスした、自信に満ちた方法で志してください。あらゆる可能性は潜在的な現実として存在しており、存在全体でそれを知り、志したときには実現可能であるのをよく考えてください。力は存在しています。それは、あなたのうちにあります。やるべきことは、それに触れ、それを利用し、それを解き放つチャネルを意識的なマインドによって築いて、静かに落ちついていることだけです。耳を傾け、それと波長を合わせてください。雄大な力、すばらしい英知を持って、すなわちすでに今、内面には至福しかないという究極の知識を持って、それは永遠に存在しています。

Chapter 17 創造的空虚

最高次の霊性に到達するには、神の意識を受容するチャネルになることを学ぶ必要があります。表層のマインドを静める方法を知らなければ、そのような状態は達成できません。これは未知の領域に、すなわち一時的に内なる空虚の感覚に入るためのさらなるステップです。そのステップを踏めば、いつでも内なる神の声を聞けるチャネルが報酬として開かれます。

§

親愛なるみなさんに祝福がありますように。みなさんが心を開きさえすれば、黄金の力は、現在も、今後も、常に内なる存在から流れてきます。

新しい時代の到来について、私は話してきました。そのためには、多くの人間が準備を整えなければなりません。この道をたどるみなさんは、気づいているかどうかは別にして、その目的のためにもう何年ものあいだ働いてきました。不浄なものを削ぎ落とそうとしてきたし、今でもそうしています。宇宙に――内なる宇宙に――解き放たれている強い力に身をゆだねられるようにするのです。

多くの霊的な指導者やチャネルはこのことを知っていますが、その多くが新しい時代の到来について誤って解釈しています。新しい時代の到来を、人間の次元に影響を与える地質的な変動をもたらすものと解釈しているのです。前にも述べたように、これは本当ではありません。すでに進行中の変化とは、意識における変化なのです。みなさんはそのために努力しているのです。ご存知のとおり、自己を発達させ浄化するに従い、内なる悟りの準備がますますできてきます。その悟りはまだ起きてはいませんが、内なる悟りはそれ自体の力で永続する性質のものです。人類の歴史において、今ほどその力を利用できる時代はなかったわけですから、それは前例のない出来事です。

あなたがますます経験するものは、この力が受容的なチャネルにやってくる結果です。この力が受容的でないチャネルに達した場合には、よくおわかりのように危機が生じます。まったく新しいやり方での繁栄をもたらす創造的な力を自己のほんの一部だけが遮断したとしても、心的、感情的、霊的に大きなストレスを感じることになります。それは避けなければなりません。

あなたはエゴの外的な力を必死に求めていますが、それとはまったく異なる作用を持つ偉大な力が存在します。その力ばかりか、真実や愛をも否定している深層の意図に触れる方法を、この道では学んできました。本当の真実や愛、つまり本当の力は内面からやってきます。

新しい意識に心を開く方法

この力、このエネルギー、この新たな意識に対して受容的になることの重要性について述べようと思います。これはつまり、人類の意識をとおして可能なかぎりどこにでも広がっているキリスト意識のことです。それに対して受容的になるには、別の原理について理解する必要もあります。すなわち、創造的空虚の原理についてです。

ほとんどの人間は、マインドを興奮した状態に置こうとします。なぜなら、自分は空っぽになるかもしれないとか、自分を支えてくれるものが内面にないのではないかなどという恐れを感じているからです。こうした思考はほとんど意識的なものではありませんが、ここでお話ししているような道をたどっていると、この恐れに満ちた思考を意識するときがやってきます。その際、最初の反応は次のようなものが多いと言えます。「思考を恐れているなんて、認めたいとも思わない。自分は内面が空っぽだとか、外側からの支えが必要な殻にすぎないとか、そんな恐怖に直面しないですむように、マインドを忙しく働かせておくほうがましだ」

こうした自己欺瞞は明らかに無益です。その恐れに直面し、オープンに対処することが最も重要なのです。この空虚さが存在することを許す気分を、内面に創り出す必要があります。そうでなければ永久に自己を騙しつづけることになりますが、その恐怖が不合理なものである以上、これは非常に無駄なことです。自分が何を恐れているのかもわからないために、それが本来は恐れるべきものではないと気づけないとしたら、どうして穏やかに過ごせるでしょうか。

何百年にもわたってつづいたプロセスの結果、人間は表層的なマインドを忙しい場所にするよう自らを条件づけてしまいました。そのため、忙しさが一時的にやむと、その結果生じた静けさが空虚さと混同されるのです。それは実際、空虚に感じられます。騒音は遠のきます。でもそのとき、内奥の神の自己を受け入れるための最も重要なチャネルとして、その空虚さを抱きしめ、歓迎しなければならないのです。

道は一見の矛盾のうちを通る

この空虚さを助長して創造的な冒険にするには、いくつかの心的かつ霊的な法則を理解する必要があります。そして、その法則の中には、矛盾しているように見えるものもあります。たとえば、自己を空っぽにしなければ満たされることはない、というものがそれです。空虚さから新たな充実はあらわれるわけですが、しかし、恐怖を見ないですますことはできません。他のものと同様に、恐怖もきちんと経験しなければなりません。「恐怖に挑むと同時に、空虚さを自己の神性への扉として歓迎してください」というのが私のアドバイスです。これは矛盾のようですが、そうではありません。どちらの態度も必要なのです。

別の一見矛盾に見えるものは、次のようなものです。すなわち、「受容的になり期待を持ちながらも、予想や焦りや希望的観測などを持たないことがきわめて重要である」というものです。これを人間の言葉で説明するのは、きわめて難しいようです。それは感じ取らなければならないことです。ポジティブな期待はなければならないのです。しかし、その期待は、何がどのように起きなければならないといった予見を含まないものでなければなりません。

関連する明らかな矛盾はまだあります。あなたは欲することに対して具体的であるべきですが、その具体性は軽く、中立的なものでなければならないというものです。一方では具体的でなければならないのですが、他方では具体的であってはならないのです。これに今、困惑をおぼえるなら、エゴのマインドによって直接的に理解しようとするのではなく、内なる存在に頼んでマインドに理解を届けてもらってください。

偉大なる自己の働きはマインドの想像力をはるかに超えているので、具体性が妨げとなるかもしれないのです。しかし、マインドは自らが欲しているものを知っていなければなりませんし、そのために準備をし、それをつかもうとして要求しなければなりません。自分は望むものに値するし、しかもそれを悪用することはないだろうと知っていなければならないのです。表層的なマインドは、内なる神の意識が持つ大いなる視野に適応すべく、絶えず変化しなければなりません。表層的なマインドは空っぽに、受容的になりながら、あらゆる可能性に対して準備を整えておかなければならないのです。こうしてマインドは、内なる静けさと最初は空虚に見えるものと友になれるのです。

新たな充実があらわれ始める

根気や忍耐やポジティブな期待を抱きながらも、マインドと魂を空っぽにしてこれを行なえば、新たな充実があらわれます。いわば、内なる静寂が歌い出すのです。エネルギーの視点から言えば、その静けさは光と温かさとを伝達します。それまで持っていたことを知らなかった力が、生じるでしょう。意識の視点から言えば、人生における最大のことについても最小のことについても、導きがやってきます。

受容的で創造的な空虚さを、本当に育てなければなりません。内なる耳を持って聴いて下さい。しかし、焦って聴くのではなく、自分が満たされるときや満たされる方法に対して受容的にならなければなりません。これが、内なる支えである神性を見出して、宇宙の偉大な力を受け入れる器となる唯一の方法なのです。その力はすでに解き放たれた状態にあるのですが、これまでに経験した以上に人生にあらわれることでしょう。

今は進化の歴史において大事なときです。キリスト意識が広めている法則や価値についての考え方や認識に大きな変化が起きています。その変化を理解し、持続させるために、みなさんの存在が必要なのです。できるだけ多くの受容器を創り出すために、道は内側からも外側からも開かれなければなりません。

このプロセスにとって、マインドは妨げにも助けにもなります。マインドは限定されているという概念のせいで限定されることは、みなさん全員がわかっています。マインドを限定するほど、あなたはマインドを超えたものを認識できなくなります。マインドは有限のものですが、無限のものに匹敵するまで自らの有限な境界を押し広げようと目指すものでなければなりません。無限のものはマインドを超えてはいるものの、今、ここに、自己の内面にあるのです。境界を広げていくうちに、マインドは内なる宇宙の無限の意識と融合します。その意識においては、あなたは「すべてなるもの」と一体でありながら限りなく個人的自己のままであるのです。

現状では、あなたはマインドをほとんど重荷として抱えています。なぜなら、マインドが閉じた回路になってしまっているからです。その回路の内部には観念や意見や可能性のための一定の余地はありますが、それらは教育や社会の習慣によって人生に取り入れられたものです。つまりその回路は、あなたが知識として学び、採用したものを含んでいるのです。その知識には、集団的意識の部分と個人的な体験との両方があります。あなたが進化し拡大するほどマインドの閉じた回路も広がっていきますが、しかしなお、それは閉じた回路のままです。まだ、自己や世界についての限定的な観念に悩まされているのです。そのため、創造的空虚を引き出すには、自分にとって不可能だと思っていることすべてについて自問しながら、マインドの境界を視覚化する必要があります。絶望的であったり恐れがあったりするところには制限された観念が必ず存在し、それが単にマインドに閉じ込められているだけなのです。つまり、真摯に受け取る準備のできている人にとって身近に存在しているはずの偉大なる力を、締め出してしまっているわけです。

マインドの閉じた回路に穴を開ける

ここでも、一見の矛盾に出会うことになります。一方では、すでに瞑想において学んできたように、限定されたマインドが新しい観念や可能性に自らを開くことが必要です。望ましい新たな可能性を迎え入れるための準備ができた分野ではそれが実際に人生にもたらされたのを、あなたは間違いなく見たことでしょう。人生にあらわれなかったときには、どのような理由にせよ、それが可能であるのを否定していることも理解しました。ですから、この閉じた回路に穴を開け始める必要があるのです。その回路をすぐに消滅させることはできません。なぜなら、あなたはマインドとともに生き、それを必要としているからです。しかし、マインドに穴を開けたところからは、新たなエネルギーと意識の流れが浸透します。穴を開けていないところでは、狭い限界に閉じ込められたままです。その限界は、霊ならたちまちにあふれ出してしまうほど狭いものです。もう一方では、マインドは休み、意見を持たず、中立的になって、一切の意識の内なる宇宙を運ぶ新しい偉大な力を受け入れることができるようにならなければなりません。

しかし、限定されたマインドに穴をあけるプロセスに戻りましょう。どうすればよいのでしょうか。まずは限定的な信念をなおざりにせず、それを確かに持っているのだと、自己に言い聞かせてください。次のステップは、その信念に挑むことです。そのためには、よく訓練された自己観察と自己直視の態度を持って、限定された信念を徹底的に調べ、真摯に考える努力をしなければなりません。すると、間違った信念を持ち、さらにはそれに固執するネガティブな意図も持っているかもしれないというだけでなく、閉じた回路を自ら維持し、憧れているはずの内的な豊かさを自己から奪っていることを理解できるときもあるかもしれません。

この目的を成しとげるための別の重要な法則は、「宇宙の偉大な意識に心を開くために、成長や学びのプロセスを省いてくれる〝魔法〟を期待する態度をとってはならない」というものです。今、この究極の力はみなさんを満たし支えてくれるものです。しかし、表層のマインドは、必要な知識のすべてを身につけるためのステップをきちんと踏まなければならないのです。芸術や科学において、みなさんはこれをよく知っています。どれほどの才能があろうと、技巧や技術的な腕を磨かなければ偉大な芸術家の霊感は得られません。子供っぽいローワーセルフが学んだり成長したりするための最初の退屈な作業を避けるために偉大な宇宙とのチャネルを利用しようとしても、そのチャネルは閉じられたままでしょう。それはごまかすに等しいのですが、神をごまかすことはできないからです。ごまかすとき、人格はマインドを超えたものは何もないのではないかと本気で考えるようになる可能性があります。なぜなら、怠慢やわがままを甘やかすために「魔法」を使うとき、霊感的な反応はまったくやってこないからです。

さて、個人的な人生や決定については、同じ法則はどう考えられるでしょうか。ここでもやはり、神の意識に対する適正なチャネルになるために表層的なエゴの自己がすべき作業は、きちんとこなさなければならないのです。みなさんは、これをパスワークでやっています。自己を本当に知る必要があります。自己の弱さ、ローワーセルフ、すなわち堕落的で、不正直であったり不正直になりがちな部分を知る必要があるのです。ご存知のようにこれは大変な仕事ですが、成しとげる必要があります。それを避けるなら、チャネルは決して本当に信頼できるものにはなりませんし、「欲望する性分」から生じた希望的観測に満ちたものとなるかもしれません。あるいは、そのチャネルは罪悪感や恐怖に基づいた「真実」を暴露するかもしれませんが、その場合には同じく信頼のできないものとなります。

自己をきちんと知る方法で進化への探求を行なえば、もはや「騙されやすさや希望的観測」と「信念」とを、あるいは「不信」と「識別力」とを混同しない境地にいたることでしょう。偉大なピアニストも、指の運動をしたり何時間も練習をしたりしてようやく楽に演奏ができるようになったとき、高次の霊感のチャネルになれます。それと同じように、神の啓示を受ける人々は、浄化のプロセスの探求、つまり「自己を認識し自己に誠実であろうとする探求」に取り組まなければなりません。そうしてはじめて、その受容器は高次の真実や価値に一致し、世界と自己とを豊かにする高次の目的のために働きかけられ、使われるに適したものとなるのです。

同時に、中立性を培う必要もあります。神の意志の達成に献身するには、神より生じたものは好む好まざるにかかわらず、すべて正しいものであるという態度をとらなければなりません。あまりに強い欲望は一切の欲望の欠如と同じくらいに大きな障害であって、あきらめや絶望としてあらわれます。どのような欲求不満であっても、それに耐えることを拒んでいると、内面に緊張や防御的な構造を生み出してしまい、マインドの器を閉ざして、回路が閉じたままになります。言い換えれば、受容器であるあなたは中立的である必要があるのです。内なる神に導かれた柔軟な信頼に道をあけるには、強固で、厳格で、強情なイエスやノーを手放す必要があります。自発的で、従順で、柔軟で、信頼した状態にありつつ、考えたこともなかったような次の変化に常に準備しておく必要があるのです。今正しいことが、明日は正しくないかもしれないからです。

内奥の存在から生じる聖なる人生には、固定などはありません。この考え方に、あなたは不安をおぼえるかもしれません。なぜなら、安全は固定的な規則にあると信じているからです。しかし、これ以上に真実からかけはなれた信念はありません。これは変えるべき信念の一つです。これまで見たこともない新種の安全は、新たな霊感を受けることによって新たな状況に永久に出会いつづけるという観念に存在しているのだと思い描いてみてください。ある状況で正しいことは、別の状況では正しくないかもしれません。これはニューエイジの法則の一つで、固定された不変のものを安全とする古い「安定した」法則とは対立するものです。

内なる創造性や生命への新たな旅にかかわるこの法則は、きわめて慎重に研究する必要があります。その法則とともに探求しなければならないのです。ここで述べていることを単なる言葉として聞くのではなく、自分のものとしてください。この法則は矛盾に満ちています。あなたは知識を得る必要があります。すなわち、マインドは拡大し、現実的な可能性を思い描けるようにならなければならないのです。しかし、マインドを中立的に、空っぽにしなければなりません。二元的な意識の視点からは、これは矛盾に思われます。しかし、内なる宇宙を通して広がる新たな意識の視点からは、矛盾ではまったくありません。私は何年ものあいだ、さまざまな領域でこの原則がどのように機能するのかを示そうとしてきました。真実のうちにあり、生命の高次の法則にしたがっているものは、低い意識次元の相互に排他的な対立者を調停するわけです。逆に低い次元で葛藤を生み出すものが、高い次元では相互援助的かつ相互作用的なものになります。

マインドを統合の道具とする

あなたは統合の真実をますます発見してゆくでしょう。そこには二元性というものはなく、矛盾は矛盾でなくなります。かつては対立していたものを、同じ真実の適正な要素として体験するようになります。この原理を理解し始め、それを人生に、自分の視野や価値観に適用し始めるとき、現在の自己をはるかに超えた領域に解き放たれた、新たな意識を受け入れる準備が実際に整うのです。

「生きたり成長したりする作業を省いてくれるのを期待しながら聖なるチャネルにアプローチしてはいけない」と私が言うとき、私は受け身の、受容的な態度をとる必要性を否定しているわけではありません。それは単に、バランスの変化の問題なのです。マインドを使って過度に活動してきた領域では、今度は静かにして物事が起きるままにまかせる必要があります。コントロールすることに固執している領域では、今度はそれを手放して、新たな内なる力に引き継いでもらうべきなのです。一方で、かつては怠けたり勝手にふるまったりしがちで、抵抗のほとんどない道を探して人に頼っていた領域では、今度は自らが引き受ける必要があります。そして、内なる神とのチャネルを確立する上で役に立つ原理を、積極的に育成する必要があるのです。さらにまた、内なる神のメッセージを人生で積極的に表現する必要もあります。このように、積極性と消極性を逆転しなければならないのです。

その結果、マインドは一つの道具となります。マインドは開き、自らの限界に穴を開けて、新たな概念を――しっかりとではなく、軽やかに――つかみます。その概念を用いて、しばらく「遊びまわる」のです。認識におけるこの軽やかな態度、すなわち柔軟な、マインドが運動するのを許す態度をとると、一見の空虚に対して最も受容的になることができます。

さてみなさん、この空虚さに近づいていくとき、どのような感じがするのでしょうか。それはどのようなものなのでしょうか。またしても、人間の言語はきわめて限定されたものなので、この体験を言語の文脈に押し込むのはほとんど不可能です。しかし、いくつかの道具をお渡しできるように、最善をつくしてみようと思います。

内なる「裂け目」に耳を傾けるとき、それは最初、空虚な黒い深淵のようです。この時点で感じられるのは恐怖です。全身が恐怖でいっぱいになったように感じられます。この恐怖は何なのでしょうか。それは、自分は実際に空っぽであると気づく恐怖ですが、自己が新たな意識を持ったり、自己の内面で新たな存在が進化しているのに気づく恐怖と同じくらいに強烈なものです。憧れていながら、同時に恐れてしまうわけです。恐怖は、二つの可能性のうちに存在しています。つまり、あなたは新しい意識を強く求め、それゆえ失望を恐れ、と同時に、その意識によって義務や変化を押しつけられるかもしれず、それゆえにこの意識を見つけるのを恐れているのです。この両方の恐怖のうちを旅して、切り抜けなければなりなりません。ローワーセルフに問いかけることによってそのような恐怖を処理する道具は、この道ですでに受け取っているのですから。

空虚の中に入る

しかし、恐怖を感じているにもかかわらず準備が整うときはやってきます。なぜなら、あなたはすでに関係を見出しているからです。たとえば、ローワーセルフが何を求めているのか、あるいはなぜ自分はネガティブな意図を持っているのかを知っています。恐怖を感じていても、空虚の中に穏やかに、静かに入ってゆこうと決心する時がやってくるのです。内奥で空虚に出会うために、あなたはマインドを空っぽにします。すると驚いたことに、空虚はすぐさま、それまで慣れていたのとはまったく違って感じられるようになります。マインドが人工的に創り出した古い充実感に妨げられていた、新しい活気を含むようになるのです。実際、自己を「詰め込みすぎて」いたために、人工的に鈍感になっていたのにすぐにも気づくでしょう。すなわち、マインドが雑音をたてているせいで、それに自分を詰め込んでしまったり、防御上の難題にエネルギーを集中させてチャネルに自己を詰め込んでしまったりしていたのです。このような人工的な充実によって、活気を殺していたわけです。こうして、あなたはいっそう貧しくなりました。なぜなら、内なる生命がなければ、本当の意味で満たされはしないからです。外界から充実を得ようと努力したとき、悪循環は生まれました。まずは内面に充実をもたらすために必要なステップを踏むのを避けてしまったからです。

ある意味、あなたは空虚よりも活気を恐れています。それに直面したほうがよいでしょう。自己を十分に空っぽにしたとき、まずやってくる反応は内なる活気です。するとあなたは、またすぐにも、ふたをしっかりと閉じてしまいがちです。けれども、恐怖を否定すると、本当は活気がないことに強い不満を感じているのも否定することになります。ところが活気の欠如は、活気を恐れることによって生じるのです。自己を創造的に空っぽにするとき、恐怖は活気に道をゆずるでしょう。

実際の体験

肉体やエネルギーも含めた内なる存在全体を、躍動する活気に満ちた「内なる管」として、あなたは体験するでしょう。エネルギーはその管を通り抜け、感情もその管を通り抜けます。そうして、今のところ名状しがたい〝あるもの〟が、活き活きと表面化します。もしあなたが、その名づけることのできない〝あるもの〟から尻ごみしないなら、それは絶えまない内なる教えであることが遅かれ早かれわかります。すなわちそれは、特に人生の今に向けられた真実、励まし、知恵、導きなどであって、それは最も必要な場面でやってくるとわかるのです。先に述べた空虚、すなわち躍動する活気に満ちた空虚とは、あなたへの神の語らいです。一日のうちにいつでも、あなたが最も必要としているときにそれは語りかけています。本気でそれに同調し耳を傾けようとするなら、それを識別できます。最初はぼんやりとですが、後にははっきりとわかります。それに気づけるように、内なる耳を慣らす必要があります。知恵と愛に基づいて、一般的にではなく自分にとって具体的に語りかける活き活きとした声に気づき始めると、その声は内面にすでに存在していたのだけれど聞かないように自己を条件づけてきたのだとわかるでしょう。そのような条件づけによって、「内なる管」を締めつけ、詰まらせてしまっていたのです。その管は、本来、活き活きとした天使の音楽であなたを満たしてくれるはずなのですが。

「天使の音楽」とは言っても、必ずしも文字どおりのことを意味しているわけではありません。もちろん、文字どおりの音楽もあるかもしれませんが、もっと必要なのは、置かれた状況でどのような意見や態度をとるべきか決めなければならないときの導きでしょう。そのような教えは、栄光においては本当に天使の音楽にも等しいものです。この充実の驚くべきさまは、言いあらわすことができません。それは、すべての言葉を超えた宝物です。それは、あなたが絶えず求め憧れているものです。しかし、あなたはほとんどいつも、自分がそれを探していること自体にも気づかずにいて、外側からもたらされるのを期待している代替的な充実にそれを投影しています。

すでに内面に存在しているものに集中してください。マインドや外的な意志は、人生を混乱させて複雑にしてきました。ですから、この新たな交流を持つと、迷路からの出口を見つけ出したように感じられるでしょう――その迷路は、自分で創り出していたものなのですが……。こうして、迷路のない、新たな風景を内面にふたたび創造できるわけです。

宇宙の英知の受容器としての新しい人物

さて、親愛なるみなさん、新しい時代の〝新しい人物〟について少し語ってみたいと思います。新しい人物とは何でしょうか。新しい人物とは、存在や生命のすべての粒子に浸透している宇宙の英知、聖なる意識、キリスト意識などを、実際に、常に受け入れることのできる受容器です。新しい人物は、習慣的な知性からは行動しません。人類の進化における重要な踏み石の役割を果たすべく、知性は何世紀にもわたって開発されなければなりませんでした。今まであまりに長いあいだ、知性への過度の強調がつづいてきたのです。だからといって、まったく無分別で感情的な「欲望のおもむくまま」の状態に戻るべきだと言いたいわけではありません。そうではなく、内面の意識の高い領域に心を開き、それが展開するのを許すべきであると言いたいのです。

今、人々がハイアーセルフとのつながりを見出すことを難しく感じているのと同じくらいに、進化のプロセスには、考えたり、比較したり、識別したり、知識を蓄えたり、記憶したりする力、要するにマインドのあらゆる働きを利用する力を見出すのが難しい時期もあります。新しい人物は、内なる体系に新しいバランスを確立しています。知性は排除すべきものではありません。それは、奉仕すべき、偉大な意識と統合をとげるべき道具なのです。人々は長きにわたり、知性の働きは最も高度な発達の形であると信じていましたし、今でもそう信じている人がいます。そのような人は、内なる本質のうちへ遠く深く旅をして、より大いなる宝物を見つけ出そうとはしません。その一方で、マインドを完全に捨て去ったり、不活性にしたりする練習を行なう霊的な運動も多くあります。これは統合ではなくかえって分離を生み出してしまうので、同じく望ましいものではありません。

新しい人物における知性の機能

このような極端な態度はある程度妥当性は持ち得るものの、半分ほどの真実しかありません。たとえば、人間は過去には獣のようであって、目先の欲望に関するかぎりは規律もなく無責任でした。倫理や道徳性などかまわずに、まったく感情や欲望に突き動かされていたのです。ですからその段階のために、知性の発達は役割を果たしたわけです。知性はまた、学んだり分別したりするための鋭い道具としても、役割を果たしました。しかし、そこで終わると、知性は不毛なものになります。神性によって活気づけられないと、人はみじめになるからです。よって、マインドを一時的に不活発にするのは賢明なことで、私自身もおすすめします。しかし、マインドを悪魔のように扱って人生から追い払おうとするのは、的はずれです。

どちらの極端においても、何かが欠けています。人は自分の神性を表現するために、あらゆる能力を働かせることのできる状態にしておく必要があります。マインドがなければ、活動的でないアメーバーになってしまいます。マインドを最高の能力と見なせば、異常に活動的なロボットになります。そして、マインドはコンピューター化された機械になります。マインドと霊とを調和させて、マインドがしばらく女性的原理を表現するのを許すときにのみ、活気は存在します。今までマインドは、男性的原理（行動、活力、支配など）と非常に強く結びついてきました。これからは、マインドは受容性のような女性的原理を表現しなければなりません。しかし、消極的になれという意味ではありません。ある意味あなたは、かつてに比べていっそう積極的に、よりいっそう、真に自立するものになるのです。なぜなら神の意識からの霊感は、マインドによって受け取られると必ずや行動に移されるからです。しかし、その行動は調和的であり、努力のないものであって、束縛するようなものではありません。マインドは、受容的であれば、内なる高次の霊に満たされます。その働きはまったく変化し、永遠に新しく、わくわくするものとなります。同じことのくり返しになったり、新鮮さを失ったり、飽き飽きするものになったりすることはありません。霊は永遠に活気に満ちており、変化しつづけるからです。これは、みなさんの共同体にだんだんと増えていくエネルギーであり経験です。共同体には、その新たな流れが強く作用しています。

新しい人物は、内なる霊的存在に対して真に受容的になるための作業を完全に成しとげると、あらゆる決定をこの新しい意識から下します。その結果は、経験し始めていない人にとっては非現実的に聞こえるでしょう。みなさんのうちのかなり多くの人が、すでにこの宇宙の強い運動に合流していると言えるのは嬉しいことです。みなさんは、そのための準備をしてきました。これまで夢見たことさえない広がりや喜びを経験しており、かつては不可能にも思えた問題の解決を経験しています。それは今後もつづきます。充実、平和、生産性、生きることの創造性、喜び、愛、幸福、これらに限界はありません。そして、偉大なる目的に奉仕することで得られた人生の意味にも限界はないのです。

新たな偉大な生命に参入する

利己的な、目先だけを考えるちっぽけな人生を生きる時は、誰にとっても過ぎ去りました。それは、これ以上つづくことはできません。この生き方に固執する人は、利己主義に凝りかたまったマインドの破壊性を転換する力から、自己を締め出してしまいます。利己主義というのは、「利己的であるときにだけ幸せであり、利己的でないときは不幸せだ」という間違った信念から生まれるからです。この間違った信念は、第一に探求し挑戦する必要のある神話の一つです。

あなたは自己と環境のために新たな人生を作ろうとしていますが、それは人類が今まで知らなかったものです。あなたはそのための準備をしていますが、他の人も世界中のあちこちで静かに準備をしています。こうした人々は、真実でない思考や生き方がもたらす灰色の暗い問題から生じる黄金の核です。ですから、内なるチャネルを育成してください。それは、絶えず望んでいた高揚と平和をもたらしてくれるでしょう。親愛なるみなさん、勇気と確信とを持って、この新たな次元に加わってください。立ちあがって真の自己になり、最高の人生を経験してください。

親愛なるみなさんは祝福されています。自己のあらゆる面を完全に受け入れ、そして内なる神によって活気づけられ、活性化され、能力を開かれる上で必要な支えは、その祝福が与えてくれます。平和のうちにありますように。

内なる声：ガイドによる瞑想

静かにして内なる自己に耳を傾ければ、その声を聞くでしょう。それはさまざまに語りかけます。

私は永遠に愛する神であり
永遠に存在する創造者
あなたのうちに生き
あなたを通して動いて
あなたとして、無数の形で表現する——
あなたとして、そしてあなたとして、そしてあなたとして——
動物として
樹木として、空として、大空として
存在するあらゆるものとして

私はあなたのうちに住むことにしよう
そしてもし、あなたを通して行動し

あなたの知力によって知られ
あなたの感情によって感じられるのを許されるなら
あなたは無限なる私の力を経験することだろう

あらゆる次元にあらわれるこの力を
あなたは恐れない
この力は偉大であるが、私に身をまかせなさい
この力に身をまかせなさい
押し寄せるこの流れに身をまかせなさい
そうすれば、あなたは泣くだろう
あなたは笑うだろう
どちらにしても喜びのゆえに

あなたは私であり、私はあなただから
あなたという存在の助けがなければ
私はこのレベルでは働けない
もし私に耳を傾けてくれるなら

道の一歩一歩を導いてあげよう

暗闇にあるときはいつも
あなたは私から離れている
そのことを覚えているなら
私のもとに帰るべく歩み出せるだろう
私は遠くにはいない
私はまさにここに、あなたの存在のすべての粒子に存在している

私の意志を満たしてくれるなら
あなたと私は一つになり
私はあなたの意志を満たすことができるのだ

背景：ガイド、エヴァ、パスワーク財団

ガイドは、自らを決して名前では呼びませんでした。アイデンティティーは重要ではないし、何を言おうといずれにせよ、そのアイデンティティーは確かめられないと彼は主張しました。私たちが問題にすべきなのは、彼の教えだけなのです。しかしその教えも、単に霊的な存在によってもたらされたという理由で信じるべきではありません。心に相談して、真実と確信する響きがあるときにだけ、その言葉を受け入れるべきなのです。

エヴァ・ピエラコスは一九一五年、ウィーンにて有名な小説家ヤコブ・ワッセルマンの娘として生まれました。彼女はウィーンの知的エリートたちに囲まれて育ち、最初の夫も有名作家ヘルマン・ブロッホの息子でした。明るく社交的な若い女性であったエヴァは、ダンスをしたりスキーをしたりするのが好きでしたし、後にはダンスのインストラクターにもなりました。霊的交流の道具として奉仕するよう選ばれるなど、当時は想像すらできなかったのです。

ナチスに併合される前に、エヴァは何とかオーストラリアを脱出しました。アメリカ合衆国のビザを取得し、ニューヨークに移ったのです。しかし、自動書記という形でサイキックな能力が最初にあらわれたのは、しばらく住んだスイスでのことでした。彼女は長時間の瞑想をし、食事を変えて、自分の才能を人助けのた

めだけに使うべく献身しました。理性をなくしつつあると思われて友人を失うことになってもかまわないとも覚悟しました。そしてついに、純粋なチャネルになることに成功したのです。ガイドのような高次の英知を持った霊的存在が彼女を通してあらわれ、教えの贈り物を私たちに届けられるようになったわけです。

アメリカに戻ったとき、エヴァのまわりには小さなグループが形作られました。彼女は独立した「ガイド・セッション」と、月に二度のレクチャーや質疑応答セッションを行ないました。

エヴァは黒髪の小柄な女性であり、輝く黒い眼とダンサーの肉体の持ち主でした。いつも日焼けをしていて健康そうに見え、楽しむためのすばらしい能力を持っていました。ライヒ学説の伝統で研究を進める精神科医であり、生体エネルギー療法の共同創始者の一人でもあるジョン・ピエラコスと出会ったとき、彼の仕事もエヴァの仕事も、ともに高められることになりました。二人の結婚は双方に個人的な幸福をもたらしたばかりでなく、ジョンが生体エネルギー療法にガイドの教えを取り入れて、それをコア・エネルギー療法へと変容させる助けになりました。一方で、エネルギー療法の要素を導入したことによって、パスワークの実践も効果を増すことになったのです。

ガイドの教えに引きつけられる人はどんどん増えてゆき、キャッツキル山脈の隔絶された谷間の一つには、パスワークのための拠点が築かれました。そこでは、美しく静かな自然の中で、深い変容のためのワークが行なえます。一九七二年、パスワークは非営利目的の教育財団として法人化されました。

エヴァは一九七九年に、豊富なチャネリング情報の財産を残して亡くなりました。パスワークについて説明した二五八のレクチャーのほかに、録音されたガイドとの質疑応答や個人的な相談などが何百本もあります。

今までに、何万もの人がそのレクチャーを読んでいます――レクチャーは個別に利用できます――そして、パスワーク自体は、広く知られようとしてこなかったにもかかわらず、何千もの人々が、その道を歩んできました。北米と南米およびヨーロッパには、非常に活動的なパスワーク・センターがたくさんあります。また、ガイド・レクチャーにのっとって研究し、ワークを行なっている団体が世界中に数多くあり、そのネットワークも形作られています。

この情報の探求に興味を持つ人々とあなたがつながりを持つのを助けられるなら、私たちはその機会を歓迎いたします。もっと詳しい情報を知りたければ、巻末の連絡先に連絡をとってください。

あとがきにかえて――日本におけるブラジル人パスワーカー

私はブラジルで生まれ育ちましたが、祖先の地である日本に二〇年間暮らしました。初めてパスワークについて目にしたのは、バーバラ・ブレナンの著書『光の手』でした。直感的にこれこそが私が長いあいだ探し求め、他の宗教や思想では決して見つけることのできないものであることを理解しました。それは、自分の考えや感じ方、反応する内容に関して理解を助ける教えでした。そのすぐ後に、私が出会ったばかりの人からポルトガル語版の本書（原タイトル『*The Pathwork of Self-transformation*』）をいただきました。それは、私が今までにいただいた最高の贈り物でした。というのも、私の人生の中で最も困難な時期に私を救ってくれたからです。

二〇〇一年一〇月、私はカリフォルニアで自己変容の四年間のプログラムとなるＰＴＰ（Pathwork Transformation Program）に出席し始めました。パスワークのコミュニティーで出会う、偏見がなく、広い心を持ち、正直で寛大で親切な人々を通して、愛し、尊敬し、称賛することを私は学びました。当時、それらのクラスは一年に六回、金曜日の午後から日曜日の午後まで行なわれていました。クラスではそれぞれの体験を分かちあい、考えや感じたことなどを安全な環境の下で表現していました。私たちが通過中の課題について、それがどのようなものであれ、私たちの先生はそれに取り組むことに協力してくれました。最も用心深く守られた考え方や感情、痛々しい体験を分かちあうことは、見守られ、理解され、受け入れられていると感じられました。他の人の話を聞くことで、たくさんの欠点があることや、両親、親戚、恋人との関係がうまくいっていないのは、私だけではないと気づくことができました。

パスワークの教えは、私と他者、そして自分自身との関係を癒すことによって、私の人生を変える手助けとなりました。パスワークが最初に私を助けてくれたのは、母との関係でした。幼い子供として私は、母を慕い愛着を感じるのに、なぜ自分がまるで母を憎悪しているかのように振る舞うのか理解に苦しんでいました。しかし、三年間パスワークを実践した後、私たちの関係は愛と調和を取り戻しました。そのことを喜びをもってお伝えしたいのです。私は今、母を受け入れることができ、母も同じく私を受け入れることができるようになりました。また、私自身についてワークを続けることで、平和や喜びの感覚が内面で育まれ、私の人生の中で以前にもまして絶え間なく続くようになっています。

二〇〇四年一〇月に、カリフォルニア出身のパスワークの師であるアリソンとブルックス・グリーン・バートン夫妻が日本で初めてパスワークのワークショップを行うために来日しました。これに参加することに私は大きな喜びを覚えました。なぜなら、それが日本でパスワークのコミュニティーを作る最初の一歩となったからです（そのときの記事がナチュラルスピリット発行の季刊誌『スターピープル15号 二〇〇五年春刊』に載りました）。

二〇〇九年、私はパスワーク・イン・ジャパンを設立し、パスワークのガイドレクチャーを学ぶ、「レクチャー・スタディー」という勉強会を一ヶ月に二回始めました。そして、そのほかにもアリソン・グリーン・バートン、ブライアン・オードネル、ジャン・リグスビー、アラーナ・ランブロスなど、アメリカのパスワークの講師を呼びワークショップを開催しました。二〇一一年からは、大前みどりさん、勝彰子さんと共に、インターネットを使ったアリソン・グリーン・バートンの「レクチャー・スタディー」の勉強会を運営し始めました。その後二〇一一年六月、パスワーク・イン・ジャパンの代表を大前みどりさんに委ね、私の祖国であるブラジルに帰国しました。

現在、パスワーク・イン・ジャパンでは、様々なプログラムを開催しています。また、パスワークの自己変容のプログラムとなるＰＴＰ（Pathwork Transformation Program）を日本で開催できるように準備を進めています。二五八あるパスワークのガイドレクチャーの翻訳も有志のボランティアで進めています。

最初に出版されたパスワークの本を日本語で出版してくださったナチュラルスピリット社に心から感謝いたします。本書を含めこれらの書が、真実を探し求め、平和と喜びを待ち望む多くの人々を救うことになることを信じています。

二〇一二年八月　セシリア・サカイ

パスワークの講義リスト

（すべての講義は下記のホームページに英文で掲載されています）
http://www.pathwork.org/lecturesObtaining.html

1. The Sea of Life
2. Decisions and Tests
3. Choosing Your Destiny — The Will to Change
4. World Weariness
5. Happiness for Yourself or Happiness as a Link in the Chain of Life
6. The Human Role in the Spiritual and Material Universes
7. Asking for Help and Helping Others
8. Mediumship — How to Contact God's Spirit World
9. Prayer and Meditation — The Lord's Prayer
10. Male and Female Incarnations: Their Rhythms and Causes
11. Self-Knowledge — The Great Plan — The Spirit World
12. The Order and Diversity of the Spiritual Worlds — The Process of Reincarnation
13. Positive Thinking: the Right and the Wrong Kind
14. The Higher Self, the Lower Self, and the Mask
15. Influence Between the Spiritual World and the Material World
16. Spiritual Nourishment — Willpower
17. The Call — Daily Review
18. Free Will
19. Jesus Christ
20. God: The Creation
21. The Fall
22. Salvation
23. Questions and Answers
24. Questions and Answers
25. The Path: Initial Steps, Preparation, and Decisions
26. Finding One's Faults
27. Escape Possible Also on the Path
28. Communication with God — Daily Review
29. The Forces of Activity and Passivity — Finding God's Will
30. Self-Will, Pride and Fear
31. Shame
32. Decision-Making
33. Occupation with Self — Right and Wrong Faith
34. Preparation for Reincarnation
35. Turning to God
36. Prayer
37. Acceptance, Right and Wrong Way — Dignity in Humility
38. Images
39. Image-Finding
40. More on Image-Finding: A Summary

41. Images: The Damage They Do
42. Christmas Blessings — Objectivity and Subjectivity
43. Three Basic Personality Types: Reason, Will, Emotion
44. The Forces of Love, Eros, and Sex
45. The Conflict Between Conscious and Unconscious Desires
46. Authority
47. The Wall Within
48. The Life Force in the Universe
49. Obstacles on the Path: Old Stuff, Wrong Guilt, and Who, Me?
50. The Vicious Circle
51. Importance of Forming Independent Opinions
52. The God-Image
53. Self-Love
54. Questions and Answers
55. Three Cosmic Principles: the Expanding, the Restricting, and the Static Principles
56. Capacity to Wish — Healthy and Unhealthy Motives in Desire
57. The Mass Image of Self-Importance
58. The Desire for Happiness and the Desire for Unhappiness
59. Questions and Answers
60. The Abyss of Illusion — Freedom & Self-Responsibility
61. Questions and Answers
62. Man and Woman
63. Questions and Answers
64. Outer Will and Inner Will — Misconception About Selfishness
65. Questions and Answers
66. Shame of the Higher Self
67. Questions and Answers
68. Suppression of Positive and Creative Tendencies — Thought Processes
69. The Folly of Watching for Results While on the Path; Fulfillment or Suppression of the Valid Desire to Be Loved
70. Questions and Answers
71. Reality and Illusion — Concentration Exercises
72. The Fear of Loving
73. Compulsion to Recreate and Overcome Childhood Hurts
74. Confusions and Hazy Motivations
75. The Great Transition in Human Development from Isolation to Union
76. Questions and Answers
77. Self-Confidence: Its True Origin and What Prohibits It
78. Questions and Answers
79. Questions and Answers
80. Cooperation, Communication, Union
81. Conflicts in the World of Duality
82. The Conquest of Duality Symbolized in the Life and Death of Jesus
83. The Idealized Self-Image
84. Love, Power, Serenity as Divine Attributes and as Distortions
85. Distortions of the Instincts of Self-Preservation and Procreation

•

132. The Function of the Ego in Relation to the Real Self
133. Love: Not a Commandment, But as Spontaneous Soul Movement of the Inner Self
134. The Concept of Evil
135. Mobility in Relaxation — Suffering Through Attachment of the Life Force to Negative Situations
136. The Illusory Fear of the Self
137. Balance of Inner and Outer Control
138. The Human Predicament of Desire For, and Fear of, Closeness
139. Deadening of the Live Center Through Misinterpretation of Reality
140. Conflict of Positive versus Negative Oriented Pleasure as the Origin of Pain
141. Return to the Original Level of Perfection
142. The Longing for and the Fear of Happiness — Also, the Fear of Releasing the Little Ego
143. Unity and Duality
144. The Process and Significance of Growing
145. Responding to the Call of Life
146. The Positive Concept of Life — Fearlessness to Love — The Balance Between Activity and Passivity
147. The Nature of Life and Human Nature
148. Positivity and Negativity: One Energy Current
149. Cosmic Pull Toward Union — Frustration
150. Self-Liking: The Condition for Universal State of Bliss
151. Intensity: An Obstacle to Self-Realization
152. Connection Between the Ego and the Universal Power
153. The Self-Regulating Nature of Involuntary Processes
154. Pulsation of Consciousness
155. Fear of Self — Giving and Receiving
156. Questions and Answers
157. Infinite Possibilities of Experience Hindered by Emotional Dependency
158. The Ego's Cooperation With or Obstruction of the Real Self
159. Life Manifestation Reflects Dualistic Illusion
160. Conciliation of the Inner Split
161. Unconscious Negativity Endangers Surrender of Ego to Involuntary Processes
162. Three Levels of Reality for Inner Guidance
163. Mind Activity and Mind Receptivity
164. Further Aspects of Polarity — Selfishness
165. Evolutionary Phases in the Relationship Between the Realms of Feelings, Reason, and Will
166. Perceiving, Reacting, Expressing
167. Frozen Life Center Becomes Alive
168. Two Basic Ways of Life: Toward and Away From the Center
169. The Masculine and Feminine Principles in the Creative Process
170. Fear of Bliss versus Longing for It — The Energy Centers
171. Spiritual Laws
172. The Life Energy Centers
173. Basic Attitudes and Practices to Open the Centers — The Right Attitude Toward Frustration
174. Self-Esteem
175. Consciousness: Fascination with Creation
176. Overcoming Negativity
177. Pleasure — The Full Pulsation of Life

•

178. The Universal Principle of Growth Dynamics
179. Chain Reactions in the Dynamics of Creative Life Substance
180. The Spiritual Significance of Human Relationship
181. The Meaning of the Human Struggle
182. The Process of Meditation（Meditation for Three Voices: Ego, Lower Self, Higher Self）
183. The Spiritual Meaning of Crisis
184. The Meaning of Evil and its Transcendence
185. Mutuality: A Cosmic Principle and Law
186. Venture in Mutuality: Healing Force to Change Negative Inner Will
187.（The Way to Handle）Alternation of Expansive and Contracting States
188. Affecting and Being Affected
189. Self-Identification Determined Through Stages of Consciousness
190. Importance of Experiencing All Feelings, Including Fear — The Dynamic State of Laziness
191. Inner and Outer Experience
192. Real and False Needs
193. Resume of the Basic Principles of the Pathwork: Its Aim and Process
194. Meditation: Its Laws and Various Approaches — A Summary（Meditation as Positive Life Creation）
195. Identification and Intentionality: Identification with the Spiritual Self to Overcome Negative Intentionality
196. Commitment: Cause and Effect
197. Energy and Consciousness in Distortion: Evil
198. Transition to Positive Intentionality
199. The Meaning of the Ego and its Transcendence
200. The Cosmic Feeling
201. Demagnetizing Negative Force Fields — Pain of Guilt
202. Psychic Interaction of Negativity
203. Interpenetration of the Divine Light Spark into the Outer Regions — Mind Exercises
204. What is the Path?
205. Order as a Universal Principle
206. Desire: Creative or Destructive
207. The Spiritual Symbolism and Significance of Sexuality
208. The Innate Human Capacity to Create
209. The Roscoe Lecture: Inspiration for the Pathwork Center
210. Visualization Process for Growing Into the Unitive State
211. Outer Events Reflect Self-Creation — Three Stages
212. Claiming the Total Capacity for Greatness
213. The Spiritual and Practical Meaning of "Let Go, Let God"
214. Psychic Nuclear Points
215. Psychic Nuclear Points Continued — Process in the Now
216. Connection Between the Incarnatory Process and the Life Task
217. The Phenomenon of Consciousness
218. The Evolutionary Process
219. Christmas Message — Message to the Children
220. Reawakening from Pre-Incarnatory Anesthesia
221. Faith and Doubt in Truth or Distortion
222. Transformation of the Lower Self

223. The Era of the New Age and New Consciousness
224. Creative Emptiness
225. Evolutionary Stages of Individual and Group Consciousness
226. Approach to Self — Self-Forgiveness Without Condoning the Lower Self
227. Change from Outer to Inner Laws in the New Age
228. Balance
229. Woman and Man in the New Age
230. The Universality of Change — Reincarnative Process in the Same Life Span
231. New Age Education
232. Being Values versus Appearance Values — Self-Identification
233. The Power of the Word
234. Perfection, Immortality, Omnipotence
235. The Anatomy of Contraction
236. The Superstition of Pessimism
237. Leadership — The Art of Transcending Frustration
238. The Pulse of Life on all Levels of Manifestation
239. Christmas Lecture 1975
240. Aspects of the Anatomy of Love: Self-Love, Structure, Freedom
241. Dynamics of Movement and Resistance to its Nature
242. The Spiritual Meaning of Political Systems
243. The Great Existential Fear and Longing
244. "Be in the World but Not of the World" — The Evil of Inertia
245. Cause and Effect on Various Levels of Consciousness
246. Tradition: Its Divine and Distorted Aspects
247. The Mass Images of Judaism and Christianity
248. Three Principles of the Forces of Evil — Personification of Evil
249. The Pain of Injustice — Cosmic Records of All Personal and Collective Events, Deeds, Expressions
250. Inner Awareness of Grace — Exposing the Deficit
251. The Evolution and Spiritual Meaning of Marriage — New Age Marriage
252. Privacy and Secrecy
253. Continue Your Struggle and Cease all Struggle
254. Surrender
255. The Birthing Process — Cosmic Pulse
256. Inner Space, Focused Emptiness
257. Aspects of the New Divine Influx: Communication, Group Consciousness, Exposure
258. Personal Contact with Jesus Christ — Positive Agression — The Real Meaning of Salvation

■著者について

エヴァ・ピエラコス　Eva Pierrakos

エヴァ・ピエラコスは、1915年、エヴァ・ワッセルマンとしてウィーンに生まれた。ウィーンで育ったが、当時は第1次世界大戦後の政情不安定な時期であり、第2次世界大戦において頂点に達しようとしていた暗雲が今にも垂れ込め、ヨーロッパを覆いつつある時期でもあった。にもかかわらず、エヴァは生命と自然と動物を愛し、ダンスとスキーの喜びを愛し、さらには友情の喜びも愛した。オーストリアを離れることができた彼女は、ニューヨークで落ち着く前にしばらくスイスで暮らした。この時期に、彼女は高度に進化した霊的なガイドのチャネルになったのである。ガイドは多くのレクチャーを行なったが、この本に納めたのはその中から集めたものである。彼女の物語は、霊的真実を伝達してきた人々によってくり返されてきたものだ。つまり、まずは才能があらわれたことに驚き、気乗りしないながらもそれを受け入れたのだが、ついには全身全霊をもって謙虚にその仕事を引き受けたというものだ。結果として、ガイドが教える自己変容の道に引きつけられた人々が、ゆっくりとではあるが、どんどんと彼女のまわりに集まってきた。レクチャーの情報から、エヴァ・ピエラコスはパスワークを発展させる。それは、ローワーセルフを直視して変容させることを通して、神の自己にいたろうとする心理的方法である。
エヴァは1979年に、豊富な財産を残して亡くなった。その遺産とは、258回分のガイド・レクチャーと、繁栄をつづける二つのパスワーク・センター、そして、彼女の25年間の献身によってもたらされた教えを学んだり支持したりする何千もの人々である。

アメリカのパスワークセンター　ホームページ http://www.pathwork.org/

日本でのお問い合わせ先
パスワーク・イン・ジャパン　ホームページ http://www.pathworkinjapan.org/
メールアドレス　pathworkinjapan@gmail.com

パスワーク

自己のすべてを受け入れ
統合された意識で生きる

●

2007年3月31日　初版発行
2012年1月18日　第2刷発行

著者／エヴァ・ピエラコス

訳者／中山翔慈

発行者／今井博央希

発行所／株式会社ナチュラルスピリット

〒151-0051　東京都渋谷区千駄ヶ谷3-12-1
パレロワイヤル原宿501
TEL　03-3470-3538　FAX　03-3470-3578
E-mail:info@naturalspirit.co.jp
ホームページ http://www.naturalspirit.co.jp

印刷所／モリモト印刷株式会社

ISBN978-4-903821-01-6　C0011
落丁・乱丁の場合はお取り替えいたします。
定価はカバーに表示してあります。